HEURS ET MALHEURS DES PRÉVÔTS DE PARIS

5-7, rue de l'Ecole polytechnique, 75005 Paris

http://www.librairieharmattan.com
diffusion.harmattan@wanadoo.fr
harmattan1@wanadoo.fr

ISBN : 978-2-296-06502-4
EAN : 9782296065024

Jean-Marie DURAND

HEURS ET MALHEURS DES PRÉVÔTS DE PARIS

L'Harmattan

Histoire de Paris

Collection dirigée par Thierry Halay

L'Histoire de Paris et de l'Ile-de-France est un vaste champ d'étude, quasiment illimité dans ses multiples aspects.
Cette collection a pour but de présenter différentes facettes de cette riche histoire, que ce soit à travers les lieux, les personnages ou les évènements qui ont marqué les siècles.
Elle s'efforcera également de montrer la vie quotidienne, les métiers et les loisirs des Parisiens et des habitants de la région à des époques variées, qu'il s'agisse d'individus célèbres ou inconnus, de classes sociales privilégiées ou défavorisées.
Les études publiées dans le cadre de cette collection, tout en étant sélectionnées sur la base de leur sérieux et d'un travail de fond, s'adressent à un large public, qui y trouvera un ensemble documentaire passionnant et de qualité.
A côté de l'intérêt intellectuel qu'elle présente, l'histoire locale est fondamentalement utile car elle nous aide, à travers les gens, les évènements et le patrimoine de différentes périodes, à mieux comprendre Paris et l'Ile-de-France.

Dernières parutions

Jérôme FEHRENBACH, *Une famille de la petite bourgeoisie parisienne de Louis XIV à Louis XVIII*, 2007.
Michel SURUN, *Marchands de vin en gros à Paris au XVIIe siècle. Recherches d'histoire institutionnelle et sociale*, 2007.
Juliette FAURE, *Le Marais, promenade dans le temps*, 2007.
Bernard VESPIERRE, *Guide du Paris médiéval*, 2006.
Jacques MARVILLET, *Vingt ans d'urbanisme amoureux à Paris*, 2005.
Pierre ESPERBE, *Des histoires de Paris*, 2005.
Christian LEBRUMENT, *La guerre de 1870 et la Commune*, 2005.
Hubert DEMORY, *Auteuil et Passy. De la révolution à l'annexion*. 2005.
Jacqueline VIRUEGA, *La bijouterie parisienne : Du Second Empire à la Première Guerre mondiale*, 2004.
Jacques LANFRANCHI, *Les statues des grands hommes à Paris*, 2004.
Jean-Pierre THOMAS, *Le guide des effigies de Paris*, 2002.
Juliette FAURE, *L'Arsenal de Paris*, 2002

Ouvrages du même auteur :

- Paris et ses théâtres (collectif) - action artistique de la ville de Paris.

TITRE PREMIER

LES DÉBUTS DE L' INSTITUTION

CHAPITRE PREMIER

LA LÉGENDE D' ETIENNE, LE PRÉVOT FÉLON

La fonction de prévôt de Paris est mentionnée officiellement pour la première fois dans une charte de l'abbaye de Saint Germain des Prés datant du XIème siècle. Parmi les signataires, on relève, en effet, le nom d'un certain Etienne qui fut peut-être titulaire d'une telle charge entre 1060 et 1067.
Faute de précisions quant à ce personnage, la légende est venue s'en emparer, comme cela se produit le plus souvent en pareil cas.
Elle est relatée dans les écrits de deux érudits du XVIIIème siècle dont les travaux ont longtemps fait autorité en la matière : il s'agit d'une part du bénédictin Dom Félibien (1) dans son "Histoire administrative de la ville de Paris" et d'autre part du commissaire De La Marre (ou Delamare) (2) dans son "Traité de la Police".

L'abbaye de Saint Germain des Prés

Les origines de l'abbaye de Saint Germain des Prés remontent à l'époque mérovingienne.
Le sixième jour du mois de décembre de l'année 558, le roi Childebert I, fils de Clovis, fit rédiger la charte authentique suivante :

"EGO, CHILDEBERTUS REX, UNA CUM CONSENSU ET VOLUNTATE FRANCORUM ET NEUSTRARIUM, COEPI CONSTRUERE TEMPLUM IN URBE PARISIANE PROPE MUROS CIVITATIS QUAE ASPICIT AD INSCIACENSERE IN LOCO QUI APPELATUR LOCOTITIE IN HONORE SANCTI VINCENTI MARTYRIS, CUJUS RELIQUIAS DE SPANIA APPORTAVIMUS."

Revenu victorieux 16 ans plus tôt d'une expédition menée en Espagne au cours de laquelle il avait guerroyé contre les Visigoths, le monarque, dès son retour en France avait fait vœu de construire une église nouvelle afin d'y abriter les reliques rapportées des terres

ibériques, en particulier une étole de Saint-Vincent, à laquelle il tenait tout particulièrement.
Si l'on en croit, en effet, Grégoire de Tours (3), il avait été profondément ému devant la vénération manifestée par les habitants de la ville de Saragosse envers cette bande d'étoffe ayant appartenu à ce diacre martyrisé en 304, au temps de l'empereur Dioclétien (4).
L'auteur anonyme de la "Gesta regum francorum" au VIIème siècle affirme que les habitants de cette ville avaient longtemps hésité avant de consentir à se défaire de ce pieux souvenir et ne s'y étaient finalement décidés que sur la promesse formelle de Childebert de leur laisser la vie sauve et de ne causer aucun dommage à leur cité.

Selon un autre récit (vrai ou apocryphe), le roi poursuivant son périple se serait ensuite rendu à Tolède où il n'aurait pas hésité à s'emparer d'une splendide croix d'orfèvrerie datant du roi Salomon qu'il aurait rapportée en France en même temps que la tunique de Saint Vincent (5).

Respectant son vœu que l'évêque Germain avait su opportunément lui rappeler, Childebert décida donc de faire édifier l'église à la mémoire du bienheureux martyr :"Childebertus vero parisius veniens ecclesiam in honore B. Vincenti martyrii aedificavit" ; les travaux commencèrent en l'an 542.

L'abbaye, qui devait recevoir également l'appellation de Sainte-Croix, fut inaugurée selon Usuard (6) le 23 décembre 558, le jour même de la mort de Childebert. Pour d'autres historiens, comme Dom Félibien, cette consécration se produisit un an auparavant ; Ruinart et Rivet, quant à eux, considèrent qu'elle intervint seulement en 559.
Childebert y fut inhumé de même que sa femme Ultrogothe, leurs deux filles Crotberge et Chlodesinde. Il en alla de même pour les rois Charibert et Chilpéric Ier, les deux fils de ce dernier : Mérovée et Clovis, et pour la cruelle reine Frédégonde. Clotaire II, sa femme Bilihide, le jeune Dagobert et divers autres descendants de Mérovée y reposeront aussi de leur dernier sommeil.
Dédiée à Saint Germain à partir de 615 et surnommée quelque temps Saint Germain le doré du fait de la brillance de sa couverture en cuivre, l'abbaye fut ravagée par les normands à trois reprises au cours du IXème siècle. Les précieuses reliques furent heureusement

préservées, ayant été précédemment transportées dans une propriété située à Coulaville en Brie (aujourd'hui Combs la Ville). Elles furent rapportées par la suite.
Les richesses de l'abbaye de Saint-Germain étaient immenses et ses propriétés considérables. Elles s'étendaient sur un large espace occupé aujourd'hui par une partie des Vème et VIème arrondissements de la capitale.

Les premiers capétiens

A la dynastie des mérovingiens succéda celle des carolingiens, puis celle des capétiens ; couronné à Reims le 3 juillet 987, Hugues Capet décéda dix ans plus tard. Son fils Robert, puis son petit-fils Henri accédèrent successivement au trône. A la mort de ce dernier, en 1060, son jeune fils Philippe Ier reçut l'onction royale. Comme il était seulement âgé de six ans, un régent fut nommé en la personne de son oncle Baudoin, dit le pieux, qui l'exerça jusqu'en 1066, date de son décès ; l'adolescent monta alors sur le trône de ses pères. Il venait à peine d'atteindre son seizième printemps.
En ce début du XIème siècle, la féodalité était encore très puissante sur toute l'étendue du royaume de France et, de ce fait, le pouvoir royal demeurait quelque peu précaire.
Influencé par son entourage, le jeune roi ne tarda pas à comprendre qu'il fallait avant tout s'assurer de la fidélité de ses chevaliers. Pour ce faire, il fallait impérativement répandre sur eux ses largesses, mais les finances du royaume n'étaient guère florissantes et il n'était point envisageable de pressurer encore le peuple déjà éprouvé par de nombreuses famines (7).
Etienne, qui avait été nommé prévôt de Paris en 1060, l'année même de l'onction de Philippe, lui suggéra une idée diabolique.

La félonie du prévôt Etienne

L'abbaye de Saint-Germain des Près possédait d'importantes richesses sous forme d'or, d'argent, de pierreries et de somptueux reliquaires. Etienne fit valoir au jeune roi qu'en s'en emparant, il lui serait facile de faire face aux dépenses auxquelles il devait consentir s'il voulait affirmer sa puissance.

Faible et inexpérimenté, Philippe Ier aurait accepté (vraisemblablement à contrecœur) de se livrer à d'aussi coupables agissements et, accompagné d'Etienne et de quelques hommes, il se serait rendu à l'abbaye.

Mais la justice divine n'aurait pas accepté qu'un tel sacrilège s'accomplisse et l'indélicat prévôt, à peine aurait-il franchi l'entrée de ces lieux saints, aurait ressenti une violente douleur au visage et constaté avec horreur que ses yeux étaient fermés à la lumière du jour.
Epouvanté, le roi se serait tout aussitôt enfui de l'abbaye et tout aussitôt aurait fait don aux moines et abbés d'une terre qu'il possédait près de Paris afin d'obtenir que par l'entremise de leurs prières, les religieux lui obtiennent la miséricorde divine. On prétend même qu'au cours des quarante-huit années qui lui restaient à vivre, il aurait consenti aux plus rudes mortifications pour expier sa faute. Il n'en devait pas moins être excommunié par la suite pour avoir répudié sa femme Berthe de Hollande afin d'épouser Bertrade de Montfort.

Il s'agit évidemment d'une légende, mais elle est sans doute inspirée de faits réels.
Il n'est effectivement pas impossible que le prévôt de Paris ait songé, afin de mieux s'assurer de la personne du jeune roi, de le rendre complice de ses malversations et il est parfaitement concevable que ce dernier ait songé à se procurer par des procédés malhonnêtes les ressources financières dont il avait besoin.
De même, il se peut fort bien qu'au cours des jours, des semaines, des mois ou années qui suivirent, le prévôt Etienne ait été frappé de cécité. C'était malheureusement un accident courant au Moyen-Âge où les notions de diététique telles que nous les connaissons aujourd'hui étaient totalement inconnues. Le mauvais équilibre des menus et la consommation excessive de la viande portaient aisément atteinte à la santé des personnes possédant une certaine aisance même si elles tenaient compte des jeûnes imposés à l'occasion des vendredis, des vigiles, des quatre-temps et du carême. Le dévot public du Moyen-Âge voyait en de telles infortunes la manifestation de la colère divine.
Toujours est-il qu'un nouveau prévôt du nom de Pierre fut désigné. Il n'a laissé aucun souvenir particulier dans l'histoire de la capitale

et il en alla exactement de même pour ceux qui peut-être lui succédèrent. Pendant près d'une soixantaine d'années, en effet, l'existence d'aucun titulaire de cette charge ne sera mentionnée.

CHAPITRE II

LES FONCTIONS DE PREVOT DE PARIS ET LEURS ORIGINES

Bien que les fonctions de prévôt de Paris ne soient mentionnées pour la première fois qu'au cours de la seconde partie du XIème siècle, il n'est pas impossible qu'une telle institution soit antérieure et remonte même au siècle précédent, à l'époque de Hugues Capet.

Elle existait d'ailleurs déjà en province : le terme de prévôt, étymologiquement dérivé du latin praepositus, désignait dans son acception militaire les commandants et les officiers. Il fut par la suite utilisé en langue française par les seigneuries ecclésiastiques à propos de leurs administrateurs au sein de leurs domaines. Sa connotation laïque remonte au début du XIème siècle suite à la décision de l'autorité royale de diviser le royaume en prévôtés confiées d'abord de préférence à de simples roturiers afin d'éviter que les titulaires d'une telle fonction n'empiètent toujours davantage sur leurs prérogatives.

Pour Paris, il semble qu'il faille davantage en rechercher l'origine à partir des comtés des rois francs.

Les comtés des rois francs et des carolingiens

Les derniers empereurs romains avaient établi dans les cités la magistrature des comtes ; on distinguait ainsi le comte des largesses sacrées (comes sacrarum largitionum), le comte des domestiques (comes domesticorum), le comte chargé de gouverner les provinces.

Les premiers rois francs, après avoir constitué les pagi (pagus : canton) établirent des "comes civitatis" choisis parmi leurs "comites" (compagnons) chargés de représenter leur autorité dans chacune des circonscriptions qu'ils leur confiaient. Ils devaient ainsi faire appliquer les édits royaux, rendre la justice, percevoir les impôts, convoquer enfin le ban et l'arrière-ban des guerriers en cas de conflits.

L'histoire a conservé le nom des premiers titulaires de cette charge à Paris : Audin Mummol, Erchinoald (comte de Paris et maire du Palais en 651), Ercembald (comte de Paris et maire en 665), Gairin (679), puis par la suite Sonalehide (753), Gairefroy (759), Etienne (778).

L'institution des comtes se poursuivra après l'avènement des carolingiens. Dans les premiers temps, la nomination est faite par le roi, mais la situation changera avec le capitulaire de Kierzy sur Oise (actuelle ville de Quierzy dans le département de l'Aisne) par lequel Charles le Chauve établira le principe d'une hérédité de fait, à défaut d'une hérédité de droit.

"Si le défunt (comte) laisse un fils en bas-âge, que celui-ci avec les ministériaux (1) du comté et l'évêque veille sur le comté jusqu'à ce que connaissance nous ait été donnée... S'il n'a pas de fils, que notre fils (Louis le Bègue) avec nos autres fidèles désigne celui qui, avec les ministériaux du comté et avec l'évêque, gérera le comté jusqu'à ce que soit rendue notre décision."

Pour l'assister dans ses fonctions, le comte pourra nommer des vicomtes, puis des vicaires responsables des divisions du pagus.
L'autorité des comtes dans la plupart des villes sera peu à peu supplantée par celle de leurs collaborateurs.

La spécificité de Paris

Paris connaîtra une évolution différente.

Les renseignements sont peu nombreux quant à l'administration du Comté de Paris à cette époque, mais il est néanmoins établi qu'Hugues Capet, une fois parvenu au trône, nomma son fidèle compagnon Bouchard, déjà comte à Corbeil, comme "regalis" de Paris, titre que ce dernier ne transmit pas à ses descendants.

Les vicomtes, en ce qui les concerne, apparurent sous le règne de Robert II, dit le Pieux, fils de Hugues Capet. Ils ont un rôle essentiellement administratif. Ils ne sont plus mentionnés à partir de 1027 et il semble que les prévôts de Paris se soient vus attribuer leurs pouvoirs.

Les missions du prévôt de Paris

D'abord simple intendant, homme de confiance du comte, le prévôt de Paris verra rapidement ses pouvoirs s' étendre, principalement en la capitale même où il ne tardera pas à devenir fonctionnaire royal.

Ses attributions sont multiples et touchent à divers domaines : il opère les saisies et s'assure de la personne des débiteurs, il a des pouvoirs en matière de police faisant appréhender les délinquants, il exerce son autorité sur les chemins, les forêts et les bois de Paris et sa banlieue. Il autorise les duels judiciaires et fixe leurs conditions. Par la suite, il présidera le tribunal du Châtelet.

En matière de défense enfin, il convoque le ban et l'arrière-ban des hommes en état de porter les armes. Il a sous ses ordres les sergents chargés de la protection du roi et du maintien de l'ordre public. Ceux-ci sont loin de constituer une troupe d'élite et, comme ils s'estiment insuffisamment payés, tous les moyens leur sont bons pour obtenir quelque viatique supplémentaire, particulièrement auprès des commerçants qui n'osent leur refuser d'importants rabais sur les denrées et objets de première nécessité. Ils exercent leurs fonctions avec une brutalité éhontée et, plus d'une fois, les prévôts auront maille à partir de leur comportement. Ils bénéficient de certains privilèges : exemption de taxes et de corvées, passe-droits divers.

Trois prévôts du XIIème siècle

Telle est la situation au cours du XIIème siècle où l'existence de deux nouveaux prévôts est mentionnée à partir de l'année 1152 en la personne de Beaudoin (ou Baudin) le flamand et de Renaud qui exerceront de telles fonctions conjointement pendant quatre années consécutives avec une brève interruption au cours de l'année 1154 pendant laquelle Guillaume de Gournay s'acquittera de cette charge.

Les précisions font défaut sur ces trois personnages mentionnés comme "locum tenentes domini regis in curiam parisius", mais dans son savant ouvrage : "Recherches sur divers services publics du XIIIème au XVème siècle", le colonel Borreli de Serres laisse entendre que Baudin le Flamand était peut-être membre d'une famille de bourgeois bien connue dans la capitale. En dépit du patronyme qui était le sien, Renaud de Beaumont, malgré son nom, ne semble pas avoir appartenu à la famille des comtes de Beaumont dont les archives ne laissent pas apparaître de membre portant un tel prénom.

L'historien Brussel de Canges, en ce qui le concerne, émet quelques doutes quant à la réalité et l'exactitude de ces deux noms ; quant à Guillaume de Gournay, Borrelli ne fait connaître aucune précision à son sujet.

La prévôté sous Philippe-Auguste

De nouveau, les documents vont cesser de mentionner l'existence des prévôts de Paris pendant une période de trente années. Il serait erroné d'en conclure que le poste n'ait pas été pourvu : une anecdote rapportée par le chroniqueur Rigord (2) tend à prouver le contraire. Selon ses dires, le roi Philippe-Auguste en 1186 se promenant dans le Palais "s'approcha des fenêtres où il se plaçait quelquefois pour se distraire par la vue du cours de la Seine. Des voitures traînées par des chevaux traversant la Cité et remuant la boue en faisaient exhaler une odeur insupportable. Le roi ne put y tenir et même la puanteur le poursuivit jusque dans l'intérieur de son palais. Dès lors, il conçut un projet très difficile, mais très nécessaire, projet qu'aucun de ses prédécesseurs, à cause de la dépense et des graves obstacles que présentait son exécution, n'avait osé entreprendre. Il convoqua les bourgeois et le prévôt de Paris et, par son autorité royale, il ordonna de paver avec de dures et fortes pierres toutes les rues et voies de la Cité".

Quel est le nom de ce prévôt ? Rigord ne le précise pas. Il figurait probablement sur les documents disparus lors de la bataille de Fréteval (aux environs de Vendôme) le 5 juillet 1194.
Selon une coutume remontant au temps des rois barbares, Philippe Auguste ne se déplaçait jamais en campagne sans emporter avec lui les documents officiels du royaume. Ce jour-là, l'arrivée inopinée de Richard Cœur de Lion, roi d'Angleterre, le força à fuir sans pouvoir emporter le moindre bagage. Ainsi disparurent de

nombreux documents qui devaient être sans doute de la plus haute utilité pour la connaissance de l'histoire de Paris et du royaume de France.

L'expérience devait servir au monarque qui tout aussitôt changea ses habitudes. Il décida non seulement de ne plus emporter avec lui par la suite un pareil chargement, mais aussi de le déposer en un endroit sûr de son palais de la Cité et en outre d'en faire établir un double. Son chambellan Gauthier de Villars fut chargé d'une telle tâche à l'origine de la collection des registres du trésor des Chartes, aujourd'hui conservé aux archives nationales.

Il n'en demeure pas moins que les documents sur cette période sont absents et qu'il faudra attendre l'année 1192 pour qu'il soit de nouveau fait mention de l'existence d'un prévôt de Paris en la personne d'Anseau (ou Anselme ou Anceau) de Garlande.

Le siège de la Prévôté de Paris

Aux alentours de l'année 1190, le siège de la prévôté de Paris sera établi au grand Châtelet.

L'importance stratégique de cet endroit voisin des rives de la Seine n'avait pas échappé à Julien l'Apostat (3) qui y avait fait construire un édifice de défense au IVème siècle. Un capitulaire de 877 signé de Charles le Chauve prévoit par la suite l'établissement d'une sorte de tour sur la Seine afin de protéger Paris contre les invasions normandes. Elle était, sans doute, érigée en bois et se situait au niveau du Grand Pont (actuel Pont au Change) dont elle assurait la protection ; elle devint rapidement le symbole de la résistance parisienne dont Eudes, comte de Paris, était l'âme.

Au cours de l'année 1130, Louis VI le Gros la fera remplacer par une forteresse en pierre qui prendra le nom de Châtelet, terme dérivé de "castillet" désignant les constructions défensives que l'on rencontre alors fréquemment en province et dont l'ouvrage ainsi nommé que l'on peut voir aujourd'hui encore à Perpignan nous donne une idée.

Pendant soixante ans environ, le Châtelet assurera la protection de la capitale.

C'était une massive construction en pierre flanquée de deux tours aux toits pointus. Elles étaient séparées par le passage voûté de la rue Saint Leuffroy (4). L'ensemble était situé au niveau de l'actuel péristyle du théâtre musical de Paris (ancien théâtre du Châtelet) et du trottoir oriental du terre plein. Sa façade principale regardait vers la rue Saint-Denis (l'apport Paris).

Son rôle de défense durera jusqu'au moment où Philippe-Auguste, partant pour le croisade, décidera de faire édifier la célèbre enceinte qui porte son nom, laquelle ne sera menée à achèvement que quatorze ans plus tard. La forteresse n'aura par conséquent plus sa raison d'être et il faudra lui donner une nouvelle destination. Elle deviendra le siège de la prévôté et de la vicomté de Paris.

On y jugera les affaires civiles et criminelles dont le nombre augmente alors de jour en jour à un point tel que le prévôt, dont les services occupent maintenant la partie occidentale du bâtiment, sera bientôt contraint de déléguer une partie de ses attributions à la communauté des notaires qui viendra également s'établir en cet endroit où elle restera jusqu'au XVème siècle.

Non loin du Grand Châtelet, s'élève le Petit-Châtelet de dimension plus modeste, chargé de défendre l'entrée sud de la Cité au débouché du Petit-Pont, il deviendra par la suite une prison.

Le prévôt Anseau de Garlande

Anseau (ou Ancel) de Garlande était un personnage relativement considérable : seigneur de la ville de Tournan en Brie, il était descendant de Guillaume de Garlande qui avait été sénéchal de France et grand-maître de la maison de Louis le Gros (5). Sa famille pouvait également s'enorgueillir d'avoir compté parmi ses membres Etienne de Garlande, grand archidiacre de l'église de Paris. Son frère également prénommé Ancel, avait été sénéchal de France. Delamare, qui rapportera plus tard ces détails, souligne qu'aux premiers temps de l'institution, la prévôté de Paris "était donnée au mérite et à la qualité alors que de telles charges, dans le reste du royaume, étaient données à ferme."

Les successeurs d'Anseau de Garlande

Il conserva ce poste pendant quatre ans, puis fut remplacé par Hugues (ou Henri) de Meulant dont le nom est mentionné dans une charte de l'abbaye de Saint-Denis. Ce dernier ne demeurera à ce poste que pour une durée fort limitée car bientôt un certain Jean lui succédera, sans doute pour une durée de quatre ans.

Aucun autre nom n'est cité au cours de cette période.

Le XIIIème siècle commence alors. Un nouveau prévôt de Paris, Thomas, va exercer ses fonctions.

CHAPITRE III

LE PREVOT THOMAS ET L'APPARITION DES PREMIERS PRIVILÈGES DE L'UNIVERSITÉ

Les origines de l'apparition de l'Université n'ont jamais été déterminées avec certitude ; à l'aube du XIème siècle, en effet, le monde est entré dans une phase nouvelle ; le temps des invasions barbares est révolu ; les villes anciennes se reconstruisent et de nouvelles cités sortent de terre. L'activité économique est en plein essor et le besoin de culture se fait tout naturellement sentir.

Si, dans un passé récent, la responsabilité de l'enseignement incombait aux moines chargés de dispenser leur savoir, les laïcs prennent bientôt la relève. La connaissance cesse d'être le privilège de l'élite et une sorte de théorie des trois pouvoirs avant la lettre commence à se faire jour : le regnum (pouvoir royal), le sacerdotium (pouvoir ecclésiastique) et le studium (pouvoir des maîtres sur les écoliers).

Un effort particulier sera consenti en ce dernier domaine : les étudiants les moins fortunés vont se voir attribuer des bourses d'études ; des facilités de logement seront accordées à ceux d'entre eux qui sont, soit originaires de la province, soit de nationalité étrangère.

Les écoles vont naturellement se multiplier. Elles seront d'abord étroitement dépendantes de l'Eglise : ainsi le Concile de Latran de 1179 sous le règne du pape Alexandre III, fera obligation aux églises et cathédrales de pourvoir à l'entretien d'un maître chargé d'instruire les clercs. A Paris, des écoles seront ouvertes au cloître Notre Dame, dans l'Ile de la Cité. Des maîtres de la plus haute culture, comme Guillaume de Champeau (1) y dispenseront un enseignement de la plus haute qualité dont la réputation s'étendra à l'Europe entière. Son disciple, Pierre Abélard, s'opposera à ses théories et professera de l'autre côté du Petit-Pont, sur la Montagne Sainte Geneviève.

Petit à petit, un monde à part, une cité dans la cité, vont se constituer en dépit des protestations de certains milieux ecclésiastiques : le chancelier Philippe de Grève déclarera dans un de ses sermons à Notre-Dame : "Maintenant que vous vous êtes réunis pour former une Université, les leçons sont devenues rares, tout se fait à la hâte, l'enseignement se réduit à peu de chose, le temps pris aux leçons et discussions et, dans ces assemblées, tandis que les anciens délibèrent et légifèrent, les jeunes ne pensent qu'à former d'abominables complots et à préparer leurs expéditions nocturnes."

Rassembler, en effet, dans le même quartier, des jeunes gens soucieux, bien sûr, d'étudier mais avides aussi de s'amuser de façon parfois trop bruyante, c'est ouvrir la porte à des troubles aux conséquences parfois tragiques : le prévôt de Paris, Thomas, en fera bientôt la triste expérience.

Une fête d'étudiants qui tourne au drame

En l'an de grâce 1200, quelques joyeux étudiants d'origine allemande ayant entrepris de "louer le Seigneur en exaltant ses dons" se réunirent en une taverne de la rive gauche. Parmi eux se trouvait un certain Henri de Jac promis, affirmera-t-on plus tard, aux plus hautes destinées ecclésiastiques. Son valet, pour un motif sans doute des plus futiles, se prit de querelle avec le tenancier de l'établissement. Le ton ne tarda pas à monter et une bagarre éclata. Henri de Jac et ses amis prirent naturellement parti pour le factotum et malmenèrent le malheureux cabaretier au point de le laisser pour mort.

Scandalisés devant de pareils agissements, quelques bourgeois de la capitale allèrent en référer au prévôt de Paris, Thomas, récemment nommé à ce poste. Déférant à leur requête, il vint se présenter au logis des étudiants allemands avec une escorte en armes. Ceux-ci opposèrent une vive résistance et des échauffourées s'ensuivirent bientôt suivies d'une bataille en règle au cours de laquelle Henri de Jac et quatre de ses compagnons trouvèrent la mort.

Cette fois, ce fut à l'Université de se rebeller. Une délégation de maîtres et d'étudiants en appelèrent à la justice du roi.

Philippe-Auguste désavoue son prévôt

Philippe-Auguste aurait du logiquement prendre parti pour les défenseurs de l'ordre et s'affirmer solidaire de celui qui les dirigeait ; il fit pourtant exactement le contraire.

Une attitude aussi surprenante peut s'expliquer pour deux raisons apparemment fort éloignées l'une de l'autre.

La première repose sur des considérations d'ordre purement culturel : bien que peu lettré lui-même, le roi était fier de son Université dont la réputation s'étendait déjà à l'Europe entière - certains allaient même jusqu'à prétendre que la population de Paris était au moins pour la moitié constituée d'étudiants - il était donc normal qu'il ménage la susceptibilité de ses membres.

La seconde tient davantage à des motifs purement politiques : assez jaloux de son autorité, Philippe-Auguste supportait mal qu'un prévôt prenne des mesures répressives sans lui en avoir référé au préalable. Il craignait surtout que cela constitue un précédent de nature à affaiblir le pouvoir royal.

Aussi, sa réaction fut vive et brutale ; après avoir fait emprisonner le prévôt et une partie de sa suite, il ordonna de faire abattre leurs maisons et également - suprême humiliation à l'époque - de faire arracher leurs vignes et arbres fruitiers.

Peut-être pensait-il encore s'en tenir là ; c'était mal compter avec la colère des universitaires qui trouvaient la punition trop douce. De nouveau, le roi s'ingénia à leur donner satisfaction.

Il fit comparaître Thomas devant la justice royale et comme celui-ci rejetait la responsabilité de l'affaire sur les étudiants et leurs exactions, il lui fut proposé l'alternative suivante : soit il accepterait d'être soumis à "l'épreuve de l'eau" consistant à plonger le justiciable dans l'eau froide et à conclure à sa responsabilité en cas de rejet (c'est à dire si son corps, pieds et poings liés, avait le malheur de surnager), soit il refuserait l'ordalie proposée, reconnaissant ainsi implicitement sa culpabilité.

Dans la première hypothèse, Il aurait la vie sauve, mais n'en serait pas moins condamné au bannissement avec interdiction d'être nommé bailli en un quelconque lieu du royaume, dans la seconde, il n'aurait d'autre perspective que de terminer sa vie sur la paille humide des cachots.

Dans un cas comme dans l'autre, de toute façon, son sort n'était guère enviable.

La charte de Béthisy

La rigueur d'une semblable mesure sembla d'abord satisfaire l'Université, mais le roi voulut aller plus loin encore afin de s'attirer une plus grande sympathie de la part des escholiers et des magisters.

Il décida d'établir une Charte Constitutive de l'Université de Paris spécifiant les privilèges, droits et devoirs de la Communauté des maîtres et étudiants de la capitale.

Ce document fut intitulé :"Charte de Béthisy" du nom de la charmante petite ville voisine de Senlis où il fut signé. Le roi, de même que son aïeul Louis VI, dit le Gros, aimait à s'y rendre. C'est également en ce lieu que fut décidé le premier mariage de Louis VII le jeune avec Aliénor d'Aquitaine.

Le texte rédigé en latin était ainsi conçu :

"Privilège accordé à l'Université de Paris pour les écoliers outragés ou excédés par aucun"

"Philippus rex (etc). Ordinanus quod omnes cives jurare faciamus quod si quasi alievi scholari ab laico injuriam fieri videritat quoc saper eo testimonium perhiberunt veritati, si scholaris armis percutiatur suste ac lapide omnes laîci qui viderint, bona fide comprehendent illum malefactum vel malefactores, ut tradant justitiae nostrae, nec se substrahet, ne videant, vel coprehendat veli testimonium veritati perhibeant. Si vero malefactor captus fit super ipsam forefactum suum, nos bonam inquisitionem faciemus et fidelem, sive per clericos, sive per laicos feu per qualcunque bonas personas : praepositus noster et justitiae nostre id facient. Et si intellegere potuerimus per bonam inquisitionem vel justitiae nostre intelligere potuerit quod ille fecerit forefactum, statim faciemus justitiam, feu nostrae justitiae facient secundum qualitatem et modum forefacti : nonostante quod malefactor ille factum negabit vel quod dicet se paratum esse defendere per monomachiam, vel per judicium aque.

Praepositus noster vel justiciae nostrae pro nullo forefacto in scholarem manus mittent, nisi in captionem nostra mittent, nisi forefactum scholaris tale visum fuerit ut debum arrestari et tunc arrestabit eum justitia nostra in eodem loco finem omni percussione nisi se defenderit et reddet eum justitiae Ecclesiasticae, quae eum custodire debet pro satisfaciendo nobis et injuriam passo. Si forefactum grade visuum fuerit ibi ! (vel) mittet justitia nostra ut videat quid scholari siet. Si vero fe scholaris non defenderit in arrestatione illa et injuriam passus fuerit, non secundum praedictam inquisitionem et per juramentum praedictum exin ultionem capiemus. In nullum scholarium justitia pro nullo forefacto marnum mittet : sed si visum fuerit esse arrestandum per justitiam Ecclesiasticam arrestabis et arrestatum custodietis, ut de illo capitali fiat quod per ecclesiam bene fuerit indicatum, quod si tali hora, fuerint scholares arresti a praeposito quod non possit justitia Eeclesiastica inveniri vel statim faciet praepositus in aliqua scholaris domo eodem fine injuria custodiri donec justitia ecclesiasticae tradentur. De fervientibus laicis scholarium qui non debent Burgensiam nobis vel residentiam, nec vivunt de mercatura et unde scholares non faciant injuriam alii sic in eis eriit quod in eis manus non mittemus nec justitia nostra, nisi forefactura, apparens fuerit. Volumes ut canonici pariter et eorum fernientes et ejusdem villae canonici eandem libertatem habeant quam predecessores nostri et nos contulimus. Statuimus ut praepositus parisiensis se bona fide fervaturum juramento confirmat. Actum Bettisiacum anno incarnati verbi 1200, regni verc nostri anno 21.

D'un tel document, quatre points essentiels sont à retenir :

- les bourgeois devaient jurer de rendre un témoignage sincère de toute agression perpétrée contre un écolier
- tout laïc constatant qu'un écolier était frappé d'armes, de bâtons ou de pierres, devait procéder à l'arrestation du ou des coupables pour les livrer à la justice. Il ne devait sous aucun prétexte rebrousser chemin, dans le but de ne pas être témoin ou de ne pas porter secours.

- une enquête devait de toute façon être effectuée que le malfaiteur soit pris au non en flagrant délit.
- le prévôt n'avait pas pouvoir d'arrêter un écolier hors le cas de flagrant délit. Le cas échéant, il ne devait se livrer à aucune brutalité sur le coupable et était tenu de le mettre à disposition de l'autorité ecclésiastique.

Il convient également de noter qu'en souvenir sans doute de l'affaire Thomas qui avait eu pour origine le comportement du serviteur d'un étudiant, l'ordonnance prévoyait également que des mesures de protection leur seraient également accordées à condition toutefois que leur conduite soit irréprochable, qu'ils ne se livrent point au trafic des marchandises et que les écoliers ne se servent d'eux pour des actions coupables envers autrui.
Les autorités ecclésiastiques et leur entourage bénéficiaient naturellement de semblables privilèges de même que leurs domestiques et il n'était dérogé en rien à la liberté "à eux accordée par les rois nos prédécesseurs."

La fin tragique du prévôt Thomas

Tels furent les termes essentiels de la Charte de Béthisy.

Mais tandis que le roi et ses juristes procédaient à sa rédaction, l'infortuné prévôt de Paris demeurait privé de sa liberté car il n'avait pu se décider à accepter de se soumettre au jugement de Dieu d'abord proposé.

Dans son "Histoire de Paris", Dom Michel Félibien rapporta les propos d'un auteur anglais anonyme du XIIIème siècle qui aurait conté à sa façon le tragique dénouement de l'affaire.

Les membres de l'Université, selon ses dires, considérant que l'emprisonnement de Thomas n'était pas de nature à sensibiliser suffisamment l'opinion publique, auraient exigé du roi que le prévôt soit publiquement humilié, c'est à dire amené manu militari devant un établissement estudiantin et fustigé d'une façon analogue à celle dont on en usait habituellement à l'intérieur des établissements scolaires à l'égard des écolier récalcitrants ou trop allergiques aux études.

Une telle prétention dépassait les bornes permises. Philippe-Auguste refusa quand même de donner suite à une semblable requête et se contenta de maintenir la sentence condamnant l'ancien prévôt à la prison à perpétuité.

Craignant peut-être un revirement de la part du roi et soucieux aussi de ne point terminer ses jours dans de semblables conditions, Thomas aurait décidé de tenter le tout pour le tout et de s'évader. Ayant réussi à se procurer une corde, il l'aurait attachée aux barreaux de sa cellule et se serait lancé dans le vide. Malheureusement pour lui, la dite corde se serait rompue et il se serait écrasé sur le sol.

Il ne devait pas être le seul prévôt de Paris à connaître des difficultés avec le monde estudiantin car maintes fois, par la suite, la capitale fut endeuillée de semblables tragédies.

CHAPITRE IV

SOIXANTE ET UN ANS DE CHARGES EPHEMERES

L'année 1200 marquée par ces tragiques événements et l'adoption des mesures libérales relatives à l'Université devait l'être également avec l'apparition du premier sceau de Paris représentant alors une simple barque de rivière à un mât avec trois cordages de chaque côté qui subsista en cette forme jusqu'au règne de Philippe le Bel.

Robert de Meulan et Pierre de Thillay

Cette année-là, Robert de Meulan et Pierre de Thillay succédèrent à Thomas.

Les renseignements font défaut quant au premier mais, en ce qui concerne le second, le colonel Borelli de Serres laisse entendre qu'il pourrait fort bien s'agir de Pierre de Tilleio qui devait par la suite occuper deux fois ce même poste.

Il est fait ensuite mention d'un certain Renaud de Cornillon qui lui succéda pendant quelques mois avant que Robert de Meulan ne se voit de nouveau investi d'une telle charge.

Paris, pendant ce temps, continua à déployer d'immenses activités en faveur des pèlerins comme des étudiants.

Pour les premiers, il fut procédé à la fondation de l'hôpital des Enfants Bleus (dit aussi Hôpital de la Trinité ou Hôpital de la Croix de la Reine). Une communauté religieuse, dite des "Frères Asniers" (ainsi nommés car ils traînaient derrière eux un baudet au bât duquel pendaient des sacs destinés à recueillir les aumônes des passants) assurait l'accueil des pèlerins qui, du fait de l'heure trop tardive de leur arrivée, avaient trouvé fermées devant eux les portes de la capitale.

Pour les seconds, ils furent de plus en plus nombreux à s'installer dans les nouveaux locaux mis à leur disposition par l'abbé de Sainte-Geneviève dans le clos Garlande.

Eudes Popin et Eudes Arrode

Eudes Popin (ou Etienne Popin) et Eudes Arrode accèdent à ces fonctions en l'an 1205. Si les précisions manquent quant au premier, il semble que le second (également désigné sous les prénoms d'Ode, Oudon ou Houdart) soit la même personne que cet Eudes Arrode, qui exerça à l'époque de Philippe-Auguste et qui obtint de lui la donation de deux maisons sises à Paris près du Chatelet de même que des pêcheries se trouvant dans la capitale. Sa mort serait survenue vers 1217. Ces deux personnages étaient membres de la bonne bourgeoisie parisienne. On retrouvera par la suite le nom de leurs descendants au sein de la haute administration.

Philippe Hamelin et l'enceinte de Philippe-Auguste

En 1207, le poste échoit à Philippe Hamelin qui était vraisemblablement le gendre du voyer et bailli de Paris Renaud l'Archer.

Son souvenir demeure attaché à l'enceinte de Philippe-Auguste dont une des portes du versant ouest et une tour donnant sur le fleuve portèrent son nom pendant quelques années : "Tornella Philippi Hamelini supra Sequanam". La transformation de son appellation interviendra quelques années plus tard suite à la construction d'un hôtel adjacent sur l'ordre de Simon de Clermont, seigneur de Nesles, dont la tour fera l'objet d'une sinistre légende.

Neuholet et Lambrequin de Monthléry

Deux responsables occuperont au cours de l'année 1214 la fonction de prévôt de Paris qui sera partagée entre Neuholet et Lambrequin de Monthléry.

Il semble que le premier - dit également Neuhelet, Nicolet ou Herone (Eronde ou Herodis) - ait été en réalité Nicolas Arrode, fils d'Eudes, membre de cette famille parisienne qui contribua avec largesse aux frais consécutifs au pavage des rues de Paris ordonné par Philippe-Auguste'.

Il était le gendre du voyer et bailli du roi Hasselin. Son nom est mentionné dans une requête postérieure signée de sa main et adressée au roi en 1224 au cours de laquelle il affirme que le droit de juger les auteurs de rapts et de meurtres appartient au souverain

dans le comté de Paris à l'exception des bourgs voisins des abbayes de Saint Germain des Prés, de Saint-Denis, de Saint Maur des Fossés et des environs de Montmorency.
Le nom de Lambrequin de Monthléry n'est, quant à lui, mentionné dans aucun autre endroit. Il quittera ses fonctions au bout de trois ans et sera remplacé par Philippe Hamelin qui retrouve à cette occasion le poste qu'il a quitté dix ans plus tôt.
Aucun nouveau changement n'interviendra jusqu'en 1220, date à laquelle deux nouveaux prévôts dont le nom n'est pas passé à la postérité seront nommés. Ils seront eux-mêmes remplacés au cours de l'année 1223 par deux autres personnages dont le patronyme n'est pas davantage connu.
Le 14 juillet de cette année-là surviendra le décès de Philippe-Auguste dont le rôle a été si important dans l'histoire de la capitale et de sa modernisation ; son fils Louis VIII va lui succéder.
A cette même époque, Nicolas Arrode et Philippe Hamelin vont pendant quelque temps retrouver leur fonction.

Jean des Vignes, le féal de Blanche de Castille

Jean des Vignes devint prévôt de Paris au cours de l'année 1224 ; il ne devait laisser aucun souvenir particulier dans l'histoire de la capitale mais il n'en joua pas moins un rôle important dans celle du royaume de France car il semble que ce soit ce personnage qui, tout dévoué à Blanche de Castille, sut mater sur son ordre une révolte à la Haie-Paisnel dans le Cotentin et lui apporta son aide dans le conflit qui l'opposa au comte de Bretagne, Pierre de Dreux, qui avait prêté serment de fidélité au roi d'Angleterre Henri III. Il devait être nommé bailli de Gisors, puis de Rouen en 1228. Il conserva ce dernier poste jusqu'en 1254, date de sa mort.
A cette même époque, l'Université de Paris connut encore des temps troublés car une nouvelle agitation reprit en 1225 quand le légat du pape Romain, Frangipani de Saint-Ange, brisa devant les maîtres de l'Université le sceau qu'ils s'étaient octroyé quatre ans plus tôt pour mieux marquer leur droit d'élire des officiers pour les représenter.
Il y eut de nouveau mort d'homme, non parmi les étudiants, mais parmi les gens du légat qui, craignant sans doute pour sa vie, jugea préférable de quitter quelque temps la capitale.

Les Prévôts sous la régence de Blanche de Castille et les démêlés avec l'Université.

La mort du roi Louis VIII survint le 8 novembre 1226 : la régence de fait fut exercée par sa veuve Blanche de Castille pendant une durée de dix années.
Pierre de Thillay est de nouveau mentionné comme prévôt de Paris en 1228. On ne sait s'il s'agit de ce personnage qui avait exercé de telles fonctions vingt-sept ans plus tôt ou d'un de ses descendants portant même prénom et même patronyme. Selon Borrelli de Serres, il aurait été bailli d'Orléans en 1202, puis de Caen jusqu'en 1224.

En 1229, l'agitation estudiantine reprit de façon particulièrement marquée.
Le 26 février, en effet, pendant le Carnaval, survint une échauffourée qui commença pour un motif absolument analogue à celui qui avait causé vingt-neuf ans plus tôt la mort d'Henri de Jac, de quelques-uns de ses compagnons et la disgrâce du prévôt Thomas.
Elle eut pour cadre le bourg Saint-Marcel.
Ce petit village s'était constitué aux environs du Vème siècle autour du tombeau de l'évêque dont la foi, affirmait la croyance populaire, avait réussi à vaincre un immonde dragon qui terrorisait les alentours. Dès le siècle suivant, la renommée des miracles qui s'accomplissaient en cet endroit vénéré avait attiré de plus en plus de fidèles et d'ecclésiastiques. Ne disait-on pas qu'un curé de Beauvais empoisonné par un de ses ennemis avait eu la vie sauve en absorbant une poignée de la terre en laquelle était inhumé le saint prélat ? Rapidement, le bourg avait vu accroître son importance au point d'être désigné sous le nom de Riche-Bourg.
Cette population huppée, et sans doute fort peu tolérante, ne se montrait guère disposée à accueillir en ce jour du dernier lundi avant carême les bruyants écoliers appartenant à la nation de Picardie (ils étaient originaires de la France du Nord, de Flandre et d'Allemagne) qui "intante quadragisima" s'esbaudirent d'abord joyeusement puis, sentant la soif les gagner, entrèrent dans une taverne où, après avoir consommé plus que de raison, ils rossèrent le tavernier qui avait eu l'audace de leur réclamer son dû.

Le bruit attira quelques riverains qui naturellement prirent le parti de l'honnête cabaretier et eurent tôt fait, à coups de gourdin et de bâton de chasser tous ces malappris.
Fort courroucés devant un pareil traitement, les jeunes gens revinrent en nombre sur les lieux dès le lendemain ; en moins de temps qu'il ne faut pour le dire, ils défoncèrent les tonneaux, brisèrent la vaisselle et s'en prirent même aux voisins sans épargner les femmes et les enfants afin de les punir de l'aide apportée la veille à l'infortuné débitant de boissons.
C'en était trop. Le doyen de Saint-Marcel décida de porter plainte devant l'évêque de Paris, Guillaume d'Auvergne et le cardinal légat Romain Frangipani de Saint Ange (1). Le prélat, plutôt que d'accepter de connaître les faits comme les privilèges de l'Université lui en donnaient le droit, préféra en référer à Blanche de Castille. Deux raisons pouvaient expliquer une telle attitude : peut-être résultait-elle de ses relations relativement tendues avec l'Université, peut-être considérait-il qu'en raison de la gravité des faits, il était préférable que la seule justice royale intervint.
Indignée à juste titre devant le comportement des étudiants, Blanche de Castille convoqua son prévôt et lui intima l'ordre d'envoyer immédiatement ses archers se saisir des coupables.
Se rendant tout aussitôt sur les lieux, ces hommes de main firent montre d'un zèle quelque peu excessif, rouant de coups tous les jeunes qui leur tombaient sous la main, ils en blessèrent grièvement plusieurs, d'autres trouvèrent la mort en se jetant dans la Seine pour leur échapper alors que la plupart étaient innocents car les véritables coupables, les picards, avaient depuis bien longtemps déserté les lieux.
Les régents de l'Université protestèrent alors de façon véhémente auprès de la reine qui, après avoir consulté l'évêque Guillaume et le légat Romain, jugea bon de ne pas donner suite à l'affaire. Elle n'avait, en effet, guère de sympathie pour l'Université qui, en toutes occasions, cherchait à contrecarrer ses projets. Elle affectionnait, par contre, le peuple de Paris qui lui avait un an plus tôt manifesté son attachement en lui apportant son aide lorsqu'elle avait été contrainte de se réfugier à Monthléry à l'annonce du complot fomenté par le comte de Bretagne Enguerrand de Coucy, le comte de la Marche et Philippe de Boulogne qui projetaient d'enlever le jeune roi Louis IX et de ne lui accorder la vie sauve qu'à la

condition qu'elle consente à renoncer à la régence. L'intrépide souveraine, après avoir mis son fils en sûreté, s'était rendue en toute hâte à cheval en la capitale où elle avait réussi à réunir un certain nombre de bourgeois fidèles à la Couronne. La troupe s'était bientôt grossie de paysans et la reine avait pu de la sorte revenir à Monthléry d'où elle avait pu regagner son palais sous bonne escorte au milieu des acclamations de la population.
La réaction de l'Université ne se fit pas attendre : les quatre nations cessèrent leur activité et déclarèrent qu'elles poursuivraient leur grève pendant dix années. Les régents, de leur côté, bientôt imités en cela par leurs écoliers, commencèrent à déserter la capitale.
Une campagne de calomnies déferla alors sur Blanche de Castille. On répandit le bruit qu' elle menait une vie dissolue, que le cardinal-légat était son amant et qu'elle était même enceinte de ses œuvres. Elle dédaigna de tels propos. Leurs auteurs poursuivirent leur exil volontaire en direction de Reims, Toulouse et Angers. Certains même s'expatrièrent en Espagne, en Italie et surtout en Angleterre où Henri III fit maintes promesses à ceux d'entre eux qui accepteraient de venir s'établir à Oxford.
Blanche de Castille n'en resta pas moins sur ses positions d'autant plus que l'attitude des régents ne faisait pas l'unanimité : les ordres mendiants avaient refusé de s'associer au mouvement et les dominicains, quant à eux, avaient accueilli les étudiants demeurés en la capitale.
Une nouvelle école s'ouvrit même, à l'initiative de Roland de Crémone appuyé en cela par l'évêque, sur la montagne Sainte Geneviève.
Au mois d'août, elle tenta toutefois une mesure d'apaisement en confirmant les privilèges de l'Université contenus dans la Charte de Béthisy, mais la grève ne cessa pas pour autant. Le pape Grégoire IX intervint auprès du royaume de France, mais ce fut peine perdue.

Raoul Dessus L'Eau

En 1230, Pierre de Thillay fut remplacé par Raoul Dessus L'Eau qui devait conserver ce poste pendant quatre années consécutives ; il appartenait à une famille bien considérée de la région parisienne.

Il fallut attendre encore un an pour que le conflit de l'Université commence à s'apaiser. Deux parlementaires, Geoffroy de Poitiers et Guillaume d'Auxerre, furent dépêchés auprès du souverain pontife qui, par la bulle Panens Scientiarum, ordonna que des sanctions soient prises à l'encontre des responsables de la mort des écoliers et qu'à l'avenir toute personne portant la main sur un clerc soit frappée d'une mesure d'excommunication.
Obligée de s'incliner devant la volonté papale, Blanche de Castille n'en exigea pas moins que les étudiants picards, dont les exactions avaient été à l'origine de l'affaire, viennent présenter leurs excuses aux bourgeois.
L'Université reprit donc ses activités. Elle avait obtenu satisfaction sur la plupart des points, mais une ombre n'en demeura pas moins au tableau car elle ne put éviter que les dominicains conservent désormais la chaire de théologie qu'ils avaient fondée pendant l'absence des docteurs : elle devait un jour être occupée par Albert le Grand qui fut le professeur de Saint Thomas d'Aquin.

Guillaume Barbette

C'est en 1234 qu'apparaîtra pour la première fois le nom d'une famille dont plusieurs membres exerceront d'importantes fonctions au sein de l'administration du royaume au cours de l'époque médiévale et dont le nom est resté familier aux parisiens, d'abord par le souvenir d'une courtille sise aux environs des paroisses Saint-Gervais et Sainte-Catherine, et de la rue de la Culture du Temple qui portait son nom et aussi grâce à une rue de l'actuel troisième arrondissement de Paris qui perpétue la mémoire de cette famille Barbette dont un des plus illustres représentants fut Guillaume Barbette, fils d'un percepteur de tonlieu, qui fut successivement vicomte de l'eau, voyer de Paris et prévôt de cette même ville.

Le nom d'Etienne Boileau est alors mentionné comme celui du prévôt ayant exercé ses fonctions au cours de l'année 1235. Bien que cela semble vraisemblable, il n'est point certain qu'il s'agisse du même personnage que celui auquel Saint-Louis, à son retour de terre-sainte, confiera le poste de garde de la prévôté après la réforme qui restera attachée à son nom. Joinville, d'ailleurs, quand

il en fera l'éloge, mentionnera sa qualité de notable bourgeois de Paris, mais ne signalera en aucun endroit qu'il avait déjà exercé une semblable fonction.
L'année suivante, Eudes Le Roux accède à la prévôté : c'est le fils d'un riche bourgeois possédant de vastes propriétés à Limeuil et Bruyères. Il exercera cette fonction d'abord pendant deux ans avant de la quitter pour la retrouver encore par la suite à quatre reprises.

Deux titulaires pour un poste

Selon Borrelli de Serres, deux prévôts dont la postérité n'a pas retenu le nom se succéderont à ce poste de 1238 à 1241. Dans son ouvrage :"Le prévôt de Paris dans le Châtelet de Paris" publié en 1870, Charles Desmazes ne donne pas davantage de précisions, mais il affirme que les concussions des deux intéressés furent telles qu'on les désignait sous le sobriquet peu flatteur de "rois des ribauds".
Au cours de l'année 1241, le poste de prévôt de Paris va échoir à deux nouveaux titulaires : Simon Barbette et Eudes Popin.
Le premier est sans doute le frère de Guillaume qui a exercé cette fonction sept ans plus tôt. Il donnera le jour à Etienne, voyer de Paris, dont le fils portera le même prénom et deviendra un jour prévôt des marchands.
Le second, Eudes Popin était également fils de notable : c'était, selon toute vraisemblance, le neveu ou le petit-neveu du prévôt de Paris qui avait exercé cette même fonction en 1205. Son père, selon Borreli de Serres, était lui-même le gendre de Nicolas Arrode qui avait également été prévôt de Paris.
Eudes Popin devait par la suite occuper à deux reprises cette même charge en 1250 et 1251 avant de devenir bailli d'Orléans de 1254 à 1256 ; toujours selon les mêmes sources, le roi lui fit remise d'une redevance au Trésor à laquelle s'était obligé son père Jean, payeur de l'armée de Bretagne en 1231.
Son fils Jean devait être valet du roi en 1274, maître des monnaies en 1276, bailli de Caux en 1277 et prévôt des marchands de 1293 à 1297.

Eudes Popin conservera ce poste en 1242 tandis que Guillaume Barbette sera remplacé par Raoul de Pacy. Ils exerceront cette fonction jusqu'en 1245 date à laquelle ce dernier sera appelé à devenir argentier (surintendant des finances) avec ses frères André et Raoult. Peut-être fut-il l'auteur d'un ouvrage posthume intitulé : "L'établissement de la prévôté royale" publié sous le nom de Raoul de Pacy en 1291.

Guernon de Verberie (ou Guenon de Verberie) et Gautier le Maitre deviendront prévôts de Paris en 1245. Le nom du premier apparaît en tant que prévôt de Senlis en 1235, puis en tant que bailli de Verneuil de 1237 à 1244. Les renseignements font défaut quant au second.
En 1246, Renaud le Comte, dont le nom seul nous est parvenu, assumera à lui seul la charge de prévôt de Paris pendant quelques mois.
Cette année-là, Guernon de Verberie occupera de nouveau ce poste conjointement avec Gautier le Maitre ; le premier n'y restera qu'un an tandis que le second le conservera pendant deux ans encore assisté de Nicolas Barbette jusqu'en 1249. Ils seront remplacés pour la durée exactement d'une année (septembre 1249 - septembre 1250) par Eudes Popin et Eudes le Roux.
Borrelli de Serres cite le nom d'Etienne Boileau comme ayant occupé ensuite une telle fonction au cours de cette année-là. Ce fut certainement pour un temps très court car le poste est bientôt confié de nouveau à Eudes Le Roux qui l'assumera conjointement avec Hervé (ou Henri) d'Hyères (ou Dyéres).

Borrelli de Serres affirmera que ce dernier devait par la suite amasser une fortune considérable en raison de son aptitude à tirer parti de faveurs royales. Il se rendra acquéreur de divers fiefs dans la chatellenie de Corbeil et de ce fait parviendra à s'anoblir : Sa mort surviendra aux alentours de l'année 1276.

En 1252, Guernon de Verberie va accéder de nouveau à la prévôté de Paris avec Etienne Tatesaveur, ancien prévôt d'Orléans. Ce dernier par la suite deviendra bailli de Sens et le restera pendant 18 ans jusqu'en 1271.
Le 26 ou 27 novembre de cette année-là, surviendra le décès de la reine-mère Blanche de Castille.

L'agitation estudiantine reprend encore

1253, Jean de Bigues et Pierre Gonthier deviennent pour une année prévôts de Paris. Le premier (qui peut-être s'appelait "De Bignes ou "Bignet") appartient à une famille de notables parisiens ; Pierre Gonthier, quant à lui, est originaire de Villeneuve les Sens et, selon toute vraisemblance, a exercé à Sens les fonctions de bailli.
Au jour du mardi-gras de cette année-là, des incidents éclateront entre les hommes de la prévôté et les étudiants. L'un de ceux-ci trouvera la mort au cours de ces échauffourées et quelques-uns de ses camarades seront mis en état d'arrestation. L'Université naturellement réagira et décidera de la suspension des cours.
Une fois encore, les moines mendiants refuseront de s'associer à un tel mouvement et l'Université les rejettera de son sein. Ils en référeront au pape Innocent IV qui tentera d'intervenir auprès des régents pour obtenir leur réintégration, mais ce sera peine perdue. En représailles, l'occupant du trône de Saint-Pierre décidera de suspendre tous les privilèges universitaires.

Le retour de Saint-Louis

En 1254, Eudes Le Roux et Hervé d'Hyères retrouvent le poste de prévôt qu'ils avaient quitté trois années plus tôt.
Le 7 septembre de cette année-là, Louis IX revient de captivité et fait une entrée triomphale à Paris.
Il ne tarde pas à constater combien la situation du royaume est préoccupante : le peuple est pressuré par une administration de plus en plus lourde tandis que les deux frères du monarque : Alphonse de Poitiers et Charles d'Anjou, qui ont exercé la régence après le décès de Blanche de Castille, se montrent plus soucieux de leur intérêt personnel que de celui de la France.
Le roi a tôt fait de comprendre que si tous les membres de son entourage ne sont pas forcément malhonnêtes, ils sont le plus souvent notoirement incompétents. Il est temps de mettre fin à une semblable situation.
Louis IX va d'abord s'entourer d'hommes de confiance comme le jurisconsulte Foulquoy (2), le chevalier Pierre de Fontaine et surtout un grand docteur dans le domaine des affaires et de la finance : Eudes de Lorris.

Il va procéder ensuite aux diverses mutations nécessaires : la plupart des baillis et sénéchaux du royaume (3) vont être d'abord remplacés. Bientôt, l'ordonnance du mois de décembre 1254 amènera une réformation des mœurs dans le Languedoc et dans le Languedoil et imposera, en particulier, à ceux qui exercent de semblables fonctions de rendre la justice sans distinction de personnes "selon les coutumes et usages approuvés". De telles dispositions vont bientôt être étendues à la France entière.
Ce même mois, le Parlement de Paris établira un véritable code de déontologie à l'intention des juges à qui il sera fait interdiction de recevoir le moindre présent de la part des justiciables comme il est depuis longtemps fait usage.

La situation de la prévôté lors du retour du roi

Selon Delamare, la prévôté de Paris "après avoir été longtemps accordée au mérite et à la qualité" avait pris un tout nouveau visage depuis qu'elle était donnée à ferme (4).
Cette mesure avait été adoptée à l'époque de la minorité du roi afin d'apporter quelques ressources complémentaires au royaume de France dont les finances étaient loin d'être prospères.
Cet usage, il est vrai, était depuis longtemps en vigueur dans les autres prévôtés du royaume qui étaient adjugées au plus offrant, mais il en résultait qu'elles devenaient, selon l'auteur, la proie des gens sans éducation. Pour Paris, l'auteur met ainsi en cause Guernon de Verberie et Gaultier le Maître pour l'année 1245, d'Henry d'Hyères et d'Eudes Le Roux pour 1251 (faisant, semble-t-il, une confusion entre ce dernier et Eudes Popin qui exerçait effectivement de telles fonctions à pareille époque).
Borrelli de Serres, quant à lui, adoptera une position plus nuancée en considérant à juste titre qu'il est quelque peu excessif d'incriminer de la sorte tous les prévôts de Paris et qu'une certaine relativité s'impose en la matière.
Le fonctionnement parfois défectueux de la prévôté de Paris repose, en effet, sur de nombreuses autres raisons : déjà, à de rares exceptions près, la durée de la charge se limite le plus souvent à une seule année et cela est insuffisant pour permettre au prévôt d'appréhender de manière convenable la connaissance des missions qui sont les siennes.

Certains prévôts aussi, soucieux d'amortir l'investissement auquel ils ont du consentir pour l'achat de leur charge, recourent parfois à de malhonnêtes procédés. Delamare affirmera à ce propos que "leur désir de s'enrichir était tel que ceux qui se présentaient pour prendre cette ferme" étaient si bornés qu'ils s'associaient plusieurs ensembles.

Depuis le début du XIIIème siècle, il arrive en effet fréquemment, que la charge de prévôt de Paris soit exercée par deux titulaires, mais il est exagéré de ne voir là qu'une manifestation de la cupidité des intéressés, d'autant plus que la question du fermage est apparue seulement lors de la régence de Blanche de Castille. Ce double exercice résulte plutôt d'un souci d'une meilleure répartition des charges, l'un des prévôts exerçant les attributions judiciaires normalement dévolues à un bailli et l'autre étant plus spécialement chargé de la collecte des taxes et des impôts.

Il apparaît plutôt que les contrôles exercés sont insuffisants, voire inexistants. L'exercice de ces fonctions suppose une intégrité sans failles, or ce n'est pas toujours le cas. Certains prévôts mettent à profit l'impunité dont ils jouissent pour augmenter leurs profits de façon éhontée.

Il est donc urgent de procéder à une réforme et Louis IX décidera dès décembre 1254 (5) pour mettre fin à de telles concussions, de retirer la prévôté de Paris des mains des fermiers et de rétablir la dignité de la magistrature.

Au cours de l'année 1256, un nouveau texte fera interdire à ceux qui tiennent des prévôtés du roi "ou autres offices" de procéder à leur revente sans en avoir référé au monarque et obtenu sa permission. En outre, il est mis fin à l'usage autorisant l'exercice conjoint des prérogatives attachées à une telle fonction dont une seule personne dorénavant sera responsable. Enfin, la revente des charges sera désormais prohibée entre frères, neveux et cousins.

Les prévôts Pierre Gautier et Jean Chambaudon

Le nom d'Etienne Boileau est de nouveau mentionné en 1258, mais les deux derniers prévôts de Paris ayant obtenu cette charge en fermage seront Pierre Gautier et Jean Chambaudon (ce dernier étant originaire de Pierrefonds). Ils exerceront leurs fonctions jusqu'en 1260 (6).

L'année suivante, le poste sera confié à Etienne Boileau et la prévôté de Paris va radicalement se transformer.

NOTES DU TITRE PREMIER

CHAPITRE PREMIER: La légende d'Etienne, le prévôt félon

(1) Dom Félibien, Michel, historien français né à Chartres le 14 septembre, 1666, mort le 25 septembre 1719. Il quitta de bonne heure sa famille pour venir faire ses études au collège des Bons-Enfants de Paris, puis entra dans l'ordre des bénédictins.
Son plus important ouvrage fut son "Histoire de l'abbaye royale de Saint-Denis en France" publié à Paris en 1706. Il constitue un véritable code de déontologie pour tout historien digne de ce titre : " J'ai eu recours aux originaux ; la vérité n'étant jamais plus pure que dans sa source."
Jérome Bignon, qui fut prévôt des marchands de 1708 à 1716, ayant ouï parler de la qualité de ses travaux, lui demanda vers 1710 d'écrire une histoire de la ville de Paris dont il voulut bien se charger en dépit des ennuis de santé et des infirmités dont il souffrait. Il prépara un projet auquel Louis XIV donna son accord. Il y travailla pendant 8 ans, mais surpris par la mort, il ne pût l'achever. Lobineau, assisté de Varigny secrétaire de Félibien, acheva l'oeuvre.
Ouvrages : Histoire de Paris (5 volumes), Lettre circulaire sur la mort de Madame d'Harcourt, abbesse de Montmartre (1699), Vie d'Anne-Marie de Brigneul, fille du Maréchal d'Humières, abbesse de Monchy (1711), projet d'histoire de la ville de Paris (1713).

(2) Nicolas Delamare (ou De la Mare) était né à Noisy le Grand le 23 juin 1639. Il était le fils de Guillaume Delamare, procureur à Gournay (près de Livry) et de Françoise Leroy.
Protégé par Jean Chaillot, secrétaire du prince de Condé, son parent, il fit d'excellentes études, voyagea en Italie et en 1664 acquit une charge de procureur au Châtelet. Préférant sans doute mener une existence plus active, il se pourvut de la charge de commissaire au Châtelet pour le quartier de la Cité qui englobait alors l'Ile Saint Louis. Son honnêteté, sa puissance de travail et les excellents résultats qu'il obtint lui gagnèrent la confiance de Nicolas Gabriel de la Reynie qu'il méritait d'ailleurs amplement étant parvenu à faire arrêter entre autres 49 espions, 720 colporteurs de mauvais livres et maints autres délinquants.
Il écrivit son traité de la police à la demande du président Lamoignon ; pour se procurer les fonds nécessaires à son entreprise, il sollicita et obtint de Louis XIV qu'il lui soit consenti 1/9 du montant de la taxe

dite "Droit des-pauvres" (perçue sur les entrées dans les salles de spectacles). Sous la régence, cette subvention disparut.
Le premier tome parut en 1705. Delamare fut ensuite contraint de faire publier à ses frais le tome 2 (paru en 1709) et le tome 3 (paru en 1710).
Sa mort survenue le 23 avril 1723 l'empêcha, de poursuivre la parution de son traité ; son secrétaire Anne Leclerc de Brillet, procureur de l'Amirauté de France, fit paraître le tome IV consacré à la voirie. L'ouvrage demeura malheureusement inachevé.

(3) Grégoire de Tours (Georgius, Florentinus, Gregorius) naquit à Clermont-Ferrand vers 538-540. Il appartenait à une illustre famille de Gaule ayant comporté plusieurs sénateurs. Il fut ordonné prêtre en 563. Dix ans plus tard, il devint évêque de Tours en remplacement de son cousin Euphronius et adopta alors le prénom de Gregorius. Il s'employa à défendre l'Eglise contre les violences de ses ennemis et à faire respecter le droit d'asile. Il travailla également à la conversion des juifs, des ariens et à développer la pratique de la religion dans son diocèse. Il s'attacha enfin à défendre le patrimoine de l'église.
Historien et écrivain, il fit paraître divers ouvrages comme :"Sept livres de miracles" "Vitae patrum", "De gloria confessorum" et surtout son "Historia francorum" pour la période de 397 à 591. Son décès survint vers 594.
Après sa mort, son "Historia francorum" fut complété pour la période 591-641 par trois érudits écrivant sous le pseudonyme de Frédégaire, puis par divers autres auteurs anonymes pour s' arrêter à l'année 768.

(4) Caîus Valerius Juvius Diocletianus (Dioclétien) était né en 245 en Dalmatie près de Salone. Fils d'un ancien esclave, il sut mener une brillante carrière militaire et devint commandant de la garde. Il fut proclamé empereur en 285. Après avoir exterminé les bagaudes (paysans gaulois révoltés contre les percepteurs de l'impôt), il décida de partager à partir de 286 l'autorité de l'empire avec son collègue Maximien et de nommer deux Césars soumis à leur autorité. Il lutta contre les parthes, les alamans, les perses. Son règne fut marqué par la persécution contre les chrétiens. La maladie l'obligea à démissionner le 1er mai 305 et il obligea Maximien à en faire autant. Ce dernier, quelque temps après, tenta de l'inciter à reprendre le pouvoir mais il se vit répondre par le vieillard qu'il préférait faire pousser ses légumes. Sa mort survint en 313.

(5) Vincent le Diacre était né à Huesca en Espagne (date inconnue). Il devint diacre à Saragosse dont le gouverneur était un certain Dacien

qui le fit arrêter et livrer aux plus cruels supplices en l'an 304 à la suite desquels il décéda. En certains diocèses, il a été honoré comme patron des viticulteurs. De nombreux tableaux et vitraux ont représenté son supplice, déchiré par des crochets, d'autres le font apparaître tenant un livre et un ou plusieurs vases. En ce qui concerne la croix de Salomon, il peut sembler que le fait d'évoquer l'existence d'une croix à une période se situant dix siècles environ avant le début de l'ère chrétienne constitue un anachronisme pur et simple ; il n'en est rien pourtant car sous l'antiquité égyptienne on rencontre déjà la croix Ankh. (ou croix ansée) symbole de la vie qui se retrouve le plus souvent dans la main des dieux.

(6) Usuard, hagiographe français, date de naissance inconnue, mort le 13 janvier 876 ou 877, moine de la communauté de Saint Germain des Prés, puis ordonné prêtre. Il fut l'auteur d'un martyrologe romain et d'un "Rudimentum Novitiorum".
Thierry Ruinart, érudit français à Reims le 10 juin 1657, mort à Hautvillers (actuel département de la Marne) le 27 septembre 1709. Après des études à Reims, il fut reçu maître es arts à 17 ans et admis comme novice à l'abbaye de Reims. Il entra chez les bénédictins en 1675 et poursuivit ses études à l'abbaye de Saint-Faron à Meaux et fut enfin accueilli par Mabillon à l'abbaye de Saint Germain des Prés comme assistant. En 1689, Il publia, "Acta primarum sincera et selecta" qui fut critiqué car il détruisait certaines légendes, mais n'en connut pas moins un très grand succès. Il écrivit aussi : "Apologie de la mission de Saint-Maur", "Actes des saints de l'ordre de Saint Benoît", "Annales".
Dom Antonin Rivet de la Grange, né le 30 octobre 1683 à Confolens dans le Poitou, mort au Mans le 7 février 1749. Protestant converti au catholicisme, il entra dans l'ordre des bénédictins. On lui doit :"Histoire des évêques de Poitiers", "Histoire littéraire de la France.

(7) Dont celle de 1033.

CHAPITRE II : Les fonctions de prévôt de Paris et leurs origines

(1) C'est à dire les vicaires et centeniers

(2) Rigord, dont le prénom demeure ignoré, naquit dans le Languedoc entre 1145 et 1150 et mourut vers 1207-1209 à l'abbaye de Saint-Denis.

Après avoir exercé la profession de médecin dans sa région, il voyagea puis, déçu par le comportement de ses semblables, il entra au monastère de Saint-Denis où il reçut les ordres. Il continua à écrire vers 1190 la vie de Philippe-Auguste qu'il avait selon ses dires commencée quelques années plus tôt et n'avait pu continuer à cause de sa pauvreté. Après dix ans de travail, il songea détruire son travail qui ne lui convenait pas. Par bonheur, Hugues alors curé de Saint Denis l'en détourna et lui conseilla de dédier son ouvrage au fils du roi : Louis VIII. Philippe-Auguste le nomma chroniqueur en titre.
L'histoire de Rigord n'embrasse que les premières années du règne de Philippe-Auguste et s'arrête à l'année 1207 ; elle a été achevée par Guillaume Le Breton, l'auteur de "La Phillipéïde".
Rigord fut le premier à donner à Philippe II le nom d'Auguste.

(3) Telle est du moins l'opinion de l'érudit Joseph de la Ferrière dans son "Dictionnaire de Droit Pratique" paru en 1771.

(4) Saint Leuffroy, mort en 738, était l'abbé fondateur du monastère de la Croix Saint-Ouen aux environs d'Evreux.

(5) Selon Borrelli de Serres, qui cite Baluze, il aurait, en réalité, occupé des fonctions plus importantes laissant la charge de la prévôté à un certain Etienne.

CHAPITRE III : Le prévôt Thomas et l'apparition des premiers privilèges de l'Université

(1) Guillaume dit de Champeaux, philosophe, né à Champeaux près de Melun, vers le milieu du Xème siècle, mort vers 1121. Après des études à Compiègne il s'installa à Paris vers 1108 à l'ermitage Saint Victor au pied de la Montagne Sainte Geneviève et eut parmi ses élèves le célèbre Abélard qui par la suite s'opposa à ses théories. Il fut un grand ami de Saint Bernard et fut le premier à enseigner en France la dialectique.

CHAPITRE IV : Soixante et un ans de charges éphémères

(1) Il n'était pas demeuré très longtemps dans son exil forcé

(2) Guy Foulquoy (? - 1268) légiste de Saint Louis entra ensuite dans les ordres et fut rapidement nommé évêque, puis cardinal. Il fut élu pape en 1265 sous le nom de Clément IV.

(3) Même si leurs origines sont différentes - le bailli exerçant ses fonctions dans le Nord provient des institutions anglo-saxonnes tandis que le sénéchal apparu avec l'administration féodale se rencontre surtout dans le midi - ces importants personnages ont des attributions analogues : ils représentent le roi, agissent en son nom, ont des pouvoirs de police ils exercent un rôle militaire et encaissent les ressources domaniales pour le compte du roi.

(4) Il s'agit d'un mode de gestion des services publics dans lequel la personne privée traite avec une collectivité publique moyennant le versement d'un certaine somme.

(5) Delamare, après avoir avancé cette date de 1254, considère que ces dispositions furent prises en 1258.

(6) Cette année-là, un nouveau poste est créé, celui de gardien de la ville ayant compétence sur le guet royal et le guet des métiers chargés de la sécurité de la capitale : son premier titulaire sera Geoffroy de Courtray.

TITRE II

LA REFORME SOUS LOUIS IX ET LE NOUVEAU VISAGE DE LA PREVOTÉ

CHAPITRE PREMIER

ETIENNE BOILEAU

Un chroniqueur du XIIIème siècle, Jacques de Vitry, décrit ainsi l'état de la capitale au moment où le roi revint de la Croisade :
"Paris était le paradis du bonheur, c'était un jardin de délices répandant dans le monde entier de suaves parfums ; on eut dit le puits des eaux vivantes qui arrosent toute la surface de la terre. Mais maintenant, telle qu'une chèvre galeuse ou une brebis malsaine, elle corrompt par ses pernicieux exemples les hôtes nombreux qui affluent de toute part dans son sein, elle dévore ses propres habitants et les entraîne avec elle dans l'abîme."
A cette constatation sans indulgence, Joinville ajoutera les considérations suivantes concernant le prévôt de Paris. "La prévôté de Paris était alors vendue aux bourgeois de Paris ou à d'autres et, quand il advenait qu'ils l'avaient achetée, ils soutenaient leurs enfants et leurs neveux dans leurs excès car les jouvenceaux se fiaient à leurs parents ou leurs amis qui tenaient la prévôté. Pour cela, le menu peuple était foulé et ne pouvait avoir droit contre les riches hommes à cause des grands présents qu'ils faisaient au prévôt. Dans ce temps-là, celui qui disait la vérité devant le prévôt ou qui voulait garder son serment pour n'être pas parjure touchant à une dette ou autre chose dont il lui fut tenu de répondre, le prévôt levait l'amende sur lui et le punissait à cause des grandes injustices et des grandes rapines qui lui étaient faites en la prévôté ; le menu peuple n'osait demeurer en la terre du roi et allait demeurer en d'autres prévôtés et seigneuries et la terre du roi était si déserte que, quand le prévôt tenait ses plaids, il n'y venait pas plus de dix personnes ou de douze. Avec cela, il y avait tant de malfaiteurs et de larrons à Paris que tout le pays en était plein. Le roi, qui mettait tant de diligence à savoir comment le menu peuple était gardé, sut la vérité ; aussi il ne voulut pas que la prévôté de Paris fut vendue, mais donna bons et grands gages à ceux qui dorénavant la garderaient et il abattit toutes les mauvaises coutumes dont le peuple pouvait être grevé. Il fit enquérir par tout le royaume où il pourrait trouver homme qui fit bonne et royale justice et qui n'épargna pas plus le riche homme que le pauvre ; on lui indiqua Etienne Boileau."

En dépit de la notoriété attachée à son nom en raison du document intitulé (de façon apocryphe, au reste) :"Le livre des métiers", l'histoire ne possède que des renseignements rares et souvent imprécis sur ce grand serviteur du royaume de France.
Le premier doute est d'abord relatif au patronyme qui était le sien : Joinville mentionne celui de Boileau, mais il a été également désigné sous ceux de Boilrau, Boilrave, Boileaye.
Dans son célèbre dictionnaire paru en 1759, Moreri affirme qu'il se nommait en réalité Etienne Boylesve, citant à ce propos le contrat de mariage de son fils Foulque Boyles établi en 1258 ou il est ainsi désigné "Etienne Boylesve, chevalier et prévôt de Paris".
Il est vrai, toujours selon ce même auteur, que la confusion d'écriture en ce domaine peut s'expliquer par le fait que par la suite les finales "éve" et "éave" ont été transformées en "eau".

Il apparaît également qu'Etienne Boileau (que nous désignerons désormais sous ce seul patronyme) est cité en 1266 dans un compte des baillis de Paris de la façon suivante : "Stephanus bibens acquam".
Une incertitude subsiste également quant à sa qualité : était-il réellement chevalier (c'est à dire noble) ou seulement bourgeois de Paris ? Il semble que la première hypothèse soit la plus vraisemblable car Louis IX avait pour habitude de rechercher ses collaborateurs au sein de la noblesse.
Le troisième doute concerne sa date de naissance qu'aucun document ne mentionne. Il est possible de la situer approximativement autour de l'année 1200.
Il est par contre à peu près certain qu'il épousa en 1225 Marguerite de la Guesle, famille illustre à plus d'un titre dont un des membres deviendra prévôt de Paris au XVème siècle.
En dépit de l'homonymie, il n'est pas possible d'affirmer qu'il ait exercé la fonction de prévôt une première fois au cours de l'année 1235, par contre, même si son second passage fut bref, le contrat de mariage mentionné plus haut confirme bien qu'il occupa ce poste pendant quelque temps au cours de l'année 1258.
Il était donc sexagénaire quand le roi lui confia en 1260 le poste de "garde de la prévôté de Paris" comme cette fonction fut désormais désignée car Louis IX considérait que la prévôté devait

normalement revenir à lui seul et que la personne chargée d'assurer son fonctionnement en était seulement le gardien (1).

Etienne Boileau manifesta immédiatement de son tempérament de travailleur acharné : Joinville affirme qu'il ne quittait pratiquement pas la salle prévôtale du Châtelet où il tenait habituellement audience, y dormant même sur un lit de camp afin d'être toujours prêt à intervenir si la situation l'exigeait.
Il fit d'abord porter ses efforts sur la capitale avec une fermeté telle que si l'on en croie l'historiographe de Saint Louis :"il n'y avait larron, meurtrier ou autre malfaiteur qui n'osât demeurer à Paris : dés qu'il en avait connaissance, (l'intéressé était sitôt) pendu ou puni de rigueur de justice selon la qualité du méfait."
Dans son ouvrage intitulé :"La mer des histoires", De Columna (2) raconte que sa rigueur était telle qu'il n'hésita pas à envoyer à la potence un sien filleul qui s'était rendu coupable"de maints et maints larcins". Un sien complice devait connaître le même sort.

L'affaire des marchands de l'eau

La délinquance de droit commun n'était pas la seule plaie dont avait à souffrir la capitale dont la superficie était encore relativement modeste (environ 252 hectares).
La compétence du prévôt s'étendait bien au delà des murs de l'enceinte de Philippe-Auguste et, en matière économique, il existait une immense disparité entre les différents lieux ainsi qu'entre les commerces dont naturellement la population faisait les frais. Les professionnels, certes, s'enrichissaient, mais les procédés employés étaient pour le moins contestables.
Les marchands de Paris exerçaient une véritable dictature particulièrement en matière fluviale sous l'œil jusqu'ici bienveillant des monarques successifs qui trouvaient là de nombreux avantages. Parmi tous les privilèges existants, celui de "la hanse" était peut-être le plus scandaleux.
Depuis le XIIème siècle, en effet, la bourgeoisie parisienne avait compris l'énorme avantage consécutif à la position géographique de la capitale traversée par le fleuve Seine où transitaient non seulement les marchandises lourdes comme le bois ou le fer, mais encore les produits de consommation courante comme le sel, le

poisson, les fruits et plus tard le vin. Comme la concurrence était grande avec certaines villes comme Amiens ou Rouen, les marchands parisiens décidèrent de s'organiser en corporation : prenant le nom de "marchands de l'eau", ils se firent reconnaître par le roi Louis VI et, dès 1134, ils furent habilités à se prêter une aide réciproque pour procéder eux-mêmes à la saisie des biens de leurs débiteurs.

Sous le règne de Louis VII, en 1171, ils se virent confirmer leur monopole sur le trafic fluvial entre Paris et Mantes où une coutume ancienne exigeait que toute embarcation en amont de la Seine s'arrêtât.
Une vérification était alors effectuée afin de déterminer si le propriétaire de la cargaison transportée était ou non un bourgeois "hansé" de Paris, c'est à dire s'il était réellement bourgeois de Paris et s'il appartenait à la corporation des "marchands d'eau".
S'il n'était pas en mesure de justifier de sa qualité de bourgeois de la capitale, son avance était stoppée et il n'avait plus qu'à rebrousser chemin ; toutefois s'il pouvait arguer d'un tel titre en une autre ville du royaume, la circulation pouvait de nouveau lui être ouverte à la condition qu'il consente à se plier à certaines règles particulièrement exorbitantes.
Il était d'abord tenu, une fois arrivé à la limite du ressort de la marchandise de l'eau, de déclarer son intention de vendre le contenu de son embarcation.
Le prévôt des marchands et ses échevins lui désignaient alors un bourgeois hansé de Paris qui devenait alors son "compagnon". Cette disposition, en dépit de son appellation conviviale, consistait en un contrat léonin pur et simple.
Le marchand devait, en effet, dès son arrivée renseigner son "compagnon" quant au montant exact du prix de sa cargaison : deux options s'offraient alors à ce dernier, soit il décidait d'en prélever immédiatement la moitié, soit il la laissait en l'état et une fois la vente accomplie prélevait sur son montant une part non négligeable pouvant aller jusqu'à la moitié.
Le marchand, il est vrai, jouissait de la faculté de choisir lui-même son "compagnon" et de s'en remettre toujours au même. Il pouvait aussi laisser aux autorités compétentes le soin de sa désignation.

Naturellement, les navigants tentaient parfois de s'affranchir des obligations imposées au pont de Mantes en usant de moyens détournés : malheur à celui qui se faisait interpeller dans de semblables conditions car sa marchandise était alors déclarée "forfaite", c'est à dire qu'elle était immédiatement confisquée au profit des marchands de l'eau. Le roi appréciait fort cette situation car les intéressés étaient tenus de lui restituer un grande partie du gain réalisé sous forme de taxes assez élevées, mais la part qui restait était suffisamment conséquente pour qu'ils en tirent un substantiel profit : chacun donc y trouvait son compte à l'exception, bien sûr, de l'infortuné contrevenant.

Un florilège d'abus

Loin de lutter contre ce véritable "racket" avant la date, Philippe-Auguste avait étendu en 1192 de telles dispositions aux transporteurs de vins de Bourgogne sans oublier évidemment de s'octroyer la moitié du montant des amendes infligées aux contrevenants.
Le commerce terrestre obéissait peut-être à des règles moins draconiennes mais il ne faut pas oublier qu'il était moins développé que le commerce fluvial car d'une part les routes étaient par endroits difficilement praticables et d'autre part elles étaient peu sûres.
De nombreux abus se constataient également dans le secteur des métiers. Avant de devenir maître, il fallait demeurer en apprentissage pendant une durée au moins égale à huit longues années où l'apprenti concerné était pieds et poings liés face à celui qui sous couleur de lui apprendre son métier l'exploitait littéralement. En outre, les dispositions étaient telles que ses membres éliminaient impitoyablement toute concurrence et de ce fait, l'émulation était pratiquement réduite à néant. Il était donc urgent de procéder a certaines reformes.

Les mesures adoptées par Etienne Boileau

La paternité du "Livre des métiers" a été attribuée depuis toujours à Etienne Boileau : cela n'est pas absolument exact. Son rôle en ce domaine a plutôt été celui d'un régulateur.

Il n'a pas imposé au départ une réglementation au sens strict, se contentant de faire procéder à l'établissement de registres recensant l'essentiel des règles habituellement pratiquée par la profession concernée, puis de faire inscrire les tarifs des droits prélevés au nom du roi. Il a enfin recueilli les diverses suggestions de réformes et d'aménagement suggérées par différents représentants des métiers intéressés.

En d'autres termes il n'a pas immédiatement mis fin aux abus alors existants mais il s'est d'abord attaché à ce qu'ils ne s'aggravent pas encore davantage.
Il semble que le premier manuscrit de ce qui fut appelé : "Le livre des métiers" ait consisté en un très grand volume divisé en deux parties si l'on en croit la table des matières recopiée par Leclerc et Brillet.

La première partie avait trait aux métiers s'occupant des vivres, aux métiers ayant rapport aux métaux et aux bois et enfin ceux relatifs aux tissus et à la soie ; la seconde avait un caractère plus fiscal, se rapportant aux droits et impôts perçus sur les denrées et les marchandises. Ce précieux document devait malheureusement disparaître dans l'incendie qui détruisit la Chambre des Comptes dans la nuit du 26 au 27 octobre 1737. Le feu, en effet, dévora la splendide construction si magnifiquement réalisée par l'architecte italien Fra Giocondo sous le règne de Louis XII et anéantit à jamais des documents sans prix en dépit des efforts du guet, de la nouvelle compagnie de pompiers nouvellement créée et de ce fait insuffisamment organisée et enfin des capucins qui avaient été pendant longtemps les seuls soldats du feu. Une malédiction certaine devait régner sur ces inestimables vestiges du passé car les quelques un d'entre eux qui avaient échappé aux flammes après avoir été rassemblés et conservés aux Jacobins de la rue Saint-Jacques et des Grands Augustins furent transportés en 1842 dans le nouvel édifice construit quai d'Orsay qui fut volontairement incendié par les communards en 1871. Un second manuscrit datant de la fin du XIIIème siècle ne comporte pas de titres mais seulement la mention : "Ordonnance de l'intitulement des registres des métiers et marchandises de la ville de Paris qui sont écrits en ce livre par chapitres et nombres". Il semble qu'il s'agisse du document habituellement utilisé au Châtelet. Il existe un troisième manuscrit

comportant les feuillets écrits vers 1355. Aucun titre n'y est non plus mentionné mais la table des matières commence par ces mots : "Ce sont les titres des meltiers de la ville de Paris comportant une tierce partie parlant des privilèges des communautés religieuses".
Un quatrième manuscrit enfin comporte une introduction relative à Boileau. Il donne quelques précisions sur l'origine du registre des métiers.
Le principal souci d'Etienne Boileau était de remédier aux abus engendrés lors des siècles précédents où il arrivait fréquemment que des prévôts fermiers, uniquement soucieux de leur propre profit, réalisent des gains en annihilant toute possibilité de liberté du commerce. Il lui apparut donc indispensable de rassembler marchands et artisans en différents corps de communautés sous le titre de confréries.

Il s'en explique dès les premières lignes de la nouvelle réglementation :
"Etienne Boileau, garde de la prévosté de Paris à tous les bourgeois et résidents de Paris.
Et à tous ceux qui dedans les bornes (bornes, limites) de cela mesme lui verront asquex ce appartiendra, salut.
Pour ce que nous avons veu à Paris en nostre temps, moult de plais (querelles) et de contemps (du latin conventio : dispute) et de défernées (effrénées) convoitises qui gaté soy-mesme et non par le sens as jones (jeunes) et as poisachans (vieux) entre les étranges gens et ceus de la ville qui aucun mestiers usent et hantent..."
Après quelques considérations sur les dangers pouvant résulter de l'actuelle situation où règne l'appât du gain et l'abolition de toute morale, Boileau explicite le plan de son document :
"Nostre intention est à esclairer en la première partie de cette œuvre au mieux que nous porrons tous les mestiers de Paris, leur ordonnance, la manière des entrepesures de chacun mestier et leurs ammendes..."

Cette première partie ainsi annoncée comportera 100 titres où rien n'est laissé au hasard ainsi qu'en fait foi, en manière d'exemple, le titre IX consacré aux regrattiers (vendeurs de menues denrées au détail et de seconde main) de pain, de sel et de poisson :

Titre IX : Des regrattiers de pain, de sel, de poisson de mer et de toutes autres denrées fors poisson d'eau douce et de cire ouvrée.

Nul ne peut être regrattier de pain à Paris, à savoir vendeur de pain et autre fournie et guise (c'est à dire cuite au fournil) s'il n'achète le métier du roy et le vend de par le roy cils qui del roy l'a acheté à l'un ou plus à l'autre mains si comme il lui semble bon.
(en d'autres termes, toute vente d'Établissement doit être connue de l'administration du royaume).

Quiconque a acheté le mestier de regratterie de pains à Paris, il peut vendre le poisson de mer, char (chair) cuite, sel à mines et à boisseau, à estal et à fenêtres et de toute autre manière de fruit crut en règne de France, aus, oignons et toute autre manière d'aigrun (3), dates, figues ou toutes manières de raisins, poivre, coumin, canele, regulisse et cire qui ne soit ouvrée car qui le métier de regratterie de pains a acheté peut vendre toutes les choses dessus dites par paiant les coustumes que chaque métier doit.
Les regrattiers de pain peuvent vendre toutes autres manières de denrées fors poisson d'eau douce et cire ouvrée.
(Comme il est aisé de le constater, les produits que le regrattier peut proposer à sa clientèle sont délimités de la façon la plus stricte qui soit : la vente de poisson d'eau douce de même que la cire ouvrée ne peut être exercée que par une autre catégorie professionnelle. Le texte rappelle en outre que "L'exercice du métier est subordonné au paiement des coutumes et redevances Imposées).
Les regrattiers de Paris peuvent avoir tant de valets et d'apprentis qui leur plaira."

Aucune réglementation ne limite donc le nombre de personnes à employer.

Des précisions très strictes sont ensuite données en matière fiscale. Tout d'abord chaque regrattier est tenu de payer, chaque année au roi trois sols de hauban à la Saint-Martin d'hiver (4), mais là ne s'arrêtent pas ses charges.

"Si le regrattier qui vend pain achète le métier devant la Saint Jean-Baptiste, il doit une obole cinq deniers à la Saint Jean-Baptiste et trois sols de hauban à la Saint Martin d'hiver, 10 deniers à Noël, 29 deniers à Paques et chaque année après ensuivant aux termes dessus devisés.

Si le regrattier qui vend pain achète le métier de regrasterie entre la Saint Jean-Baptiste et la Saint Martin d'Hiver, il est quitte des trois premiers sols de hauban.
Tous les regrastiers qui vendent pain doivent chacun, chaque semaine un denier de tonlieu (impôt sur les marchandises) à payer au dimanche s'il a vendu pain en cette semaine.
Regrattiers qui vendent sel doivent chacun, chaque ans, trois sols de hauban au roi et huit deniers de coutume à payer à Noël et huit deniers à Pâques et doivent acheter le métier en la manière dessus devisée.
Si le regrattier de Pain vend sel, il doit six sols de hauban, 7 sols pour le pain et sept sols pour le sel et doit la coutume de pain et la coutume de sel chaque an en la manière dessus devisée.
Derechef il est, établi qu'il doit y avoir en métier de regratterie vendeurs d'oies et de fromage de charrette et 4 de sommiers."

Tout cela représente un ensemble de taxes et d'impôts dont le montant n'est pas négligeable mais de telles dispositions présentent au moins l'avantage d'établir une stricte réglementation tant en ce qui concerne le commerçant que sa clientèle.

Peut-être est-il possible de s'étonner lorsqu'on constate que "L'établissement des métiers" (tel est le véritable nom de ce registre) n'édicte aucune réglementation concernant les bouchers. Il ne s'agit pas d'un oubli mais cela provient du fait que depuis le XIème siècle, cette profession possédait des statuts apparus en 1146 et confirmés seize ans plus tard par Louis VII.

En effet, dès 1096, les moines de Saint Martin des Champs avaient construit 23 étaux dans le domaine de Guerry de la Forte, à la porte de Paris devant le Châtelet et les avaient loués à différents bouchers. Ce centre dit de "La grande boucherie" avait pour paroisse l'église Saint-Jacques de la boucherie dont la tour qui subsiste encore avenue Victoria perpétue le souvenir. La grande-boucherie, quant à elle, se trouvait à l'emplacement actuel de la Chambre des Notaires et un des statuts de cette corporation prévoyait que "nul ne peut être boucher de la grande-boucherie de Paris s'il n'est fils de boucher de cette boucherie".

C'est vraisemblablement pour cette raison qu'Etienne Boileau ne jugea pas utile d'apporter des dispositions complémentaires en la matière.
La réglementation ne mentionne pas davantage la profession de tanneur : peut-être était-il de l'intérêt de ceux qui l'exerçaient de retarder le plus possible l'établissement d'une codification en la matière. Une telle hypothèse n'a rien d'invraisemblable.

Etienne Boileau annonce ainsi sa seconde partie :
En la seconde partie, entendons nous à tretier (traiter) des chauciers, des tonlieus, des travers, des conduis, des rivages, des halages, des pois, des botages, des rouages et de toutes les autres choses qui à coutume appartiennent."

Ainsi seront traités :

1) Des chauciers de Paris
2) Du péage du Petit Pont
3) Du rouage de Paris
4) Des métiers de hauban et des métiers que l'on vend par le roi
5) Du liage et de la monte de la Marne (montée des vins)
6) Du rivage de la Seine
7) Du chantelage (droit imposé aux possesseurs de vins sur chantiers pour être revendus à Paris)
8) Du conduit de tous avoirs
9) Du halage du pain
10) Du tonlieu, du halage et du minage du blé et de tout autre grain
11) Du tonlieu de sel
12) Du tonlieu de tonneaux vieux, de nés de toutes manières, moles perchiés ou non perchiés
13) Du tonlieu de chevaux, bœufs, vaches et de toutes autres bêtes
14) Du tonlieu et du conduit de oint, de suif, de bacons et de peneaux de bacons.
15) Du tonlieu et du conduit de fer et d'acier qu'on vend à Paris
16) Du tonlieu de fer, d'alène, des aiguilles, estamine de bas (outils en fer et toute autre menu oeuvré en laiton).
17) De la coutume, poivre, de la cire, de chemises, de brayes et draps ce lit qu'on met d'étal le samedi.

La Troisième partie enfin traite des compétences des diverses juridictions en la ville de Paris et ses faubourgs. Il y est rappelé le désir du prévôt de faire régner la plus parfaite égalité en matière commerciale et sa ferme volonté de punir les contrevenants aux prescriptions édictées.

L'ensemble de ces dispositions constituait la première amorce d'une législation qui devait maintes fois être modifiée ou complétée par la suite ; tout n'y était pas parfait mais il existait maintenant un cadre réel à l'intérieur duquel chacun savait qu'il devait désormais se tenir.

L'année 1263 verra l'apparition du tribunal de la Hanse de Paris dont la présidence sera assurée par Evroïn de Valenciennes assisté de quatre échevins : Jean Barbette, Henri de Nefs, Nicolas Flament et Adam Bourbon. Il comprendra également 24 prudhommes. Son siège sera établi au parloir des bourgeois, puis au Châtelet.

Les derniers jours du roi et du Prévôt

Si l'on excepte une nouvelle grève de l'Université au cours de l'année 1267 à la suite de la répression quelque peu excessive de certains comportements estudiantins par les hommes de l'officialité, l'ordre public sera à peu près maintenu dans la capitale.

Les massacres dont les chrétiens de Palestine furent l'objet décidèrent Louis IX à s'engager dans une nouvelle croisade. Après avoir rassemblé le maximum de fidèles, il s'embarqua au mois de juillet 1270 et fit voile vers Tunis où il arriva au mois d'Août. Les menaces dont les français furent l'objet et les nombreuses défenses dont disposaient les infidèles le contraignirent à surseoir quelque peu aux assauts qu'il projetait. La chaleur excessive, le climat peu clément et la mauvaise qualité des eaux furent la cause de fièvres malignes et de dysenteries dont le roi lui-même fut bientôt atteint. Il rendit le dernier soupir le 25 août.

La plupart des biographies s'entendent à fixer la mort d'Etienne Boileau au cours de l'année qui précéda. Cette affirmation a été mise en cause par Isambert dans le dictionnaire Firmin-Didot : il considère, en effet, que le prévôt assurait encore ses fonctions en l'an 1270 mais que le jeune roi Philippe III décida d'y mettre fin car il prêta une oreille trop complaisante aux plaintes et critiques formulées par certains membres de son entourage que l'intégrité et la sévérité d'Etienne Boileau dérangeaient. Il était demeuré garde de la prévôté de Paris pendant une dizaine d'années environ : Longévité modeste si on la compare avec celle de certains de ses successeurs, mais qui constitua une période-clé dans l'histoire de la prévôté de Paris.

ANNEXE :

LES 100 TITRES DE LA PREMIERE PARTIE DU REGISTRE DES METIERS

Titre I - Des talemeliers (boulangers)
Titre II - Des meuniers du grand pont
Titre III - Des blatiers et revendeurs de toute manière des grains
Titre IV - Des mesureurs de bled et de toute autre manière de grain
Titre V - Des crieurs de Paris
Titre VI - Des jaugeurs de vins
Titre VII - Des taverniers de Paris
Titre VIII - Des cervoisiers de Paris
Titre IX - Des regrattiers de pain, sel et de toute autre denrée fors le poisson d'eau douce et la cire ouvrée
Titre X - Des regrattiers qui vendent fruits et aigruns de Paris
Titre XI - Des orfèvres et de l'ordonnance de leurs métiers
Titre XII - Des potiers d'étain de Paris
Titre XIII - Des cordiers de Paris
Titre XIV - Des ouvriers de toutes menues oeuvres qu'on fait d'étain à Paris
Titre XV - Des fèvres (ouvriers en fer), des marissaus, des veillers, des greffiers (facteurs de greffes ou fermetures en fer) et des heaumiers.
Titre XVI - Des fèvres couteliers
Titre XVII - Des couteliers faiseurs de manches
Titre XVIII - Des serruriers de Paris et de l'ordonnance de leurs métiers
Titre XIX - Des boëtiers, faiseurs de serrures de boites
Titre XX - Des batteurs d'archal
Titre XXI - Des boucliers de fer de Paris
Titre XXII - Des boucliers d'archal, de cuivre ou de laiton neuf ou vieil de Paris

Titre XXIII - Des tréfiliers de fer de Paris
Titre XXIV - Des tréfiliers d'archal de Paris
Titre XXV - Des faiseurs de cloux pour attacher boucles, mordans et membres sur courroyes ou ceintures.
Titre XXVI - Des haubergers
Titre XXVII - Des patenotriers d'os et de cor
Titre XXVIII - Des patenotriers de corail et de coquille
Titre XXIX - Des patenotriers d'ambre et de jais
Titre XXX - Des cristalliers et pierriers de pierre naturelle
Titre XXXI - Des batteurs d'or et d'argent à filer
Titre XXXII - Des batteurs d'étain
Titre XXXIII - Des batteurs d'or et d'argent en feuilles à parc
Titre XXXIV - Des laceurs de fils et de soie
Titre XXXV - Des fileresses de soie à grand fuseau
Titre XXXVI - Des fileresses de soie à petit fuseau
Titre XXXVII - Des crespiniers de fil de soie (c'est à savoir toiles, coiffes, etc...)
Titre XXXVIII - Des ouvriers de tissus de soie
Titre XXXIX - Des braaliers (du nom de Braalier, ouvrier couturier qui faisait les braies ou hauts de chausse en fil)
Titre XL - C'est l'ordonnance des ouvriers de drap de soie de Paris, de veluyaus et bourserie en lac qui affèrent au dit-métier en la forme qui s'ensuit
Titre XLI - Des fondeurs mouleurs faisant boucle, mordants, fremeaux, anneaux d'achal et de cuivre
Titre XLII - Des fremailleurs et ceux qui sont fremeaux à livre
Titre XLIII - Des patrenostiers et faiseurs de boucles à souliers
Titre XLIV - C'est l'ordonnance du métier de couvre-chef de soie à Paris
Titre XLV - C'est le registre des lampiers (fondeurs de lampes et chandeliers en métal surtout en cuivre)
Titre XLVI - Des barrilliers (tonneliers)
Titre XLVII - Des charpentiers
Titre XLVIII - Des maçons, des tailleurs de pierre, plastriers et morteliers
Titre XLIX - Des esculiers (faiseurs d'ecuelles et de hanaps)
Titre L - Des tisserands de lange (tisserands drapiers)
Titre LI - Des tapissiers de tapis sarrazinois (imitation tapis de luxe)

Titre LII - Des tapissiers de tapis nostrés (tapis de laine)
Titre LIII - Des foulons
Titre LIV - Des teinturiers de Paris
Titre LV - Des chauciers de Paris (fabricant de chausses)
Titre LVI - Des tailleurs de robes
Titre LVII - Des liniers (marchands de lin)
Titre LVIII - Des marchands de chanvre et de fil
Titre LIX - Des chanevaciers (marchands de toiles de chanvre appelées canevas)
Titre LX - Des espeingliers
Titre LXI - Des imagiers, tailleurs de crucifix à Paris
Titre LXII - Des peintres et tailleurs imagiers à Paris
Titre LXIII - Des huiliers (fabricants et marchands d'huile)
Titre LXIV - Des chandeliers de suif
Titre LXV - Des grainiers de fouriaux (fabricants de gaines, fourreaux, étuis en cuivre)
Titre LXVI - Des garnisseurs de gaines, faiseurs de viroles deheus et copeaux de laiton, d'archal et de cuivre
Titre LXVII - Des pingniers (peigneurs) et tabletiers de Paris
Titre LXVIII - Des faiseurs de table à écrire à Paris
Titre LXIX - Des cuisiniers
Titre LXX - Des poulaillers (vendeurs de volaille et de gibiers)
Titre LXXI - Des déïciers (faiseurs de dés à jouer)
Titre LXXII - Des boutonniers et deïciers d'archal, de cuivre et de laiton
Titre LXXIII - C'est le registre des étuveurs (tenanciers d'étuve)
Titre LXXIV - Des potiers de terre
Titre LXXV - Des merciers
Titre LXXVI - Des fripiers
Titre LXXVII - Des boursiers et braïers (fabriquants de braies)
Titre LXXVIII - Des peintres et selliers de Paris, de leur ordonnance et leur établissement
Titre LXXIX - Des chapuiseurs des selles et d'arçon et d'aure à Paris
Titre LXXX - Des blazonniers (couvreurs de selles)
Titre LXXXI - Des boureliers de Paris
Titre LXXXII - Des lormiers (fabricants de freins, longes, étrivières)
Titre LXXXIII - Des baudroyers

Titre LXXXIV - Des courdouaniers, fabricants de chausses en peau de chèvre
Titre LXXXV - Des cavetonniers de souliers
Titre LXXXVI - Des çavetiers (savetiers)
Titre LXXXVII - Des corroyeurs, de leurs valets et apprentis
Titre LXXXVIII - Des gantiers
Titre LXXXIX - Des feniers (marchands de foin)
Titre LXC - Des chapeliers de fleurs
Titre LXCI - Des chapeliers de feutre de Paris
Titre LXCII - Des chapeliers de coton de Paris
Titre LXCIII - Des chapeliers de paon de Paris
Titre LXCIV - Des fourreurs de chapeaux de Paris
Titre LXCV - Des feseresses de chapeau d'orfroi (brodés d'or et de brillant)
Titre LXCVI - Des forbères (fourbisseurs d'épées)
Titre LXCVII - Des archers
Titre LXCVIII - Des pécheurs de l'eau le roi
Titre LXCIX - Des poissonniers d'eau douce de Paris et de leur établissement
Titre C - L'établissement de poisson de mer.

CHAPITRE II

DEUX PREVOTS SANS HISTOIRES : RENAUD BARBOU ET JEAN LE SAUNIER

Renaud Barbou

A Etienne Boileau succéda Renaud Barbou (ou Bourbout).

Il prit vraisemblablement ses fonctions au mois d'avril 1270, trois mois avant le départ de Saint Louis pour la croisade où il devait trouver la mort.
La date de sa naissance n'est pas connue, mais on sait qu'il descendait d'une très ancienne famille de Chartres dont un des membres avait été un familier de l'abbaye voisine des bénédictins de Saint-Père en Valois.
Apprécié du roi Philippe III pour ses qualités de travailleur infatigable comme l'était son prédécesseur, il s'attacha à poursuivre l'œuvre de ce dernier : il fit ainsi procéder à la rédaction des statuts des corporations de drapiers, de fileuses et de fabricants d'oublies.
De nombreux actes notariés furent signés de son nom sous le sceau du Châtelet et peut-être fut-il le fondateur de la confrérie des notaires du Châtelet dont les statuts devaient être reconnus en l'an 1300.
Tant d'occupations ne devaient pas l'empêcher de prendre le titre de bailli de Monthléry au cours de l'année 1271.
A la différence de nombre de ses prédécesseurs et successeurs, il eut la chance de ne pas subir le contrecoup de l'agitation qui secoua l'université à cette époque.
Le XIIème siècle avait été marqué par la résurgence de la pensée d'Aristote qui, loin de rejeter l'idée de Dieu le considérait dans sa "Métaphysique" comme un vivant éternel et parfait et comme "l'actualité même de l'intelligence", mais n'en semblait pas moins éprouver certains doutes à cet égard. Des traductions plus ou moins fidèles de l'œuvre du penseur grec établies par des juifs d'Espagne et des arabes laissaient même apparaître des nuances anti-chrétiennes.

Albert le Grand et plus tard son disciple Thomas d'Aquin s'attachèrent à développer un nouveau courant de pensée : la scolastique, s'attachant à affirmer que tout être était un chemin pour aller vers Dieu et que l'homme ne devait point tenter de pénétrer certains mystères. Leur théorie, tout en refusant d'admettre une rupture entre le profane et le sacré, posait le principe de l'autonomie de la raison contre une théologie excessive.
Cet enseignement fera l'objet de nombreuses critiques émanant en particulier d'un maître de lettres et de philosophie à la Faculté de Paris, Siger de Brabant, chanoine à Saint-Martin de Liège qui proclamera son attachement total à la philosophie d'Aristote et défendra son autonomie totale par rapport à la théologie.
Les partisans de Thomas d'Aquin réagiront vivement contre une telle théorie qu'ils qualifieront d'averroïste, c'est à dire inspirée de la doctrine d'Averhoes, philosophe arabe du XIIème siècle, prônant l'éternité de la matière et à ce titre condamnée par l'Eglise.

De nouveaux affrontements éclatèrent à l'occasion de l'élection d'un nouveau recteur qui intervint le 25 mars de l'année 1272 : les partisans de Siger de Brabant refusèrent toute concession avec ceux de son adversaire Albéric et désignèrent eux-mêmes leur propre recteur ; il en résultera une scission qui se poursuivra pendant trois ans.
Aucun trouble de l'ordre public ne s'ensuivit heureusement et les hommes du prévôt n'eurent pas à intervenir de façon musclée.
Un an après, l'abbé de Saint-Germain des Près obtint du roi l'autorisation d'exercer la haute et la basse Justice sur l'ensemble des terres dépendant de son abbaye ; fort de cette première victoire, il sollicita du roi Philippe III le droit d'établir des fourches patibulaires et un pilori au carrefour de la rue de Buci. Le monarque donna également son accord.
En cette même année 1275, Renaud Barbou quitta la prévôté de Paris afin de rejoindre Rouen où il était nommé bailli.
Un an après, il participa aux cérémonies pour la reconnaissance des reliques de Saint-Piaton (Saint Piat) qui avait au IIIème siècle participé à la propagation de la foi chrétienne en pays chartrain.
Il semble qu'il ait également assumé les fonctions de bailli de Bonneville, de Pont-Audemer et de Caen ; il se peut qu'il ait été également désigné en 1278 pour siéger au Parlement.

Il devait quitter Rouen en 1286.

On le retrouve trois ans plus tard comme maître de l'Echiquier (1) lors de la session de Pâques ; il s'acquitta des mêmes fonctions une année après au moment de la session de Saint-Michel.
En 1291, il manifesta de nouveau son attachement à sa région d'origine en fondant à Chartres un hôpital pour aveugles nommé : "Les six-vingt ou hôpital de Saint Julien et de Saint Gratien."
Sa mort survint sept ans plus tard au cours de l'année 1298.
Les historiens l'ont souvent désigné sous l'appellation de Barbou le vieux afin de le distinguer de son fils également prénommé Renaud, dit le jeune, qui fit également une importante carrière dans la fonction de bailli qu'il exerça en différents endroits comme Caen, Rouen et peut-être aussi en Touraine. Fidèle serviteur de Philippe le Bel, il devait par la suite, à l'instar de son père, participer aux sessions de l'Echiquier et appartenir en 1316 à la grande Charte du Parlement.

De son mariage avec une certaine Julienne qui devait lui survivre au moins jusqu'en 1314, Renaud Barbou, dit le Vieux, avait eu également d'autres enfants comme Bertaut dont la fille Isabeau épousa un certain Simon Marcel. Le couple eut un fils prénommé Etienne dont la tragique destinée de prévôt des marchands sous la guerre de cent ans est encore dans toutes les mémoires.

Jean Le Saunier

Jean Le Saunier se verra attribuer au cours de l'année 1275 le poste de prévôt de Paris qu'il conservera pendant deux années au cours desquelles, grâce â l'intervention du légat pontifical, le conflit estudiantin connaîtra quelque répit. Un nouveau recteur sera nommé en la personne de Pierre d'Auvergne qui après avoir rappelé avec fermeté les interdictions faites aux étudiants d'organiser sans autorisation fêtes ou manifestations sur la voie publique, exercera une stricte surveillance sur le monde des escholiers.
Le légat pontifical ira plus loin encore et menacera d'excommunication tout étudiant manifestant d'un comportement incompatible avec la dignité des clercs.

Une nouvelle source de conflits apparaîtra bientôt entre les moines de Saint-Germain et les étudiants qui revendiquent les prairies attenant aux terres de l'abbaye, pêchent, dans un unique souci de provocation, le poisson dans les eaux de leur dépendance et se livrent aussi à diverses déprédations dans le seul but de détruire.
Les privilèges de juridiction accordés quelque temps plus tôt à l'abbaye de Saint-Germain des Près serviront indirectement à Jean le Saunier qui n'aura pas à intervenir dans ce domaine ; cela est d'autant plus bénéfique pour lui que l'Université réagira très vivement à la suite de l'exposition au pilori de certains de ses membres comme Jehan. le Picard, étudiant au collège de Beauvais, ou de Pierre Guillot du collège de Karembert.
Le poste de proviseur du collège de Sorbonne étant demeuré vacant pendant plus d'un an à la suite du décès de Robert de Sorbon survenu le 15 août 1274, il est attribué le 14 novembre 1276 à Guillaume de Montmorency.
Cette année-là, surviendra le décès d'un ancien prévôt de la capitale : Jean de Bigues.

Le lieutenant du prévôt

Vers 1275, un nouveau personnage fait son apparition dans l'administration parisienne : le lieutenant du prévôt.
Un tel terme peut se définir par son étymologie même : lieutenant, c'est à dire tenant lieu ou remplaçant.
Le premier à porter un tel titre sera un certain Maci (diminutif de Mathieu) de Moriers qui exercera les fonctions dévolues à Renaud Barbou pendant ses absences.
Il est à peu près certain que dès la fin du XIIIème siècle deux personnages se verront attribuer un tel rôle : le lieutenant civil et le lieutenant criminel.
Il serait inexact, tout au moins pour les premiers temps, de considérer qu'il s'agit là de charges. Cela constitue tout au plus une délégation donnée par le prévôt lui-même.
La situation cependant évoluera bientôt et, au cours des années qui suivront, les lieutenants civil et criminel deviendront de véritables collaborateurs du prévôt qui, s'il conserve pour lui les affaires d'une certaine importance, n'hésitera pas à laisser ses lieutenants l'exercice de la justice courante.

Un autre collaborateur du prévôt exerçait également des missions de voie publique : on le désignait sous le nom de "visiteur du pavé".

CHAPITRE III

NOUVEAUX TROUBLES ET NOUVELLES REFORMES

Selon la liste dressée par Charles Desmaze dans "Le Châtelet à Paris", quatre prévôts se succéderont au cours de l'année 1277 : Mathieu de Morriers (ou Marc de Moréas ou de Morées), Eudes Le Roux, Henry Dyerres et enfin Guy Dumex (ou Guy de Mez).
De nouveaux différends éclateront entre l'évêque de Paris Etienne de Tempier et Siger de Brabant. Ce dernier, cité ainsi que son compagnon Bernier de Nivelles, à comparaître devant l'Inquisiteur de France Simon du Val, préférera se retirer en Italie où il restera jusqu'à sa mort survenue en 1281, peut-être par la suite d'un empoisonnement.

Le prévôt Guy de Mez

Au cours du mois de novembre 1277, Guy de Mez (ou Dumex) prit donc les fonctions de prévôt de Paris qu'il conserva, pendant deux ans.
Dès l'année suivante, de nouveaux incidents éclatèrent entre les étudiants et les moines de l'abbaye Saint-Germain. Ils furent cette fois d'une particulière gravité car ils entraînèrent mort d'homme.
Ils prirent naissance à la suite de la démolition par les escholiers d'une construction élevée par les moines sur le Pré aux Clercs à propos duquel l'Université réclamait ses droits arguant du fait que Louis VII leur en avait jadis reconnu la propriété.
Le personnel de l'abbaye accueillit cette turbulente jeunesse à coups de pierres et coups de flèches. Les étudiants furent contraints de rebrousser chemin.
Mais lorsqu'ils voulurent regagner la capitale, ils en trouvèrent les portes fermées par les moines et leurs serviteurs. Une nouvelle bagarre eut lieu : quelques jeunes gens furent envoyés dans les fossés pour y prendre un bain dont ils se seraient bien passés ; deux d'entre eux y trouvèrent la mort.

Indignée devant de tels évènements, l'Université en appela au pape et au roi. L'abbaye fut reconnue coupable et son prévôt, l'abbé Gérard du Roret, fut contraint de se démettre de ses fonctions.
Au cours de l'année qui suivit, Guy de Mez vit sa compétence s'étendre à une partie de l'ancien bourg du Temple suite à un accord passé entre Philippe III et le grand maître des Templiers.
Guy de Mez cessa ses fonctions au cours de l'année 1279. Il fut remplacé pendant quelque temps par Oudart (ou Oudard) de Neuville (ou de Nonville) qui en 1280 céda sa place à Gilles de Compiègne.

Le prévôt Gilles de Compiègne

La date de sa naissance n'est point connue, mais il est signalé comme bailli de Sens en 1273 ; son nom est mentionné l'année suivante au bailliage de Melun. Il est probable du reste qu'il exerça en même temps l'une et l'autre de ces fonctions.
Il administra aussi la régale (1) de l'évêché de Noyon.
De nouveaux troubles éclatèrent à, l'Université en l'année 1281 où une grève fut déclenchée à la suite des brutalités dont fut victime un maître régent de la faculté de médecine.

De nombreux actes furent passés par ses soins tel le statut des fileuses de 1283. Au cours du mois de juillet de l'année suivante, il fera prendre les dispositifs nécessaires pour régler le passage de la Marne dans le respect des intérêts des différentes parties concernées : moines, mariniers et marchands.
Ayant quitté ses fonctions de prévôt au cours de l'année 1284, il fut nommé à la Chancellerie royale ; on le vit siéger aux grands jours de Troyes jusque vers 1290 ainsi qu'au Parlement quatre années plus tard. Il mourut aux environs de l'année 1306.

Oudard (ou Oudart) de Neuville (ou de Nonville)

Il redevint prévôt de Paris au cours de l'année 1284. Soucieux d'urbanisme, il tenta d'obtenir du budget de la Ville les fonds nécessaires pour étendre le pavage de la capitale au delà de la Porte Saint-Martin ; ce projet, par malheur, n'aboutit pas.

La mort de Philippe le Hardi survint à Perpignan le 6 octobre 1285 ; il venait d'atteindre l'âge de quarante ans.
Son fils Philippe IV, dit Philippe le Bel, lui succéda sur le trône, il était alors âgé de 17 ans. Il fut sacré à Reims le 6 janvier 1286.

La prévôté de Paris sous Renaud Le Cras, Pierre Saymel (ou Sayneau) et Jean de Montigny

Renaud le Cras devint prévôt de Paris en 1287 : cette année-là au Parlement de la Toussaint, il reçut l'ordre de réduire les effectifs des sergents du Châtelet. Ils seront ramenés à 70 sergents à pied et 35 à cheval. Il ne demeurera guère à ce poste car il sera bientôt remplacé par Pierre Saymel (ou Sayneau) qui conservera cette fonction jusqu'au 16 avril 1289.

Jean de Montigny lui succéda : si aucun événement particulier ne se rattache à l'exercice proprement dit de son rôle de prévôt, cette période n'en fut pas moins marquée par la triste affaire de l'hostie profanée des Billettes.
En l'année 1290, en effet, si l'on en croie la légende, un usurier juif du nom de Jonathas aurait proposé à une débitrice de lui restituer, sans bourse délier, les vêtements de fête qu'elle avait mis en dépôt en sa boutique à la condition qu'elle se rendit à l'office en une église et lui rapporte une hostie consacrée.
La malheureuse, dont la misère était grande, aurait accepté l'odieux marché et après être allée communier en l'église Saint-Merri, sa paroisse, elle aurait recueilli le pain sacré en son mouchoir et l'aurait remis à son débiteur.
Alors, rapporte le texte même de la légende, l'homme "s'acharne sur icelle (l'hostie) à la piquer de coups de canifs et non content de ça, avec un clou, la transperce à coups de marteaux, puis se met à la flageller d'estrange façon. A tous les tourments, voyant qu'elle jetait du sang en abondance, la jeta dans le feu, d'où sortant sans nulle lésion, elle commença à voleter parmi la chambre."

Epouvanté, l'usurier après avoir porté un grand coup de lance à l'hostie, l'aurait jetée dans une chaudière d'eau bouillante, qui se serait métamorphosée en sang et aurait tout aussitôt inondé la rue qui devait s'appeler neuf ans plus tard rue des Jardins avant de devenir au XVème siècle "rue où Dieu fut bouilli (2)"

Jonathas aurait été immédiatement livré à la justice, condamné à mort et exécuté. Philippe le Bel aurait procédé à la confiscation de ses biens et donné la maison où s'était produit le sacrilège à un bourgeois de Paris : Reinier le Flament qui y fit construire une chapelle expiatoire devenue aujourd'hui après diverses transformations l'Eglise réformée des Billettes.

Une série de réformes

Jean de Montigny sera remplacé en 1291 par Jean de Marle (ou de Merle) auquel succédera Guillaume d'Hangest. Ce dernier, sensibilisé aux questions d'ordre économique, réglera de concert avec Jehan Popin les vacations des jurés maçons c'est à dire qu'il établira une réglementation de leurs prix.

En 1296, Adam Alati viendra lui succéder pendant quelques mois et sera remplacé à son tour par Jean de Saint-Léonard pour une durée d'un an. Robert Maugier (ou Mauger) ensuite exercera ces fonctions jusqu'en décembre 1298, date à laquelle Guillaume Thiboust (ou Tibout) accédera à ce poste qu'il conservera jusqu'au 11 juillet 1302 : c'est un homme particulièrement expérimenté qui a déjà été prévôt dans plusieurs villes de France comme Montlhéry à quatre reprises (1282, 1285, 1297, 1300), Senlis de 1291 à 1292, Orléans de 1293 à 1295, Corbeil en 1298.

A cette époque se situe l'apparition des premières enseignes commerciales désignant les auberges et les hôtelleries.

En novembre 1302, Philippe le Bel fait publier la première ordonnance qui nous est parvenue relative aux officiers du Châtelet : elle fait défense au prévôt d'avoir un lieutenant attitré et ne l'autorise à se faire remplacer, en cas de nécessité absolue, que par un prudhomme choisi parmi les six titulaires de cette fonction qui forment son conseil.

Les démêlés du prévôt Pierre le Jumeau avec l'Université

Pierre Le Jumeau sera prévôt de Paris de 1302 à 1304 et connaîtra lui aussi de graves démêlés avec l'Université.

Dom Félibien rapporte l'affaire en ces termes dans son "Histoire de Paris":
"Entre les prévôts de Paris sous Philippe le Bel, on trouve Pierre Jumel ou Le Jumeau qui eût un fâcheux démêlé avec l'Université pour avoir fait pendre (on n'en sait pas le sujet) un écolier nommé Philippe Barbier, natif de Rouen. Le recteur, indigné que le prévôt, conservateur des droits de l'Université, fut le premier à les violer, en porta ses plaintes et fit tout aussitôt cesser tout exercice public des classes. L'official de l'église de Paris, de son côté, rendit le 7 septembre un décret portant ordre à tous les curés de Paris de se trouver le lendemain, jour de la nativité de la Vierge, à l'église Saint Barthélemy, à l'heure de tierce, pour aller de là tous ensemble processionnellement avec la croix et l'eau bénite à la maison, du prévôt contre laquelle on jetterait des pierres en criant à haute voix :"Retire toi, maudit Satan, fais réparation à ta mère, la sainte Eglise, que tu as déshonorée et blessée dans ses privilèges et autrement puisses-tu avoir le même sort que Dathan et Abiron que la terre ensevelit tout vivants. Le roi donna ses lettres au mois de novembre suivant par lesquelles a été assigné sur le Trésor Royal quarante livres tournois de rente perpétuelle pour la fondation de deux chapellenies à la nomination de l'Université en satisfaction de l'injure commise par Pierre Le Jumeau, ci-devant prévôt de Paris, ce qui marque qu'il avait été destitué de sa charge." Quelques auteurs, après Nicolas Gille, ont prétendu qu'il fut outre cela condamné à détacher lui-même l'écolier de la potence et à le baiser en rendant à l'Université qui le fit enterrer convenablement. Les classes ne furent rouvertes qu'à la Toussaint, le 3 novembre.
Le prévôt fut naturellement destitué de son poste et les actes concernant la prévôté furent signés par son lieutenant Raoul de Vaus, ainsi qu'en fait foi, un document datant de 1304.
Dans son ouvrage "Paris à travers l'histoire", Albert Robida précise en outre (sans citer ses sources) que Pierre Le Jumeau fut excommunié et fut contraint de se rendre à pied à Avignon solliciter la clémence du pape Clément V pour être relevé d'une telle mesure. L'énoncé de cette peine complémentaire ne dut intervenir qu'après l'année 1305 car antérieurement à cette date, Bertrand de Got, alors archevêque de Bordeaux, n'avait pas encore été élu à la dignité papale.

Pierre de DICI

Pierre Le Jumeau sera remplacé par Pierre de Dici, membre d'une famille de législateurs et de fonctionnaires royaux, originaires de l'Yonne (son père a été prévôt de Sens en 1292) Après avoir été bailli d'Orléans au cours de l'année 1301, il assumera les fonctions de prévôt de Paris de 1304 jusqu'au 16 décembre 1305. Dix ans plus tard, de 1316 à 1319, il deviendra membre de la grande chambre du Parlement de Paris. Son décès surviendra en décembre 1322.

CHAPITRE IV

AU TEMPS DE PHILIPPE IV DIT LE BEL

Le prévôt Frémin de Coquerel, témoin des persécutions de Philippe le Bel

La ville de Paris connut une existence relativement calme au cours du premier semestre de l'année où Pierre Belargent (ou Belagent) fut garde de la prévôté de Paris, Il n'en fut pas de même à partir du mois de juin 1306 où Frêmin (ou Firmin) de Coquerel prit de telles fonctions.
A la fin de ce mois-là, la persécution contre les juifs connut une nouvelle ampleur avec la reprise des arrestations et des expulsions ; au mois d'octobre qui suivit, des mesures d'ordre économique particulièrement impopulaires déclenchèrent en outre une véritable émeute.
Compte-tenu de l'état problématique des finances du royaume, Philippe le Bel avait décidé que la valeur du tournois d'argent alors fixée à trois sols serait ramenée à celle du siècle précédent à savoir un sol, L'annonce de cette mesure suscita un vif mécontentement qui atteignit son paroxysme quand on eut connaissance des décisions prises par le prévôt des marchands Etienne Barbette.
Résolu de régler définitivement la question du prix des loyers dans la capitale, il fit admettre au cours d'une séance du Parloir aux Bourgeois (1) que désormais tout locataire voulant donner congé à son propriétaire serait tenu d'en aviser ce dernier un terme auparavant.
Il ne s'en tint pas là et obligea les parisiens à payer dorénavant leurs loyers en monnaie forte. Une telle disposition, dans les faits, entraînait un triplement pur et simple de leurs montants.
Etienne Barbette, du fait de sa situation de maître de la monnaie de Paris, d'argentier du roi, de voyer et de prévôt des marchands, fut considéré par la populace comme l'un des grands responsables de la situation : le 30 décembre, la magnifique propriété qu'il possédait à l'emplacement des actuelles rues des Francs-Bourgeois, Payenne, du Parc Royal et de la Perle, fut envahie par une foule en colère qui incendia les bâtiments, arracha les arbres et les plantes

du jardin. Comme si cela ne suffisait pas, les émeutiers se dirigèrent ensuite vers un autre domaine dont il était propriétaire "hors la Porte Saint-Martin" et s'y livrèrent à un pillage en règle.
Au beau milieu de ces exactions, quelqu'un vint apporter la nouvelle que Philippe le Bel s'était réfugié dans la Tour du Temple. Les protestataires s'y précipitèrent en masse. Frêmin de Coquerel heureusement parvint à les devancer.
Avec quelques paroles énergiques, il réussit à éviter le pire et permit ainsi aux gardes de la tour de verrouiller la grande porte. Le peuple passa sa colère sur les victuailles que les serviteurs apportaient à ce moment pour le souper du roi.
Pendant ce temps, un renfort d'hommes d'armes arriva et parvint à disperser un grand nombre de manifestants et à en interpeller certains autres.

La répression fut impitoyable : le 5 janvier suivant, sept d'entre eux furent pendus à la Porte Saint Denis, sept à la porte Saint Antoine, six près des Quinze-Vingt et huit près de Notre Dame des Champs, non loin de la rue d'Enfer, soit en tout 28 Personnes dont les biens furent confisqués au profit du roi et d'Etienne Barbette.

Le 13 octobre 1307, il fut procédé à l'arrestation des Templiers et de leur maître Jacques de Molay.

Après l'expiration de ses fonctions à Paris, Frémin de Coquerel devint bailli du Vermandois ; on le retrouve ensuite de juin 1316 à 1317 comme membre de la grande chambre du Parlement, Son décès survint à la fin de l'année 1325.

Les démêlés de Pierre Le Féron avec l'Université

Guillaume de Gourmont (ou de Gormont) devint prévôt de Paris le 14 juin 1308 pour seulement quelques mois car dès le 10 octobre, Pierre le Féron vint occuper ce poste.

Dès sa prise de fonctions, il eut maille à partir avec l'Université : l'ordonnance de Philippe-Auguste de l'année 1200, qui était toujours en vigueur, prévoyait entre autres dispositions l'obligation pour le prévôt de Paris de prêter serment, sitôt installé à son poste, de respecter les privilèges de l'Université.

En dépit de plusieurs rappels à l'ordre, il ne se montra guère pressé de se plier à cette coutume.
Il se décida finalement à se présenter à une assemblée générale tenue au collège Saint-Bernard (2) où le recteur l'avertit que son refus l'exposait aux sanctions les plus graves. Il présenta alors des excuses que l'assemblée admit. Il n'en fut pas moins obligé de prêter serment "sur les saints et les écritures saintes" non seulement devant les membres de l'Université, mais aussi devant les auditeurs du Châtelet rassemblés pour la circonstance.
Il ne semble pas que d'autres incidents aient marqué l'exercice de ses fonctions qui prirent fin le 7 juin 1309.

Le supplice des Templiers

Jean Ploiebault (ou Ploibaud) lui succéda et se maintint à ce poste jusqu'au 24 février 1316, date de sa mort.
Il eut la triste mission d'assister à l'exécution de Jacques de Molay et Geoffroy de Charnay condamnés à être brûlés vifs en présence du roi sur la petite île de Seine ou Ile du Palais (appelée aussi Ile des Juifs) qui se trouvait sur la rive de gauche (actuel emplacement du square du Vert-Galant, face à la place Dauphine, reliée par le Pont-Neuf). Elle eut lieu le 18 mars 1314.
Selon la tradition, Jacques de Molay avait alors lancé sa célèbre malédiction contre ses persécuteurs que l'adversité, du reste, n'allait pas tarder à frapper : le 29 novembre suivant, Philippe le Bel décédait à Fontainebleau des suites d'une chute de cheval tandis que, le 30 avril de l'année d'après, son ministre Enguerrand de Marigny accusé de malversations était pendu au gibet de Montfaucon : ironie du destin, c'était lui-même qui l'avait fait remettre en état quelques années plus tôt sur ordre de Philippe le Bel (3).
Un acte daté du 9 mars 1316 porte la signature d'un certain Hugues Réthoré, avocat au Châtelet, qui se prétend garde de la prévôté de Paris ; il ne semble pas qu'il ait jamais exercé une semblable fonction.

CHAPITRE V

PREVOTS CRIMINELS ET PREVOT HEROIQUE

Le règne de Louis X le Hutin (c'est à dire l'entêté ou le querelleur) sera bref car le monarque rendra le dernier soupir le 10 juin 1316. Cette année-là, le poste de prévôt sera successivement confié à Pierre Le Féron (qui l'a déjà occupé dans le passé), Simon de Courceaux (à partir du 27 mars) et Guillaume de la Madeleine, procureur général du roi au Parlement.

Clémence de Hongrie était enceinte lors du décès de son premier mari Louis X le Hutin ; elle mit au monde un enfant de sexe mâle auquel fut donné le prénom de Jean et qui vécut seulement trois jours.

Son oncle Philippe, second fils de Philippe IV le Bel, avait été nommé régent du royaume. Il sut profiter de l'occasion pour faire écarter la jeune veuve au nom de la loi salique adoptée en la circonstance par les Etats Généraux et se faire sacrer roi de France sous le nom de Philippe V (plus tard surnommé le Long). Il conserva la couronne jusqu'à la date de son décès survenu au début du mois de janvier 1322.

Au cours de ces dernières années précédant les tragiques épisodes de la guerre de cent ans, neuf prévôts vont se succéder en la capitale : l'un d'entre eux se signalera par sa conduite héroïque, deux autres, au contraire, auront un criminel comportement dont ils recevront un juste châtiment.

Henry de Taperel ou la substitution d'un condamné

Après l'éphémère passage de Jean Robert, un nouveau prévôt de Paris fut nommé au cours de l'année 1317 en la personne d'Henry de Taperel (ou Caperel ou Capelet). Il était natif de Normandie.

C'était un homme sans scrupules, prêt à tout pour s'enrichir ; il osa ainsi accepter, moyennant une solide contrepartie financière, comme l'on peut s'en douter, de substituer à un prisonnier du

Châtelet condamné à mort en punition de ses méfaits, un malheureux vagabond qui fut exécuté en ses lieu et place tandis que le véritable coupable prenait la fuite.

Un aussi horrible crime ne put pas longtemps demeurer secret ; bientôt avisé, le roi fit procéder à une enquête, laquelle ne tarda pas à établir la culpabilité du prévôt.
Il fut condamné à mort et pendu le 13 juillet 1320 au gibet de Montfaucon.
Certains détails concernant son exécution nous sont parvenus grâce à la "Chronique parisienne anonyme de 1316 à 1339".
Tout le long du trajet qui le menait au supplice, il ne cessa de proclamer :"Bonnes gens, priez pour mon âme ! Je meurs par haine".
Une telle condamnation ne faisait pas l'unanimité : ainsi, la reine Jeanne de Bourgogne et sa mère, la comtesse Mahaut d'Artois, avaient tenté d'obtenir sa grâce, mais en vain ; tout aussi partagés étaient les sentiments de la foule. Certains demandaient à ce qu'il soit délivré de ses chaînes, d'autres, au contraire, ne ménageaient pas leurs invectives :"Pendu soit-il ! Ainsi ne fera-t-il plus jamais de faux jugements".
Quand il arriva sur les lieux de son exécution, il connut la suprême humiliation de voir dépendre le corps de deux malheureux exécutés sur son ordre : Lapp Wit et Bérengier de Vignac pour apprendre qu'ils seraient inhumés "avec grand honneur" en l'église des Augustins tandis qu'il "serait encroué à la fourche où ils avaient été accrochés".

Un prévôt victime du devoir : Jean L'Oncle (ou Gilles Londe ou La Londe)

Gilles Haquin devint prévôt de Paris au mois de mai de cette année-là. Son nom restera attaché à une mesure libérale accordée aux artisans les autorisant désormais à faire travailler leurs salariés la nuit et à engager un nombre illimité d'apprentis.
Le décès de Philippe V survient au cours de l'année 1322 ; comme il ne laisse point de descendant mâle son frère Charles IV, dit le bel, est appelé à monter sur le trône.

Jean Robert est de nouveau signalé comme prévôt de Paris pour une période située entre juin 1321 et 1322. En cette même année, Jean L'Oncle (ou Loncle) ou Gilles Londe(ou La Londe) accède à ce poste.
A cette époque, une troupe de scélérats dite "Les pastoureaux", campagnards ayant à leur tête un ecclésiastique chassé de sa cure pour apostasie et crimes, parvient à pénétrer en la capitale dans le but de délivrer quelques-uns de leurs comparses retenus dans les prisons de Saint-Martin des Champs (1) et du Châtelet. Ils se font ouvrir sans trop de difficultés le premier de ces deux établissements et, comme ils s'apprêtent à pénétrer dans le second, ils se trouvent en face du courageux prévôt Jean L'Oncle.
Ils le précipitent alors en bas des marches, pénètrent en la prison et libèrent leurs compagnons. Regroupés au Pré aux clercs, ils s'enfuient en direction du Languedoc où heureusement un certain nombre d'entre eux sera rattrapé et exécuté.
En dépit de la gravité de ses blessures, Jean L'Oncle parviendra à survivre, si l'on en croie Dom Félibien qui précise, en relatant ces événements, que le prévôt "faillit y perdre la vie", ce qui laisse à penser que sa chute ne fut pas fatale.

Les indélicatesses d'Hugues de Cruzy

Pierre de Javaux (ou Javoux) devint prévôt de Paris au cours de l'année 1325 et le resta pendant une année à la suite de laquelle Hugues de Cruzy (ou de Cuisy) fut nommé.
La destinée de ce personnage fut extraordinaire sur le plan de son ascension comme sur celui de sa chute.
Originaire de Cruzy le Chatel dans le Tonnerrois (actuellement département de l'Yonne), il appartenait â une famille hautement considérée dont certains membres comme son père ou son grand père avaient eux-mêmes été prévôts.

Il commença sa carrière comme tabellion à Tonnerre dont il fut nommé bailli en 1321. Devenu au cours des années qui suivirent bailli d'Auxerre, recommandé au roi, il se vit confier en 1325 la charge de prévôt de Paris ; bientôt il était fait chevalier et même conseiller.
Cinq ans plus tard, ayant été nommé premier-maître (c'est à dire premier président) du Parlement il quittait ses fonctions de prévôt le 13 novembre 1330.
Sa fortune déjà considérable s'était encore augmentée : le roi lui avait octroyé une maison sise rue Pavée (2), le domaine de Boisson près d'Auxerre et enfin une maison de campagne près de l'abbaye de Saint-Germain des Prés. Ses émoluments se montaient à 500 livres.
Mais, comme l'affirme l'adage populaire, "l'appétit vient en mangeant" et il céda à la tentation de devenir encore plus riche acceptant les cadeaux qui lui étaient offerts et, fait plus grave encore, se livrant à des trafics de plus en plus malhonnêtes.
Tout a une fin : accusé de concussion, de corruption, de faux-jugements et même de crimes de lèse-majesté, il "fut arrêté à Issy et emprisonné à l'hôtel de Nesle. Condamné â mort, il fut pendu le 22 juillet 1336 "au plus haut du gibet, en robe de pers et en ses chaussures et souliers".

Deux prévôts sous le règne de Philippe de Valois

Le dernier des capétiens directs, Charles IV, était mort à Vincennes le 1er février 1328. Son successeur, Philippe de Valois, sacré à Reims le 29 mai fit son entrée à Paris le 18 juin suivant. C'était le fils de Charles, comte de Valois, et de sa première femme Marguerite de Sicile. Il devint roi sous le nom de Philippe VI.
Jean de Milon avait remplacé Hugues de Crusy en tant que prévôt de Paris à compter du 1 avril 1330. En 1336, il devenait maître-lai à la Cour des comptes.

Pierre Belargent (ou Belagent) occupa de nouveau ces fonctions du 19 avril 1334 au 29 novembre 1339.

Mais dans le même temps, la guerre de cent ans venait d'éclater : la France allait connaître une des périodes les plus pénibles de son histoire.

NOTES DU TITRE II

CHAPITRE PREMIER : Etienne Boileau

(1) Claude Joseph de Ferrière dans son "Dictionnaire de droit et de pratique" (1771) estimait que la présence d'un dais au dessus du siège la prévôté de Paris et plus tard du lieutenant de police s'expliquait par le fait que Louis IX allait souvent au Châtelet pour y rendre la justice et qu'il était normal que le prévôt le représentant bénéficie d'un tel honneur.

(2) Jean Columna (ou Colonna) historien décédé en 1285 appartenait à l'ordre des dominicains et fut vicaire du pape Urbain IV. Il laissa quelques ouvrages manuscrits composés en latin comme "De viris illustribus ethnicis et christianis" conservé à la bibliothèque Saint jean et Saint Paul de Venise et "Mare historiarum ab urbe condita ad sancti galliae regis Ludovici IX".

(3) "Eigrun" ou "aigrun" était un terme de commerce qui désignait un singulier mélange de légumes et de fruits : oignons, aulx, oranges, châtaignes, etc. L'origine de ce mot est inconnue. On l'a fait dériver du mot aigre à cause de l'acidité de certains fruits. Il est également possible de la rechercher dans l'adjectif allemand "grün" (vert, verdure). Il semble enfin qu'il puisse venir du latin "agrumi" (herbes de jardin, légumes).

(4) Le hauban (hauban : haut-ban) était l'impôt que le souverain percevait sur les artisans auxquels il accordait le droit d'exercer leur métier. Il fut d'abord payable en vin, mais en 1201, il fut converti en une redevance annuelle de 6 sous. Il fut supprimé au XVème siècle.

CHAPITRE II : Deux prévôts sans histoire

(1) Echiquier : à l'origine, cour féodale des ducs de Normandie ; au XVIème siècle, fut érigée en Parlement statuant en dernier ressort.

CHAPITRE III : Nouveaux troubles et nouvelles réformes

(1) La régale : depuis l'époque carolingienne, lorsqu'un évêché était vacant, le roi le prenait sous sa protection et le défendait contre toute

usurpation en attendant la nomination d'un nouvel évêque. Il percevait en contrepartie les revenus y afférents.

CHAPITRE IV : au temps de Philippe le Bel

(1) Il s'agit du futur Hôtel de Ville.

(2) Le collège Saint-Bernard ou des Bernardins fondé en 1244 par Etienne de Lexington, abbé de Clairvaux et religieux de Citeaux, se trouvait dans l'actuel 5ème arrondissement de Paris. Il en subsiste des vestiges du 18 au 24 de la rue de Poissy.

(3) L'existence du gibet de Montfaucon est mentionnée pour la première fois dans un texte daté de 1233 relatif à une entente entre le prieur de Saint Martin des Champs et le chapitre de Notre Dame.

CHAPITRE V : Prévôts criminels et prévôts héroïques

(1) Cette prison, communément appelée "la geôle Saint Martin,", se trouvait aux environs de l'actuelle rue au Maire, non loin de l'église Saint Nicolas des Champs.

(2) Il ne s'agit pas de l'actuelle rue Pavée dans le quartier du Marais, mais de la rue Tiquetonne qui portait alors ce nom.

TITRE III

LES PREVOTS DE PARIS AU TEMPS DE LA GUERRE DE CENT ANS

CHAPITRE PREMIER

LES PREDECESSEURS D'HUGUES AUBRIOT

Philippe VI de Valois ne semble pas avoir tout d'abord pris réellement conscience de la gravité du conflit l'opposant à l'Angleterre. Le débarquement du roi d'Angleterre Edouard III en Basse Normandie en 1345, l'incendie des résidences royales autour de la capitale, puis les revers successifs de Crécy et de Calais le ramèneront un peu trop tardivement au sens des réalités.

Le mandat mouvementé de Guillaume de Gourmont

Guillaume de Gourmont avait pris ses fonctions de prévôt le 2 novembre 1339. Peut-être les occupait-il pour la seconde fois car un prévôt de Paris portant les mêmes nom et prénom avait assuré pendant quelque temps ce poste au cours de l'année 1307 ; faute de renseignements, il n'est pas possible d'affirmer qu'il s'agisse du même.

Il le conservera jusqu'au 6 avril 1349.

Toute cette période sera marquée par de nombreux évènements : déjà, en 1343, obéissant aux ordres du roi, il devra faire décapiter dix chevaliers bretons du parti de Jean de Montfort (1) capturés les armes à la main.

La situation s'aggravera encore lorsque le roi décidera de quitter la capitale au cours de la nuit du quinze août 1346, craignant les effets du mécontentement de certains Parisiens dont il a fait raser les maisons proches des remparts en prévision d'une invasion de la capitale. L'annonce de la défaite de Crécy connue une quinzaine de jours plus tard a mis la colère de ceux-ci à son paroxysme. Pendant de longs mois, il restera éloigné de la capitale.

Le 22 février 1347, Philippe VI adressera à son prévôt une ordonnance prévoyant de sévères sanctions à l'encontre des blasphémateurs. Quiconque se livrera à pareil sacrilège sera puni d'un emprisonnement d'un mois au cours duquel il ne recevra d'autre nourriture que du pain et de l'eau. En cas de récidive, les peines seront aggravées de façon spectaculaire : on lui coupera la lèvre supérieure avec un fer chaud "de façon à ce qu'on lui voie les

dents". Si en dépit de ce traitement il ne s'amende pas, le même traitement sera appliqué à sa lèvre inférieure et s'il blasphème encore, on lui coupera la langue. Ces supplices auront lieu aux Halles et il sera permis de lui jeter de la boue et des ordures.
A la fin de cette année-là, Guillaume de Gourmont sera membre d'une assemblée composée des trois ordres de la prévôté et de la vicomté de Paris qui accordera au roi l'aide financière nécessaire pour entretenir un contingent de 15000 hommes pendant six mois.

Une nouvelle catastrophe va s'abattre sur Paris : la peste à bubons qui fera périr, dit-on, jusqu'à 800 parisiens par jour, parmi lesquels l'évêque Foulques de Chanac dont la mort surviendra le 25 juillet 1349. La misère augmentera de façon inquiétante, les demandes en dégrèvement d'impôts iront en se multipliant.
Le peuple de Paris est de plus en plus en colère considérant que le conseil royal se désintéresse de lui car en décidant au mois de mai précédent d'abandonner la capitale par crainte de contagion, il a fait montre de sa lâcheté d'autant plus que les autres organes du gouvernement sont demeurés sur place pour assurer le contrôle des institutions.
Désespéré, le parisien cherche un exutoire : les juifs seront désignés comme étant les coupables.
La persécution commencera à Toulon, s'étendra à la Provence en dépit des tentatives d'apaisement des autorités locales. Le pape Clément VI, en Avignon, menacera de prononcer l'excommunication à l'encontre de quiconque tourmente un juif. Ce sera peine perdue. La persécution s'étendra en Languedoc, au Rhône et aux Alpes. A Grenoble, 74 juifs seront brûlés vifs et à Paris enfin un effroyable massacre aura lieu dans une artère assez mal fréquentée de la capitale où les malheureux se sont réfugiés : la rue Tasse-Nonnain (appellation populaire des femmes de mauvaise vie) qui prendra peu après le nom de rue Transnonain (transnoniser signifiant en vieux français : massacrer) (2).

Alexandre Crévecoeur

Alexandre Crévecoeur, nouveau prévôt de Paris, prendra ses fonctions le 6 avril 1349.

Le 22 mai suivant, il accompagnera la reine Blanche de Navarre, seconde épouse de Philippe VI, dans son voyage en Bourgogne.
Les ravages de la grande peste commencent à s'atténuer au cours de l'année suivante. Le décès du roi survient à Nogent le 22 août 1350 et son fils Jean le Bon (c'est à dire le Brave) lui succède. Le nouveau monarque, lors de son entrée solennelle à Paris le 17 octobre, promet qu'il y séjournera plus souvent que son père et prend immédiatement diverses mesures pour rétablir l'ordre public.
Il va d'abord signer une ordonnance en date du 30 janvier 1359 faisant injonction à toute personne, ne pouvant justifier d'honorables moyens d'existence, de quitter la ville dans les trois jours sous peine d'être marquée au fer.
Il entend ensuite mettre bon ordre aux augmentations de salaires, trop élevées selon lui, conséquence de la pénurie de main d'œuvre résultant de la grande peste : désormais, il est fait interdiction à quiconque d'embaucher un salarié à un prix supérieur de plus d'un tiers aux émoluments consentis avant 1348.
Dans le souci de préserver la santé des parisiens, il ordonne au prévôt des marchands d'exercer un strict contrôle sur les denrées de la ville et d'infliger amendes et confiscations : "en cas que l'on rappeleroit en doute qu'aucune des denrées et marchandises soient loyaux et suffisants."
Il fera adopter diverses mesures pour rétablir les finances du royaume et apportera diverses réformes dans l'organisation de la police parisienne.
Nombre de ces décisions ne seront évidemment pas populaires et il se fera de nombreux ennemis ; parmi ceux-ci, l'un des plus acharnés sera le futur prévôt des marchands : Etienne Marcel.
La haine de celui-ci sera portée à son paroxysme quand le roi décidera de la réhabilitation de Pierre des Essarts, ancien maître des comptes, banquier du roi et beau-père d'Etienne Marcel. Ce dernier a été condamné quelques années plus tôt, à la suite de diverses malversations, à payer au Trésor une amende de 50 000 livres tournois et de ce fait s'est retrouvé presque ruiné. Lorsqu'à son décès, sa succession a été ouverte, Etienne Marcel, craignant que le passif ne l'emporte sur l'actif, a déclaré y renoncer tandis que Robert de Lorris, autre gendre de Pierre des Essarts, a fait savoir qu'il l'acceptait.

Comme Jean le Bon ne s'est pas contenté de réhabiliter l'ancien banquier de Philippe VI mais aussi s'est engagé à rembourser à sa famille le montant de l'amende par lui versée, Robert de Lorris perçoit l'intégralité de la somme et Etienne Marcel, ne pouvant plus arguer d'aucun droit suite à sa renonciation à la succession, ne recevra pas le moindre sol.
Il confondra alors dans la même animosité le monarque et Robert de Lorris.
Alexandre Crévecoeur, dont le rôle au cours de cette période est demeuré effacé, cessera ses fonctions le 12 janvier 1354. Il sera remplacé par Guillaume de Staise.

Guillaume de Staise bafoue le droit d'asile

Alors que la plupart des prévôts de Paris étaient le plus souvent issus de la bourgeoisie, Guillaume de Staise (ou de Seave, de Staine, de Scare ou de Scase) avait rang de chevalier.
La même année, Etienne Marcel devenait prévôt des marchands.
Deux ans plus tard, le 19 septembre 1356, Paris apprenait la nouvelle de la désastreuse bataille de Poitiers et la captivité du roi emmené en Angleterre. L'occasion était trop belle pour qu'Etienne Marcel ne cherche pas à asseoir son autorité en organisant d'abord des milices permanentes dans chaque quartier de la capitale.
Il tentera ainsi d'obtenir la destitution de plusieurs officiers royaux (dont Guillaume Staise) et finira par obtenir satisfaction en janvier 1357. Sa victoire sera de courte durée car trois jours plus tard, le prévôt sera rétabli dans ses fonctions.
Les affrontements entre Etienne Marcel et le dauphin, futur Charles V, se multiplieront au cours de cette année-là. Cela n'empêchera pas ce dernier, lors d'une session des états généraux qui commencera à partir du 14 janvier 1358, d'obtenir une partie des subsides qui lui sont nécessaires pour réussir la politique qu'il entend mener pour assurer son indépendance vis à vis du prévôt des marchands et des échevins : il lui sera, en effet, concédé pour son usage personnel un cinquième du produit des impôts.
La session se terminera le 24 janvier et, ce même jour, éclatera une affaire à laquelle en sa qualité de prévôt, Guillaume de Staise va se trouver mêlé.

Il adviendra qu'un certain Marc Perrin ayant rencontré le conseiller et trésorier du duc de Normandie Jean Baillet se prendra de querelle avec lui et le poignardera. Prenant immédiatement la fuite, il va se réfugier en l'église Saint Merry (3).
Rendu furieux à l'annonce d'un tel crime, le dauphin ordonna tout aussitôt à Guillaume de Staise, son prévôt, et à Robert de Clermont, maréchal de Normandie, de s'emparer coûte que coûte du meurtrier, sans tenir compte un seul instant du droit d'asile.
A la tête d'une compagnie d'archers, les deux hommes allèrent exécuter les ordres du dauphin. Trouvant les portes de l'église fermées, ils n'hésitèrent pas à les brûler. Se saisissant du coupable, ils le traînèrent au Châtelet où il fut condamné à avoir le poing coupé sur le lieu du crime, puis à être pendu.
L'archevêque de Paris prit fort mal la chose ne pouvant admettre que le droit d'asile soit ainsi violé. Il exigea que le corps du supplicié lui soit remis. Lorsque satisfaction lui fut donnée, il le fit enterrer en grande pompe au cours d'une cérémonie à laquelle le prévôt des marchands et de nombreux bourgeois assistèrent.
Le même jour, le dauphin se rendait aux obsèques de son trésorier assassiné. L'animosité entre les différents hommes concernés ne fit que croître.

Etienne Marcel mettra tout en oeuvre au cours des mois qui suivront pour tenter de prendre le contrôle du royaume avec Charles le Mauvais, roi de Navarre, avec lequel il s'est allié. Il parviendra pour cela à contraindre le dauphin à accepter le titre de régent. Forcé de s'incliner, celui-ci s'empressera de quitter Paris où il reviendra seulement le 2 août ; entre temps, la capitale aura vu de nombreuses effusions de sang et la mort du prévôt des marchands, Etienne Marcel.
Guillaume de Staise cessera d'exercer ses fonctions le 30 mars 1359.

L'intermède de Jean le Bacle de Meudon

Guillaume de Staise sera remplacé par Jean Le Bacle de Meudon qui conservera ce poste pendant deux ans. On sait peu de choses de sa vie sinon que les parisiens chuchotaient qu'il avait incendié dans le passé la ville d'Evreux dont il avait été châtelain.

Il semble d'ailleurs qu'à partir de 1360 il partagea ses missions avec Jehan Bernier dont, la signature figure déjà sur divers actes officiels en tant que prévôt de Paris.

La carrière réussie de Jehan Bernier

Le nouveau prévôt de Paris, Jehan Bernier avait connu jusqu'à présent une vie passablement agitée.
Déjà, dans sa jeunesse, il avait un jour, affronté en même temps que son frère (ou cousin) Jehan Bernier de Montataire, les assauts d'une troupe de Jacques aux environs de la ville de Meaux.
Il s'était, en effet, rendu dans la cité meldoise pour y rencontrer le régent afin de déterminer les dispositions nécessaires pour en assurer la défense. Il avait, en outre, profité de l'occasion pour recommander à ce dernier un de ses amis, le sieur de Saint-Saufflir, qui briguait le poste de capitaine général de Senlis.
Les révoltés, après s'être assurés de la personne de ces deux hommes, les mirent devant l'alternative suivante : soit ils acceptaient de se joindre à eux et, compte-tenu de leur expérience de meneurs d'hommes s'engageaient à assumer les responsabilités de chefs, soit ils seraient exécutés sur le champ (4).
Montataire, refusant la première proposition, fut immédiatement mis à mort ; peu soucieux de subir pareil sort, Jehan Bernier se mit à la disposition des hors la loi.
Rentré par la suite dans la légalité, il fut nommé par le roi, après la bataille de Clermont, "capitaine de Senlis et du plat pays". Il fut chargé par la suite de la défense de Noyon et nommé membre de la commission compétente pour procéder au jugement des complices d'Etienne Marcel.
Aucun évènement particulier ne semble avoir marqué l'exercice de ses fonctions de prévôt du 18 mai 1361 au 3 septembre 1367.
Il devait devenir ensuite conseiller maître des comptes et maître des requêtes à l'hôtel du roi, sénéchal de Ponthieu, grand maître des eaux et forêts de France (fonction qu'il n'exerça probablement pas réellement en raison des troubles de santé qu'il connut alors).
Il fut peut-être aussi sénéchal de Beauvais, puis de Nîmes.
Il fit aussi partie du Conseil de Régence institué par Charles V pour gouverner le royaume pendant la minorité de Charles VI.

Il s'était rendu acquéreur du château de Rambouillet où il reçut le jeune roi en 1383.
Son décès survint l'année suivante.
Son fils revendit quelques années plus tard le splendide domaine à Julie d'Angennes, ancêtre de Catherine de Vivonne, marquise de Rambouillet, dont l'influence fut si considérable dans le monde des lettres au cours de la première partie du XVIIème siècle.

CHAPITRE II

UN GRAND REFORMATEUR ET CONSTRUCTEUR : HUGUES AUBRIOT

La date de sa naissance n'est pas exactement connue.

Il était sans doute originaire de Dijon où un hôtel particulier portant son nom subsiste encore au numéro à 40 de la rue des Forges mais dont, en réalité, seules les caves dites voûtes des Forges sont d'origine. Remanié sous Louis XIII, il a été notablement transformé au XVIIIème siècle quand en 1739 il est devenu siège du Présidial, ce qui explique la présence sur sa façade de deux statues allégoriques représentant la Justice et la Force. Il a été entièrement reconstitué en 1908 par l'architecte Louis Perreau, et le sculpteur Xavier Schanovski dans le goût du Moyen-Âge pour le poète Stephen Liegeard (1).

Le père du nouveau prévôt, Guillaume Aubriot, exerçait la profession de prêteur, changeur et négociant ; associé à son frère, il administrait et sous-louait des maisons à Fauverney et Dijon. Sa mère s'appelait Perrenette.
Hugues Aubriot reçut une bonne instruction, accomplit des études de droit et devint un légiste estimé. Il obtint le titre de clerc, sans toutefois recevoir la tonsure comme il était commun à l'époque. Très tôt, il se fit remarquer par son éloquence et son savoir comme l'attesteront les écrits du religieux de Saint-Denis.
Ayant hérité de son père une fortune considérable qu'il sut faire fructifier par des prêts et ayant sans doute perçu des rétributions importantes pour les services qu'il avait rendus, il devint rapidement, selon l'expression consacrée, un homme fort à son aise. En 1346, il contracta un riche mariage en épousant la demoiselle Marguerite de Pomard, nièce d'un président à la Chambre des Comptes de Paris et de l'évêque de Langres.
Sa réputation de juriste, d'homme énergique et intègre, lui valut à maintes reprises d'être désigné comme arbitre dans de nombreux conflits locaux. Une telle notoriété faillit avoir des conséquences tragiques pour lui car il fut pris au nombre des otages qui devaient garantir le paiement d'une somme de 200 000 moutons d'or suite à

la trêve conclue en 1359 au nom de Philippe de Rouvre (2) avec le roi d'Angleterre.
A la fin de cette année-là, Hugues Aubriot qui avait déjà la charge de portier de Dijon fut nommé bailli du Dijonnais y exerçant en même temps l'autorité civile et militaire.
Il y fit montre d'une très grande rigueur qui s'imposait car la situation y était particulièrement tendue depuis la fin du XIIème siècle où un diplôme de Philippe Auguste délivré entre le 1er novembre 1183 et le 31 mars 1184 avait accordé une protection particulière à la ville de Dijon, n'hésitant pas à menacer le duc de Bourgogne de faciliter l'exode de la population dijonnaise en lui fournissant un sauf-conduit s'il ne respectait pas les libertés communales. Peu à peu, une certaine oligarchie d'argent s'était constituée, particulièrement dans le bourg Saint-Bénigne qui pressurait les pauvres gens. Dès 1235, le duc de Bourgogne s'était efforcé de lutter contre de telles pratiques.

Il en était résulté que l'habitude fut rapidement prise par ce dernier, puis par ses successeurs, de s'adresser directement au bailli de Dijon pour qu'il prenne les décisions en lieu et place de ces magistrats municipaux dont l'intégrité n'était pas la qualité dominante.
Aussitôt en fonctions, Hugues Aubriot déploiera tous ses efforts pour assister le duc de Bourgogne dans sa lutte contre de telles indélicatesses. Il aura également maille à partir, avec les moines de l'abbaye Saint Etienne qui refuseront de participer au financement des travaux entrepris pour la défense de Dijon et dont il devra faire saisir le bétail.
Le duc de Bourgogne lui confiera également la mission d'accompagner le duc d'Etampes à Avignon et de faire une enquête sur les droits de justice de l'évêque d'Autun.

Sa réputation ne tarda pas à parvenir aux oreilles de Charles V qui décida de lui confier les fonctions de prévôt de la capitale. Il prit ses fonctions le 3 septembre 1367.

Les améliorations apportées à la vie quotidienne de la capitale

Pour décider Hugues Aubriot à quitter sa Bourgogne natale, le roi s'était montré particulièrement généreux en lui accordant une somme de 2 500 francs or pour son logement et son installation. Il le traita toujours comme un personnage de la plus haute importance, lui accordant des entretiens particuliers et l'autorisant à assister au conseil.
Afin de toujours le conserver à sa disposition, le roi accordera à son prévôt les plus grandes largesses afin qu'il se fasse construire dès 1367 une magnifique habitation voisine de l'hôtel Saint Paul où il réside et qui, dans le langage courant des parisiens, deviendra bientôt hôtel du Prévôt (3).
Sitôt installé à son poste, le nouveau prévôt entendit bien persuader ses administrés qu'il ferait preuve en la capitale de la même fermeté et de la même équité dont il avait manifesté à Dijon. Afin de bien faire comprendre à tout un chacun qu'il ne se laissait pas intimider par la situation de fortune du justiciable, il fit bientôt un exemple en prononçant la condamnation à mort d'un certain Richard de Beaumont, convaincu d'indélicatesse et de faux en écritures publiques.
Ayant à cœur la sécurité de ses administrés, il s'intéressa de près à la police de la ville en réorganisant le guet-royal avec à sa tête un lieutenant, le chevalier de Guet, assisté de vingt sergents à cheval et de quarante à pied. Il fit aussi renforcer les moyens de défense de la capitale en reprenant les travaux de fortification entrepris par Etienne Marcel. Comme les ouvriers étaient rares, l'ouvrage avançait trop lentement à son gré ; il s'adressa directement au roi et parvint à lui faire signer une ordonnance contraignant tous les gens oisifs et valides à venir travailler au nouveau chantier. L'enceinte ne fut cependant achevée qu'en 1383. Assez semblable à celle de Philippe-Auguste quant à son tracé sur la rive gauche, elle s'élargissait considérablement sur la rive droite où l'on vit apparaître les portes Saint-Antoine, du Temple, Montmartre, Saint-Honoré, Saint-Denis et Saint-Martin (4).
Dans le même temps, il fit entreprendre l'aménagement des égouts, la réfection de l'ancien pavage de Philippe-Auguste, le percement

de rues nouvelles et la restauration du Petit-Pont, du Pont Saint-Michel et du Châtelet.
Il posera le 22 avril 1370 la première pierre de la nouvelle bastide qui deviendra bientôt la Bastille.

Entendant lutter avec la plus grande énergie contre toutes les activités susceptibles de porter atteinte de près ou de loin à l'ordre public, il réglementera les heures d'ouverture des tavernes et auberges, interdisant à leurs tenanciers d'accueillir quiconque après le couvre-feu. Il prohibera les jeux de hasard sous toutes leurs formes. Il va lutter également contre la prostitution en interdisant aux filles publiques d'exercer leur activité en maints endroits de la capitale. Il ira même jusqu'à encourager la délation : le témoignage de deux voisins suffira à établir la responsabilité d'un contrevenant et le faire condamner à de très fortes amendes.
Il veille également à la salubrité publique. Il sera désormais obligatoire de crier par trois fois :"Gare à l'eau" avant de vider les récipients par les fenêtres et de sortir les ordures ménagères uniquement par l'huys (porte).

Les années de gloire

Si tout le monde ne voyait pas d'un bon oeil les mesures edictées par le prévôt, le roi, en ce qui le concerne, en faisait grand cas. Aussi lui fit-il conférer le 8 janvier 1374 la noblesse en récompense des services rendus.
Hugues Aubriot allait bientôt avoir une nouvelle fois l'occasion de faire preuve de ses compétences lors de l'arrivée en la capitale de Charles IV empereur d'Allemagne, venu en France effectuer un pèlerinage au monastère de Saint-Maur pour tenter d'obtenir la guérison de la goutte qui à chaque instant le tenaillait.
Il arriva par la Chapelle où le roi l'accueillit. La foule amassée était considérable, mais les mesures les plus strictes avaient été prises pour éviter l'encombrement. Les sergents du guet avaient reçu les ordres les plus formels pour empêcher tout débordement. Il était fait interdiction au peuple d'effectuer tout déplacement avant le passage du cortège. Trente sergents d'armes à cheval assuraient la garde personnelle de l'empereur.

Il n'y eut aucun incident à déplorer et le roi félicita le prévôt pour l'organisation d'un tel service d'ordre, véritable préfiguration des mesures de protection modernes.
Hugues Aubriot semblait pouvoir augurer favorablement de sa carrière. Malheureusement le sort en décida autrement.

Les démêlés avec l'Eglise et l'Université

La fortune d'Aubriot, les honneurs dont il était l'objet et, il faut bien le reconnaître, le luxe ostentatoire qu'il se plaisait à déployer en son hôtel de la rue de Jouy, près des Célestins, de même que le grand train qu'il affectionnait de mener dans le moindre de ses déplacements en se faisant accompagner d'une foule innombrable de gardes et de serviteurs, excitèrent rapidement des sentiments de haine et de jalousie à son encontre.
Nombre de parisiens qui avaient d'abord apprécié les mesures d'ordre public qu'il avait édictées quand ils n'étaient pas eux-mêmes concernés, finirent par les trouver tyranniques et tracassières quand elles vinrent gêner leurs habitudes. Les premières protestations furent le fait des étudiants qui demandèrent d'abord et obtinrent du roi leur exemption du guet des métiers auquel Aubriot avait voulu les contraindre (5) considérant que de telles servitudes ne devaient point souffrir d'exception.
Le 5 novembre 1368, ils avaient obtenu satisfaction, mais la guerre n'en était pas moins déclarée entre le prévôt et les étudiants. Douze ans plus tard, l'occasion allait leur être donnée de chercher noise à l'honnête magistrat.
En 1378, deux papes se trouvaient en présence : Urbain VI à Rome et Clément VII en Avignon. Les fidèles embarrassés ne savaient en lequel ils devaient reconnaître le véritable successeur de Saint-Pierre. Hugues Aubriot trancha la question et somma l'Université de se rallier à Clément VII. Les tensions évidemment s'aggravèrent.

Le 16 septembre 1380 survint à Montargis la mort de Charles V.

Le sacre de Charles VI eut lieu deux mois plus tard le 11 novembre. Le peuple exigea alors une abolition des impôts et le Conseil du jeune roi (Charles VI avait alors douze ans) décida de lui donner satisfaction. Dans le même temps, une vague d'antisémitisme se déclara. Les juifs furent spoliés dans leurs personnes et dans leurs biens. Ils vinrent se mettre sous la protection du roi qui, sans doute sur les conseils d'Aubriot, décida de les prendre sous sa sauvegarde. Ces faits ne tardèrent pas à être connus et Aubriot s'aliéna une grande partie de la population.

L'amende honorable d'Aubriot

Les obsèques solennelles du roi Charles V eurent lieu seulement le 24 décembre. Ce jour fut fatal à l'avenir d' Aubriot.

Une querelle de préséance intervint entre les chanoines de Notre-Dame, ceux de la Sainte Chapelle et les membres de l'Université, chacun revendiquant la première place dans le cortège. Des échauffourées éclatèrent, les sergents du guet furent bientôt débordés par les étudiants et d'Aubriot fut contraint de faire intervenir les gens d'armes. La répression fut énergique, nombre d'écoliers furent roués de coups et blessés. Certains prétendirent que des objets de valeur avaient été dérobés et l'Université de Paris demanda justice contre le prévôt. Il fut contraint de faire remettre en liberté les étudiants emprisonnés et d'indemniser les blessés.

Les passions se déchaînèrent alors. On reprocha au prévôt son libertinage. Certains prétendirent qu'il utilisait les services des sorciers pour séduire les femmes, d'autres allèrent jusqu'à l'accuser de sodomie. Ses courageuses prises de position en faveur des juifs se retournèrent contre lui et bientôt il se vit citer par le recteur au tribunal de l'Evèque de Paris pour y répondre du crime d'hérésie dont il était accusé par l'inquisiteur Jacques de Morey. Il refusa de comparaître et pour ce motif fut condamné par contumace et excommunié.

Comprenant finalement que les charges dont il avait à répondre l'exposaient à être brûlé vif, il pensa que la solution la meilleure était de se constituer prisonnier et il se présenta devant l'évêque le 17 mai 1381.

Cette décision lui sauva sans doute la vie, mais elle engendra pour lui moult désagréments et maintes humiliations.

Il fut, en effet, contraint de faire amende honorable sous les huées du peuple et des étudiants et de demander l'absolution de ses

"crimes". Il s'entendit ensuite condamner à la prison à perpétuité pour "libertinage, sodomie, fauteur à la perfidie judaïque".
Par mansuétude, l'évêque lui assigna pour demeure une partie de la grosse tour de l'hôtel épiscopal.
Il y demeura dix mois avant d'en être libéré dans des circonstances tout à fait étrangères à la volonté des juges.

CHAPITRE III

LES PREVOTS DE PARIS AU TEMPS DE CHARLES VI LE BIEN-AIME

Guillaume de Saint-Germain fut nommé prévôt de Paris en lieu et place d'Hugues Aubriot en date du 17 mai 1381 à titre intérimaire.
Il avait occupé depuis 1366 les fonctions de procureur général au Parlement de Paris qu'il devait, du reste, conserver jusqu'à sa mort qui survint le 1er mars 1385.
Il ne conserva ce poste de prévôt de Paris que pendant un temps très court car le 31 mai suivant un nouveau prévôt était nommé : il avait nom Audoin Chauveron.

Les premières années du règne de Charles VI

Audoin Chauveron avait commencé sa carrière administrative comme bailli du Cotentin. Le roi défunt qui avait apprécié ses services lui avait fait remettre à trois reprises des dons de 500 écus pour services militaires et travaux effectués à Cherbourg.
Cela ne l'avait pas empêché d'être accusé de malversations diverses, Ayant toutefois réussi à prouver son innocence, il avait par la suite été nommé bailli d'Amiens.
Le 31 mai 1381, il devenait prévôt de Paris et dès le 13 août suivant il prenait le titre de docteur es lois et conseiller du roi.
Le dauphin était seulement âgé de 12 ans lorsqu' était survenu le décès de son père. Ses oncles Anjou, Berry, Bourgogne s'accordèrent sur l'intérêt commun qui était le leur de le faire sacrer immédiatement. Il n'y eut donc pas de régence, mais seulement une tutelle exercée par les ducs de Bourgogne et de Bourbon.

Par esprit de démagogie, ils incitèrent le jeune monarque à supprimer tous les impôts établis depuis Philippe le Bel. Le résultat ne se fit pas attendre. Le trésor royal fut rapidement épuisé et naturellement, il fallut recourir aux moyens traditionnels.

Le 15 janvier suivant, le jeune roi, habilement manœuvré par ses oncles, fit convoquer à Vincennes le prévôt des marchands

Guillaume Bourdon et quelques notables parisiens. Il leur fut demandé de consentir à une taxe pour la vente des marchandises que naturellement ces messieurs refusèrent.
Cela représentait un véritable camouflet pour le conseil du roi dont les membres, sans tenir compte du refus opposé, décidèrent de rétablir les impots indirects. Tout commença par une lettre du roi, qui voulut d'abord s'assurer de l'appui du prévôt de Paris, exigeant que toutes les hommes investis de cette mission : "eussent désormais honorable demeure et maison et, afin que tous ceux qui devront avoir recours à eux comme leurs juges sachent où aller plus promptement pour faire expédier leurs besoignes, il donne le Petit Châtelet avec tous ses appartements et dépendances au prévôt et à sa famille."(1)

Le 28 février suivant, un huissier à cheval parcourut les rues et annonça que la vaisselle du roi venait d'être volée (2). Par la même occasion, il avertit la population qu'un nouvel impôt serait levé dès le lendemain.

Il faillit être assommé par la foule en colère et ne dut son salut qu'à une fuite précipitée.

Le lendemain, un collecteur d'impôts ayant prétendu faire verser deux liards à une marchande de cresson des Halles fut massacré sur place. La révolte gronda.
L'évêque de Paris et le nouveau prévôt Audoin. Chauveron jugèrent bon de ne point demeurer en la capitale.

L'évasion d'Hugues Aubriot

Les insurgés en colère envahirent l'hôtel de Ville et s'emparèrent des armes qui s'y trouvaient, en particulier plusieurs maillets de plomb, d'où le surnom de maillotins qui leur fut donné. On a prétendu que 12 000 de ces objets furent dérobés.
Ils se rendirent alors par la ville, mettant à mort tous les juifs qu'ils rencontraient puis se firent ouvrir les portes des prisons, notamment la tour de l'hôtel Episcopal où Hugues Aubriot était enfermé. Tout aussitôt, ils lui proposèrent de se mettre à leur tête.

Rendu prudent par ses dernières mésaventures, ce dernier ne voulut pas se compromettre et après avoir feint d'accepter, dès qu'il le put passa la Seine.

Il se rendit d'abord à Mussy la Fosse (aux environs de Dijon), puis à Macon avant d'arriver en Avignon afin d'y obtenir la grâce du pape Clément VII qui la lui accorda juste au moment où l'Université allait recommencer à exécuter ses persécutions contre lui.
Sur l'invitation du pape, il se rendit à Sommières (actuel département du Gard) où il acheva sa vie. Sa mort survint entre 1386 et 1391, date à laquelle son exécuteur testamentaire Jean Charlier reçut une somme de trois francs d'or à titre d'indemnité pour ses diligences en ce domaine.

Le cumul provisoire des fonctions de prévôt de Paris et des fonctions de prévôt des marchands

Compte tenu de l'ampleur que prenait la révolte, le roi et son entourage jugèrent bon de tenter de négocier quelque peu.
L'impôt fut suspendu et promesse fut donnée de revenir au système antérieur en vigueur sous Louis IX.
En réalité, on cherchait à gagner du temps car il fallait d'abord mater la ville de Rouen en proie également à l'agitation. Ce fut bientôt chose faite. De là, les troupes françaises se rendirent en Flandre pour porter assistance à Louis II, comte de Flandre, contre lequel les gantois s'étaient révoltés. Les français furent vainqueurs à la bataille de Roosebeke (aujourd'hui Westrozebeke) le 27 novembre 1382.

Le 27 janvier suivant, il fut décidé de la suppression de la prévôté des marchands dont le prévôt de Paris assuma les missions. Auparavant, Charles VI et ses "tuteurs" étaient revenus à Paris après avoir obtenu la soumission d'Ypres, Courtray et Bruges.
L'échevinage fut bientôt supprimé et il en alla de même des milices de quartiers, un contrôle très strict des corporations fut exercé.
Soucieux de moralité publique, Charles VI décidera au cours de l'année 1386 d'interdire aux propriétaires des maisons sises en les rues Beaubourg, Geoffroy L'Angevin, Simon Lefranc, de la

Fontaine Maubuée et Jongleur (3) de louer des chambres à des filles de mauvaise vie.
Audoin Chauveron, chargé de faire exécuter de telles dispositions voulut aller plus loin encore et, sur la demande du curé de Saint-Merri, étendit l'interdiction à la rue Baillehoé (4). Les bourgeois de Paris propriétaires de ces artères, victimes de la sorte d'un manque à gagner évident, formèrent opposition à la décision du Parlement et obtinrent gain de cause. Les ribaudes triomphantes revinrent s'y établir en janvier 1388.

Suite à diverses plaintes formulées à son encontre pour faits de corruptions, pots de vin, taxes irrégulièrement perçues et autres agissements coupables, Audoin Chauveron fut mis en état d'arrestation.
L'affaire d'abord examinée par 3 commissaires fut portée ensuite devant le Parlement. Audoin Chauveron sut sans doute faire valoir habilement ses moyens de défense car, dès le mois de janvier 1389, le roi lui accorda des lettres de rémission pour tous les faits dont il était accusé.
Toutefois le 29 du même mois, il résilia ses fonctions. Il n'abandonna pas pour autant sa carrière administrative car il fut nommé sénéchal du Poitou en 1392.

Un sage administrateur : Jean de Folleville

Jean de Folleville fut nommé prévôt de Paris le 25 janvier 1389.
Né aux environs de l'année 1340, il se nommait sans doute réellement Jean Sergier, Folleville n'étant qu'un nom de terre adopté par son père désigné de son vivant sous l'appellation de Damoiseau de Folleville.
Nommé très jeune chevalier et conseiller du roi, il fut admis au Parlement dès 1372. Sa profonde connaissance du droit et ses qualités de médiateur l'amenèrent d'abord à intervenir dans maintes affaires de succession pour les plus grandes fortunes de l'époque, puis il fut chargé en 1379 de vérifier la coutume de Vermandois.
Deux ans plus tard, Charles VI l'envoyait recevoir les ambassadeurs castillans pour renouveler l'alliance des Transtavares (5) avec la France.

Le 25 avril 1384, il se rendait en mission dans le Nivernais et en Rethelois pour faire l'estimation des biens que le duc de Berry cédait au duc de Bourgogne lors de la liquidation de la maison de Nevers.
Deux ans après, il intervenait de nouveau dans les affaires de Castille où le duc de Lancastre, favori de Pierre le Cruel, cherchait à supplanter la maison de Transtavare. Jean de Folleville fut envoyé à Orense dans la Galice au cours du mois de septembre pour aménager un accord avec Jean Ier de Castille. Les pourparlers furent difficiles et le médiateur ne put rentrer à Paris qu'au cours du mois de mai 1387 lorsque le mariage de Lancastre avec la fille de Jean Ier eut mis fin au conflit.
Pendant deux années encore, il demeura au Parlement où il déploya une intense activité puis il le quitta au moment où il fut nommé prévôt de Paris.
En janvier 1389, soucieux de se concilier les bonnes grâces des bourgeois de Paris, Charles VI, sans rétablir encore le poste de prévôt des marchands (6), accepte de donner à Henri Jouvenel le titre de garde de la prévôté des marchands.

Les premières atteintes de la maladie mentale du roi

Le 13 juin de cette même année, comme il sortait de l'hôtel Saint-Paul où un bal avait été donné, le vieux connétable de Clisson rentrant chez lui fut attaqué avec sa suite par une quarantaine d'individus à la solde de Pierre de Craon (7). Il eut le temps de se réfugier chez un boulanger qui était à son fournil tandis que l'instigateur de l'attentat quittait Paris pour aller se mettre sous la protection du duc de Bretagne. Instruit des faits, Charles VI exigea de ce dernier qu'il lui livre le coupable. Il ne lui fut pas donné satisfaction.
Furieux, le roi entreprit d'aller s'en emparer lui-même ; comme il se trouvait dans la forêt du Mans à la tête d'une petite armée, un vagabond surgit devant lui en lui criant: "Roi, ne chevauche pas plus avant, tu es trahi !" (8)
La chaleur était lourde, le roi très fatigué fut frappé de stupeur. Quelques instants plus tard une lance tomba malencontreusement sur un casque. Ce fut comme un déclic : Charles VI se rua sur son escorte l'épée à la main, massacrant plusieurs de ses hommes avant

qu'on ne parvienne à le maîtriser. Il fallut le lier sur une charrette à bœufs et le ramener à l'hôtel Saint-Paul.
La nouvelle ne tarda pas à se répandre : les prières publiques, les processions pour obtenir la guérison du roi se multiplièrent.
Pendant quelque temps, il sembla relativement plus calme.
Malheureusement, le 28 janvier suivant, il devait faire une grave rechute à la suite d'un tragique accident qui se produisit en l'hôtel Saint-Paul au cours d'un bal donné à l'occasion du mariage de Catherine de Hainserville, dame d'honneur de la reine Isabeau de Bavière : le roi et cinq autres de ses compagnons eurent l'idée de se déguiser en sauvages, le corps recouvert de résine et d'étoupe. Un des assistants approcha sa torche afin de mieux voir le spectacle et enflamma l'un des danseurs. Le feu se communiqua rapidement aux autres. Il y eut deux rescapés : le roi, que la duchesse de Berry couvrit opportunément de sa robe et un de ses compagnons qui eut la présence d'esprit de se jeter dans la cuve à rafraîchir les bouteilles. Les autres périrent dans des souffrances atroces.
L'histoire a retenu ce tragique épisode sous le nom de Bal des Ardents.
Les parisiens réagirent mal à l'annonce d'un tel accident : les seigneurs de la cour furent accusée de dilapider les fonds publics et de mettre en péril la vie du roi. Les processions et prières se multiplièrent. Le duc d'Orléans promit de faire bâtir une chapelle expiatoire en l'église des Célestins.
Rien n'y fit cependant. Le roi ne devait jamais se remettre tout à fait : sa raison demeura atteinte en dépit de quelques instants de lucidité. Charles VI, jadis le Bien-Aimé, était devenu désormais Charles VI le Fol ou l'Insensé.

CHAPITRE IV

LA PREVOTÉ DE PARIS AU TEMPS DE CHARLES VI L'INSENSÉ

Jean de Folleville conserva son statut de prévôt de Paris jusqu'au 6 juin de l'année 1401, date à laquelle il fut remplacé par Guillaume de Tignonville.
Ce dernier était le descendant d'une ancienne famille beauceronne dont la noblesse remontait à l'époque de Philippe-Auguste. La date de sa naissance est demeurée inconnue. Il était vassal des ducs d'Orléans et de Berry.
En 1391, il est au service de Louis de France, frère puîné de Charles VI ; il exerce ensuite les fonctions de conseiller, puis de chambellan du roi, à ce titre, il effectuera diverses missions en Bretagne, en Italie, à Vienne, en Avignon et à Amiens. Il sera de même envoyé en Angleterre et Allemagne.
Il prendra ensuite ses fonctions de prévôt de Paris.

La situation de Paris lors de l'entrée en fonction de Tignonville

L'état de démence où se trouvait l'infortuné roi de France avait rapidement fait naître de nombreuses convoitises parmi certains membres de la famille royale décidés à tout mettre en oeuvre pour se faire sacrer en ses lieu et place. Deux princes du sang, en particulier, étaient prêts à tout pour arriver à leurs fins : d'une part le duc d'Orléans, frère du roi, et d'autre part Philippe le Hardi, fils de Jean le Bon.
A la fin de l'année où Tignonville avait pris ses fonctions, le duc de Bourgogne était parvenu à pénétrer en la capitale. Mis devant le fait accompli, Louis d'Orléans avait pris ses précautions et s'était empressé de faire camper son armée dans la campagne avoisinante.

Un semblant de réconciliation entre les deux hommes avait eu lieu l'année suivante et Philippe le Hardi avait accepté de regagner ses états, laissant le champ libre à son rival Louis d'Orléans. Ce

dernier, par sa légèreté, ses plaisirs, sa folle prodigalité, n'avait pas tardé à se rendre impopulaire aux parisiens.
Philippe le Hardi mourut le 27 avril 1404. Son fils Jean sans Peur lui succéda. La lutte allait reprendre plus âpre que jamais entre les deux cousins.
Le 19 août, le nouveau duc de Bourgogne fait son entrée en la capitale désertée la veille par la reine Isabeau de Bavière, le duc d'Orléans et le petit dauphin.
Son avant garde a réussi à intercepter la litière du jeune prince et l'a ramenée à Paris.
La réaction de la reine alors retirée à Melun ne s'est pas faite attendre : elle a fait alliance avec le duc d'Orléans, le duc de Berry et Jean IV de Bretagne contre le duc de Bourgogne qui va se voir exclu des affaires du royaume et ne plus recevoir de dons ou de pensions. Deux nouvelles tentatives de réconciliation sans lendemain auront lieu.
L'animosité de Jean Sans Peur envers son cousin ne cesse d'augmenter, mais il hésite encore à commettre l'irréparable. Il se décidera finalement lorsque Louis d'Orléans soutiendra la ville de Liège contre les prétentions du prince archevêque.

L'assassinat du duc d'Orléans et ses suites

Dans la nuit du 23 novembre 1407 (1), comme Louis se trouvait à l'hôtel Barbette (2) où Isabeau de Bavière venait d'accoucher d'un sixième enfant, Philippe, lequel était mort-né (3). Le sieur Thomas de Courteheuse, écuyer du roi, vint le trouver prétextant que le monarque le demandait en l'hôtel Saint-Pol.
Prenant congé de la reine, il s'y rendit tout aussitôt.
A peine fut-il dehors que des hommes armés commandés par Raoul d' Ocquetonville, embusqués le long d'une maison voisine dite "A l'image de Notre Dame", se précipitèrent sur lui et le massacrèrent.
Immédiatement averti, Guillaume de Tignonville fit fermer les portes de la ville afin de prévenir toute tentative de fuite d'un quelconque habitant.
Le corps affreusement mutilé, après être demeuré pendant un certain temps sur les lieux mêmes du crime, avait été transporté à l'hôtel de Rieux (4). Guillaume de Tignonville se rendit sur place où il établit le rapport suivant :

"En l'an de grâce 1407, le mercredi 23ème jour du mois de novembre, entre huit et neuf heures de nuit, M. le Connétable de France, manda par Guillaume de Herville, dit Létine, son écuyer et à nous... que M. D'Orléans avait été présentement tué et meurdri en la rue du Temple, emmy la rue ainsi qu'il allait son chemin... En laquelle rue... c'est à savoir en l'hôtel de M. le Maréchal de Rieux, près la Porte Barbette, nous trouvâmes le corps dudit feu M, d'Orléans, tout mort et tout saignant, étendu sur une table, vêtu d'une robe de drap de damas noir, navré de plusieurs plaies, c'est à savoir de deux plaies à la tête... Lesquelles plaies étaient telles et si énormes que le test (la tête) était tout fendu et que toute la cervelle en saillait. Item que son poing senestre était coupé tout hors du bras entre le pouce et la première jointée du bras. Item que son bras destre était rompu, tant que le maître os saillait dehors au droit du coude... Item trouvâmes audit hôtel le corps du page dudit M, d'Orléans tout mort et tout seignant navré de plusieurs plaies à la tête... Item fîmes information au mieux et plus diligemment que nous pûmes assavoir qui étaient les faiseurs et la vérité du cas, et si trouvâmes que les délinquants, après le cas par eux perpétré, avaient bouté feu en leurs logis et aussi en eux enfuyant avaient jeté et semé après eux, aval les rues où ils passaient, des chausse-trappes de fer et que iceux délinquants étaient bien au nombre de dix à vingt, les uns à cheval, les autres à pied ; mais ne pûmes savoir, ni trouver qui étaient les délinquants... Drouet Prieur, valet et serviteur de Henri du Châtelier, écuyer échanson de feu M. Le duc d'Orléans, ouï et examiné par moi... dépose par son serment... que regarda emmi la dite rue et vit à la clarté d'une torche qui était ardant sur les carreaux, que droit devant l'hôtel de l'Image de Notre Dame étaient plusieurs compagnons à pied... lesquels tenaient les uns des épées toutes nues, les autres haches et les autres becs de faucons et massues de bois ayant piquet de fer au bout et desdits harnois féraient et frappaient sur aucuns qui étaient en la compagnie, disant tels mots : à mort ! à mort !... un grand homme, qui avait un grand chaperon vermeil... s'approcha des dits compagnons batteurs et leur dit tels mots :"Eteignez tous, allons-nous en, il est mort, ayez coeur d'homme."
Le cadavre fut transporté le lendemain à l'aube en la chapelle du couvent des Blancs-Manteaux : Jean Sans Peur eut le front de s'y

rendre et de déclarer :"Jamais plus méchant, ni plus traître crime ne fut commis, ni exécuté dans le royaume ! "
Les obsèques solennelles eurent lieu en la chapelle des Célestins avec le plus grand apparat : le drap mortuaire était tenu par le roi de Sicile, le duc de Bourbon, le duc de Berry et Jean-Sans-Peur lui-même.
Tignonville accélérait son enquête : il apprit bientôt que la maison : "A l'image de Notre Dame" avait été louée six mois auparavant par un ancien intendant du duc d'Orléans renvoyé par suite d'indélicatesse. Depuis une semaine, les hommes de Jean Sans Peur y étaient embusqués en attendant l'occasion favorable pour perpétrer leur crime.
Jean-Sans-Peur sentant qu'il allait être découvert prit soudain les devants : il reconnut devant ses oncles que le meurtre avait été commandité par lui-même. S'étant vu interdire par le duc de Berry l'entrée du Conseil, il s'enfuit en direction de la Bourgogne où il prit contact avec un moine cordelier Jean Petit, docteur en théologie de l'Université de Paris qui rédigea à l'intention du roi une supplique écrite en ces termes : "Et de ma mineure jointe à ma susdite majeure, s'ensuit clairement que mondit seigneur de Bourgogne ne doit en rien être blâmé ou repris de ce qui est advenu en la personne dudit criminel duc d'Orléans, que le roi notre Sire n'en doit pas être mécontent… ou plutôt il doit plus qu'auparavant faire promener et publier sa loyauté et bonne renommée et hors du royaume par la manière de lettres patentes ou autrement. Dieu veuille que cela soit ainsi fait et que son nom soit béni dans les siècles des siècles, Amen."
Il est difficile d'aller plus loin dans l'apologie d'un crime.

Charles VI se laissa prendre à de tels arguments.
Entre temps, Jean-Sans-Peur avait effectué sa rentrée à Paris le 28 février, acclamé par les parisiens qui n'aimaient guère le Duc d'Orléans. Bientôt, le roi signait les lettres de rémission.
Le duc de Bourgogne et ses partisans avaient obtenu le résultat qu'ils espéraient. Forts de cette victoire, il leur restait maintenant à tirer vengeance du prévôt dont les diligences les avaient démasqués.

La révolte de l'Université et la disgrâce du prévôt

Cette même année 1407, deux écoliers clercs de l'Université de Paris : Loyer de Montillet (ou Léger Dumoussel) et Olivier Bourgeois, l'un normand, l'autre breton, se rendirent coupables d'homicide et de vol sur les grands chemins. Le prévôt les ayant faits arrêter proposa à l'Université d'instruire l'affaire comme le prévoyaient les dispositions en vigueur.

Celle-ci ayant d'abord refusé d'admettre ces deux assassins comme étant de ses membres. Tignonville se chargea de l'affaire et fit mettre ces deux délinquants à la torture puis les fit condamner à la pendaison, laquelle s'effectua de nuit le 26 octobre pour prévenir tout rassemblement d'étudiants. Leurs corps restèrent attachés au gibet (5).

Les étudiants de la Nation de Normandie tinrent tout naturellement à exprimer leur indignation. Les partisans du duc de Bourgogne, en ce qui les concerne, comprirent qu'il y avait là une excellente occasion de tirer vengeance du prévôt de Paris pour ses précédentes diligences.

Les cours furent suspendus tandis que les maîtres et les escholiers demandaient audience au roi qu'ils s'attachèrent à persuader que le prévôt en ordonnant l'exécution avait outrepassé ses pouvoirs. Un arrêt du Conseil condamna bientôt l'imprudence et la précipitation de Guillaume de Tignonville.

Les deux assassins furent donc dépendus et inhumés le 14 (ou le 17) mai 1408 dans le cloître des Mathurins.

Le chroniqueur Enguerrand de Monstrelet rapporte ainsi ces événements :

"Et depuis par les pourchas de l'Université, fut icelui prévôt privé de tout office royal et, avec ce, fut condamné à faire une croix de pierre de taille, grande et élevée, assez près dudit gibet sur le chemin de Paris où étaient les images d'iceux clercs. Et outre les fit dépendre d'icelui gibet et mettre sur une charrette couverte de noir drap et ainsi accompagnés de ses sergents et autres gens portant torches de cire allumées furent menés à Saint Mathurin (6) et rendus par le prévôt au recteur de l'Université qui les fit enterrer convenablement au cloître de la dite église et là derechef fut fait une épitaphe pour leur mémoire."

Enguerrand de Monstrelet borne ici sa relation des faits mais d'autres chroniqueurs comme Alain Chartier, Robert Gaguin et nombreux autres ont prétendu que Guillaume de Tignonville fut en outre obligé d'accompagner le bourreau, de l'aider à dépendre les deux cadavres qu'il fut contraint de baiser sur la bouche et de les escorter jusqu'à leur dernière demeure.
Une mésaventure du même genre était réputée être arrivée à Pierre le Jumeau au début du siècle précédent, Son authenticité semble douteuse car Enguerrand de Monstrelet précise dans un autre endroit de sa relation que la funèbre cérémonie se déroula le 14 mai 1408, or Tignonville avait été déposé le 30 avril précédent et remplacé par Pierre des Essarts. Selon toute vraisemblance, si l'on s'en réfère aux dates, le prévôt cité par Monstrelet est bien celui-ci et non Guillaume de Tignonville.
Contrairement à ce qu'affirme ce chroniqueur, Tignonville ne fut pas longtemps écarté des fonctions officielles car Charles VI le nomma bientôt Président de la Chambre des Comptes. Il exigea toutefois qu'il présentât des excuses publiques à l'Université, ce dont il s'acquitta sans trop de difficultés.
Guillaume de Tignonville mourut vraisemblablement au cours de l'année 1414. Comme il n'avait point de descendants, sa soeur Philippe hérita de ses biens et ses neveux reprirent par la suite le nom et les armes de leur oncle.
Certains poèmes retrouvés avec les manuscrits de Charles d'Orléans portent le nom de Tignonville et il n'est pas impossible qu'ils soient de la main du prévôt de Paris qui avait, par ailleurs, une réputation de fin lettré et auquel on attribue la traduction d'un manuscrit latin intitulé : "De dictis et factis memorabilis philosophorum" (7).

Les brillants débuts de Pierre des Essarts

La date de sa naissance n'est point établie avec certitude : certains l'ont fixée aux alentours de 1360, d'autres la situent vers 1372 au château de Quiery la Motte (actuel département du Pas de Calais).
Comme la plupart des jeunes nobles de cette époque (son grand père avait été argentier du roi), il embrassa d'abord la carrière militaire. Il fit ainsi partie du contingent français envoyé dans le royaume d'Ecosse pour en soutenir les sujets dans leur lutte contre

Richard III et Henri IV d'Angleterre. Il fut fait prisonnier en septembre 1402 lors de la bataille d'Homildon Hill. (8)
Revenu en France après sa libération, il alla tout aussitôt se mettre au service du duc de Bourgogne qui lui accorda une pension.
Une brillante carrière allait désormais commencer pour lui : deux ans plus tard, lorsque Guillaume de Tignonville sera démis de ses fonctions le 30 avril, il sera appelé à le remplacer dès le 5 mai suivant.
Soucieux d'affirmer son autorité et de conserver la confiance du duc de Bourgogne, il va s'acquitter de ses missions avec rigueur : tout d'abord il prendra d'énergiques mesures pour assurer la sécurité des parisiens, ce qui lui attirera dans un premier temps la sympathie de la bourgeoisie. Prétextant de sa volonté d'assainir les finances du royaume, il va faire arrêter et condamner à mort au cours de l'année 1409 Jean de Montagu, grand ministre de la maison du roi et surintendant des finances. La raison officiellement invoquée est son désir de mettre fin aux indélicatesses de ce dernier, mais elle dissimule mal son souci de plaire à Jean sans peur en le débarrassant d'un homme qui n'a jamais caché sa sympathie pour le parti des Orléans (9).
Satisfait d'un tel dénouement car il pense que nul n'osera plus désormais s'opposer à sa volonté, Jean sans peur va combler le nouveau prévôt de titres et d'honneurs. Pierre des Essarts fera partie de la commission chargée de mettre de l'ordre dans les Finances, il sera nommé grand chambellan, grand bouteiller de France, premier président de la Chambre des Comptes.
Mais le 2 novembre 1410 lorsque le traité de Bicètre viendra partager les pouvoirs entre le duc de Bourgogne et le duc d'Orléans, Des Essarts sera accusé de concussions diverses et devra quitter son poste.

L'intermède de Bruneau (ou Brunelet) de Saint-Clair

Bruneau (ou Brunelet) de Saint-Clair devient prévôt de Paris le 8 novembre 1410. Il conservera ce poste jusqu'au 11 septembre 1411, date à laquelle il sera nommé bailli de Sens à la place de Gascellinus qui vient d'être destitué en tant qu'armagnac.

Au cours de cette brève période, Charles VI, pendant l'un de ses rares instants de lucidité, tentera d'éviter la guerre civile. Il accordera des avantages à la compagnie des 60 arbalétriers et leur permettra de s'ériger en confrérie. Ainsi stimulés, ceux-ci vont déclarer une guerre sans merci aux troupes de brigands qui entourent Paris ; de même, il ordonnera le licenciement des troupes cantonnées autour de la capitale. Jean Sans Peur éloignera ses hommes, mais les partisans du duc d'Orléans refuseront de faire de même, ce qui augmentera encore leur impopularité.

La tragique destinée d'un ambitieux

Jean Sans Peur réussira bientôt à se rendre de nouveau maître de Paris. Un de ses premiers soins sera de rétablir Pierre des Essarts à son poste dès le début du mois de septembre. Ce dernier, au reste, n'a point attendu de telles circonstances pour rentrer secrètement en cette ville et se mettre à la disposition du comte de Saint Pol qui est parvenu à décider le roi à, lever une troupe de 500 hommes dite "Milice Royale" bien que les soldes de ceux-ci soient à la charge de la capitale. Elle est composée en grande partie de garçons bouchers, de barbiers-chirurgiens, de pelletiers, de tailleurs et aussi d'un grand nombre de mauvais sujets.
Le prévôt va de nouveau connaître les plus grands honneurs, mais bientôt la capitale sera déchirée par la lutte entre les armagnacs et les bourguignons ; après avoir été à deux doigts de sa perte, Jean Sans Peur réussira à rentrer dans une capitale en proie aux excès de ses partisans.
Pendant tout le temps que durera le siège, Pierre des Essarts sera chargé par Jean Sans Peur de la distribution des vivres et des sommes d'argent destinés au parti des bourguignons. Il n'en faudra pas plus à la population parisienne qui, en d'autres temps, portait son prévôt aux nues, pour se déchaîner contre lui et lancer les pires accusations à son encontre.
L'Université, en particulier, au cours des premier jours de 1412, adressera des remontrances au roi en l'hôtel Saint-Pol où l'attitude des grands officiers est vivement critiquée : "Item n'est pas à oublier comme aucuns grands officiers, comme le prévôt de Paris et d'autres qui ensemble ont tenu offices et vendu et reçu les

deniers, ont mis iceux en leurs sacs en votre préjudice et contre vos ordonnances royaux et aussi de la chose publique, dont il s'ensuit maintes fois que gens inutiles et non sachant et de mauvais gouvernement sont mis es dits offices".
En termes clairs, selon Enguerrand de Monstrelet, auteur de ces lignes, les officiers du roi en général et les prévôts, en particulier, sont considérés par l'opinion publique comme gens incompétents, malhonnêtes et inutiles. En ce qui concerne ces derniers, les accusations sont encore plus graves :
"Item et naguère, le dit prévôt de Paris qui depuis un peu de temps tenait l'office de général, maître et gouverneur des eaux et forêts, a résigné le dit office en la main du seigneur d'Ivry et à la cause d'icelles sont levées charges de 6 000 francs au nom du roi, si comme on dit, mais toutefois le dit argent est levé au profit dudit prévôt de Paris, (lequel) tient les capitaineries de Cherbourg dont il a par an 6 000 francs, et de Nemours dont il a par an 2000 francs. "

Au cours de l'année 1412, la fonction de prévôt des marchands sera rétablie en la personne de Pierre Gencier que les bourguignons n'apprécient guère. L'échevinage réapparaît également comprenant quatre membres dont deux sont du parti du duc de Bourgogne.
Le 30 janvier de l'année suivante, les Etats-Généraux de langue d'Oil se réunissent à Paris dans la grande salle de l'Hôtel Saint-Pol , le 4 février, le carme Eustache de Pavilly attaquera violemment l'administration royale et demandera la confiscation des biens des responsables parmi lesquels figurent, entre autres, Gencier et des Essarts. Satisfaction lui sera donnée le vingt quatrième jour du même mois. Tout aussitôt, le prévôt de Paris quittera son poste.
Enguerrand de Monstrelet rapportera les faits en ces termes :
" Le samedi en suivant, second jour de mars, Messire Pierre des Essarts, prévôt de Paris, qui naguère avait eu grand gouvernement au voyage de Bourges, lequel le duc de Bourgogne avait toujours soutenu, mais l'amour était refroidi parce qu'il s' était montré trop affecté à la partie d'Orléans, se partit de la ville de Paris et envoya à Charenton pour prendre le pont pour avoir passage."
Il s'agissait de Thomelin de la Brie et de quelques-uns de ses compagnons au service de Des Essarts : ils furent faits prisonniers sitôt arrivés sur place par les charentonnais mais le prévôt s'était méfié. Prenant un autre chemin, il était parvenu à gagner

Cherbourg, dont il était capitaine "et là, il se tint dans un espace de temps".
Tout aussitôt, il commettra l'imprudence de déclarer qu'il manque 2000 écus dans ses comptes, mais que s'il devait être mis en jugement, il serait capable de produire un reçu du duc de Bourgogne auquel il les a remis. Dès lors, sa rupture avec Jean Sans Peur est consommée.

Si l'on en croie l'auteur anonyme du "Journal d'un bourgeois de Paris", Des Essarts aurait été contraint de quitter la capitale en mars 1413 suite à la découverte d'un complot tramé par un de ses serviteurs qui devait justement s'emparer du pont de la tour de Charenton.
La relation des événements qui suivirent diffère selon les auteurs : d'après la version donnée par certains et rapportée dans la plupart des dictionnaires biographiques, Des Essarts, apprenant, depuis son exil de Cherbourg, sa destitution par les cabochiens, aurait tenté de se rapprocher du dauphin, duc de Guyenne, s'offrant à lui donner la preuve des projets d'assassinat et des dilapidations du duc de Bourgogne.
Rappelé tout aussitôt à Paris par le futur Charles VII, le prévôt serait revenu à Paris et aurait réoccupé la Bastille le 27 avril.
La nouvelle fut tout aussitôt connue des parisiens d'autant plus que Des Essarts avait rendu son retour le moins discret possible. Pour une fois d'accord, armagnacs et bourguignons, après avoir ameuté le peuple en lui affirmant que le prévôt, en regagnant la capitale, n'avait d'autre but que de détruire Paris, vinrent assiéger la Bastille avec Caboche à leur tête. Le chiffre de 28 000 personnes a été avancé. Il est, sans nul doute, quelque peu exagéré.
Des Essarts, depuis une fenêtre de la forteresse, aurait alors essayé de parlementer avec la foule et n'aurait reçu en réponse que des menaces de mort. Jean sans Peur, arrivé sur les lieux, aurait tenté de s'entremettre entre la foule et le prévôt, mais cela aurait été également en vain.
Caboche, entouré de la foule de ses partisans, se serait alors rendu en l'hôtel de Guyenne où résidait le dauphin et aurait fait prisonnier une quinzaine de personnes de l'entourage de ce dernier.
Le 29 avril, Jean sans peur revint à la charge et se rendant de nouveau à la Bastille, assura le prévôt de sa protection et lui promit

liberté et vie sauve. Après quelque temps d'hésitation, Des Essarts commit l'erreur d'accepter de quitter la Bastille où il était en sûreté. Tout aussitôt, il était procédé à son arrestation.
La version donnée par Enguerrand de Monstrelet présente de notables différences :
"M. Pierre des Essarts, qui s'était enfui à Cherbourg, fut remandé à venir dedans le dit lieu de Paris et avec lui Antoine des Essarts et les menèrent prisonniers au Châtelet".
L'accusation prétendra, entre autres, qu'il "avait eu sa volonté de trahir la ville et de la livrer en la main de ses ennemis et de faire lui-même de très grandes occasions et de piller et rober les bons bourgeois de Paris."
Selon Sismondi (10) dans son Histoire des Français, les bouchers se montrèrent particulièrement acharnés à sa perte car "ils redoutaient ses talents, son courage et sa cruauté." La sentence ne tarda pas à tomber : le prévôt fut condamné à la peine capitale. L'auteur anonyme du "Journal d'un bourgeois de Paris" relate l'évènement en ces termes : "Item, le premier jour de juillet 1413 fut le prévôt pris dans le palais, traîné sur une claie jusqu'à la rue de la Heaumerie (11) ou environ, et puis assis sur ung ais en la charrette tenant une croix de bois en sa main, vêtu d'une houppelande déchiquetée fourrée de martre, unes chausses blanches, ung escafinons (escarpins) noirs en ses piezs, en ce point menés es halles de Paris et là on lui coupa la tête et fut mise plus haut que trois pieds". La postérité a retenu le nom du bourreau : un certain Capeluche.
Le "bourgeois de Paris" poursuit ainsi son récit :
"Et si est vray que depuis qu'il fut mis sur la claie jusques à sa mort, il ne faisait toujours que rire comme il faisait en sa majesté dont le plus de gens le tenaient pour vray foul ; car tous ceux qui le voyaient pleuraient si piteusement que vous ne ouyssiez oncques parler de plus grands pleurs pour mort d'homme et lui tout seul riait et estoit sa pensée que le commun le gardast de mourir."
Le malheureux avait-il perdu la raison ? Cette hypothèse n'est pas invraisemblable. Espérait-il qu'au dernier moment des amis viendraient le délivrer ? Cela n'est pas impossible non plus. Il n'en fit pas moins montre d'un réel courage que d'aucuns qualifièrent de bravade.

Ainsi disparut cet homme que la chance avait d'abord comblé de ses bienfaits et qu'elle abandonna ensuite à l'instar des parisiens qui l'avaient un temps porté aux nues, du duc de Bourgogne qui avait pourtant promis la vie sauve et du dauphin qui prétendait l'avoir en amitié. (12)
L'auteur du "Journal d'un bourgeois de Paris" maintes fois évoqué en ces lignes précisera en relatant cet événement : ".Ainsi fut décollé Pierre des Essarts et son corps mené au gibet et pendu plus haut. Et environ deux ans (auparavant) le duc de Brébant, frère du duc de Bourgogne, qui vit bien son outrageant, lui dit en l'hôtel du roi : "Prévôt de Paris, Jehan de Montagu a mis vingt trois ans à faire soi couper la tête, mais vraiment vous n'y en mettrez pas trois."
Antoine des Essarts, quant à lui, eut plus de chance que son frère car il parvint à s'évader et n'être pas inquiété. En actions de grâces, il éleva un ex-voto en la cathédrale Notre Dame de Paris et une statue colossale de Saint Christophe qui disparut en 1784.

L'exécution de Pierre des Essarts ne calma pas le malaise social. Au début de l'année, déjà, des représentants de l'Université avaient présenté un programme de réformes très ressemblant à celui proposé par Etienne Marcel un demi-siècle plus tôt.
Comme le pouvoir tergiversait, une émeute populaire dirigée par la corporation des bouchers éclata. Méprisés par les bourgeois, rejetés par le peuple, ils ne disposaient pas moins de solides moyens financiers qui leur permettaient de se faire entendre de la Cour à laquelle ils imposèrent la signature d'une ordonnance de réforme, dite "ordonnance cabochienne", du nom de leur chef Caboche, instaurant un contrôle efficace de l'administration royale.
Ce texte fut aboli dès le mois de septembre suivant et une sévère répression s'ensuivit. Il en résulta un réel mécontentement dans la population dont les effets ne tardèrent pas à se faire sentir.

CHAPITRE V

1413-1415 : DISGRACES ET RETOURS EN GRACE DE DEUX PREVOTS

Deux prévôts vont se succéder en deux années au cours desquelles ils connaîtront disgrâces et retours en grâce.

Robert le Heuse, dit le Borgne

Natif de Normandie, Robert Baudram de la Heuse, dit "Le Borgne" deviendra garde de la prévôté le 16 mars 1413. Il est déjà titulaire de nombreux titres et distinctions : chevalier, chatelain de Bellacombres, conseiller et chambellan de Charles VI.
Les "lettres royaux" de 1412-1413 font état de sa nomination en langue latine : "consiliarus et cambellanus regis, commisus et deputatus ad domini Petri de Essarti, a dieto officio" (conseiller et chambellan du roi, nommé et désigné pour cette fonction suite à la suspension du seigneur Pierre des Essarts).
Cinq mois après sa nomination, il sera envoyé par le roi en Normandie.
Soit par jalousie, soit pour mieux parvenir à leur aspirations, certaines personnes de l'entourage de Charles VI tenteront de profiter de l'occasion pour le faire suspendre de ses fonctions. Le 4 août, ils tenteront de faire nommer Tanneguy de Chatel et Renaud de Montauban (1) ; leurs projets ne tarderont pas à avorter car le onzième jour de ce même mois, il reviendra en la capitale et parviendra à recouvrer le poste qui est le sien.
Il n'y va guère demeurer car il sera définitivement mis fin à ses fonctions à compter du 22 septembre.

Diverses raisons ont été avancées à ce propos : selon Gustave Ferrière un départ aussi prompt aurait été causé par sa nomination au grade de grand amiral de France, mais Enguerrand de Monstrelet, en ce qui le concerne, affirme qu'il fut déposé purement et simplement en raison du peu de confiance qu'il inspirait.

André (ou Andry) Marchant (au Marchand)

Andry Marchant accédera au poste de garde de la prévôté de Paris le jour même du départ de Robert Le Heuse. Depuis le 3 mai 1389, il occupait, celui de conseiller au Parlement.

Selon Dom Félibien, sa réputation était celle d'un homme impitoyable jusqu'à la cruauté.
Il fut fait chevalier en 1414, mais n'en connut pas moins cette année-là diverses difficultés dans l'exercice de ses fonctions de prévôt et dès le 23 octobre, il se trouvait destitué de la fonction qui était la sienne. Sa disgrâce fût de courte durée car dés le lendemain, il retrouvait son poste.

Il le conserva jusqu'au 20 février 1415, date à laquelle il fut remplacé par Tanneguy de Chatel.
Sans doute en raison de son appartenance au parti Armagnac, il se trouva promu à d'autres fonctions officielles : nommé bailli de Chartres le 4 décembre suivant, il quittera rapidement ce poste pour devenir trois semaines plus tard bailli de Sens et d'Auxerre.
Deux ans après, il permutera avec le bailli d'Evreux et restera en cette ville jusqu'au 20 octobre 1418.
Gouverneur et capitaine d'Orléans, il sera dépouillé de ses biens trois ans plus tard par les bourguignons et notamment de sa maison sise rue de l'arbre-sec. Il retrouvera les fonctions qui sont les siennes au cours de l'année 1424, puis deviendra enfin Conseiller au Parlement de Poitiers, ville en laquelle son décès surviendra le 11 septembre 1439.

CHAPITRE VI

TANNEGUY DE CHATEL, PROTECTEUR DU DAUPHIN CHARLES

Un ennemi juré des anglais

Tanneguy (ou Tanguy) de Chatel (ou du Chatel) était né en 1370 au sein d'une famille originaire de la Bretagne au château de Tremaouezan (actuel département du Finistère). Son père, Hervé, passé au service de la France avait épousé une demoiselle Mercie de Lescouêt. Avec son frère aîné, Guillaume, il fût élevé dans la maison de Louis d'Orléans.

Après avoir combattu en Guyenne contre les anglais sous Charles, connétable d'Albret, en 1399, il fut peut-être envoyé par le duc d'Orléans en Milanais.

En 1404, il revint en Bretagne à la suite de la mort de son frère Guillaume qui avait armé une flottille avec l'amiral Jean de Penhouet et était allé combattre les anglais à la Pointe-Saint-Mathieu. Victorieux une première fois, il les avait poursuivis jusqu'à Jersey où il avait été mortellement blessé au cours d'une seconde campagne.

Pour venger la mémoire de son frère, Tanneguy du Chatel, après avoir réuni 400 hommes, se lança à l'attaque des Côtes d'Angleterre ; ayant mis à sac Saint-Helier de Jersey, il débarqua à l'embouchure de la Tamise et ravagea Yarmouth. On a également prétendu qu'il parvint à repousser une attaque des anglais lors d'une tentative de débarquement à Penmarch (actuel département du Finistère).

Retour en France et campagnes en Italie

Revenu à la Cour de France, il sera fait chambellan par le duc d'Orléans, mais après le meurtre de ce dernier commandité par Jean Sans Peur le 23 novembre 1407, il jugera plus prudent de quitter la capitale, au moins pour quelque temps.
Passé au service de Louis II d'Anjou, comte de Provence et roi de Naples, il l'accompagnera dans son expédition en Italie ; débarqué à Pise, il combattra le roi Ladislas (1) qui a introduit des troupes dans Rome.
Etant parvenu à l'en chasser le 3 décembre 1409, il restituera la ville au pape Alexandre V (2).

Deux ans plus tard, il participe à la bataille de Rocca-Serra avant de retourner en France où il deviendra l'une des plus emblématiques figures du parti armagnac.

L'ami des armagnacs devient prévôt de Paris

Après un bref exercice des fonctions de prévôt de Paris, conjointement avec Bertrand de Montauban pendant l'absence de Robert Le Heuse au cours de l'année 1413, il y revient une seconde fois pour une seule journée du 23 au 24 octobre de l'année suivante avant de s'y installer pour une durée de 3 ans et 3 mois du 20 février 1495 au 29 mai 1498. Une archive du Parlement porte l'enregistrement de sa nomination avec la mention "sauf opposition".
Ses sympathies envers les armagnacs l'amènent à aggraver les mesures répressives contre les bourguignons. Les portes de la ville vont être fermées et la défense intérieure s'organisera. L'emblème bourguignon va être interdit et le port de l'écharpe blanche armagnaque sera rendu obligatoire. On en affuble même une statue de Saint André en l'église Saint-Eustache. Un artisan indigné l'en arrache ; il est tout aussitôt arrêté et conduit sur le Pont Alais (3) où il a le poing droit tranché.

Les ménagères connaissent un cauchemar quotidien quand il leur faut aller faire leurs emplettes car les produits alimentaires deviennent de plus en plus rares et leur prix est inabordable.

Bernard d'Armagnac fait ainsi régner une telle terreur que Jean Sans Peur lui-même va juger préférable de se retirer pendant quelque temps en Artois.
Cette période sera également marquée par de nombreux évènements comme la défaite d'Azincourt dont les parisiens rendront les Armagnacs responsables. Ce sera ensuite la mort du dauphin Louis de Guyenne, puis celle de Jean de Touraine. A la fin de 1417, les troupes bourguignonnes investissent la plupart des places entourant Paris tandis que les anglais progressent en Normandie. L'année suivante, une épidémie de peste ravagera la capitale.
Pendant ce temps, Tanneguy de Chatel continue à cumuler les postes à responsabilité ; avant d'être nommé prévôt de Paris, il était déjà maréchal du duc de Guyenne et conseiller, maître d'hôtel du roi. Un an environ après sa nomination, il a été fait sénéchal de la Saintonge, mais il s'en est détaché dès le lendemain au profit de son frère Olivier. Le 1er juin 1416, enfin, il a obtenu la viguerie (4) de Beaucaire. L'année suivante, le dauphin le nomme Maréchal de ses guerres et fait de lui son lieutenant général au-delà de la Seine.
Il tient à ce que la moralité règne dans la capitale et Sauval assure qu'il fera condamner le 15 août 1417 à 40 sols parisis d'amende (moitié pour le roi, moitié pour les pauvres) Margot la bourgeoise, Catherine du Soleil, et Marguerite de Lestre pour avoir été surprises tenant leur huis ouvert et "faisant bordeau public contre les ordonnances."

Les réactions des bourguignons : l'affaire Perrinet Le Clerc

Au cours des premiers mois de 1418, il prendra part à plusieurs expéditions dirigées contre le duc de Bourgogne auquel il parviendra à reprendre certaines villes comme Etampes, Monthléry et Chevreuse.
Pendant ce temps, Bernard d'Armagnac devient de jour en jour plus impopulaire et un complot va bientôt être ourdi pour permettre aux troupes du duc de Bourgogne de pénétrer dans la ville.
Les hommes du duc de Bourgogne parviendront à leurs fins en utilisant les services d'un jeune homme prénommé Perrinet, fils de Pierre le Clerc, gardien de la porte de Buci (Saint Germain des Prés). Ce dernier, en effet, nourrit de sourdes rancunes à l'encontre

de Tanneguy de Chatel qui en d'autres temps a refusé de donner suite à une plainte par lui déposée pour divers mauvais traitements dont il a été victime.
Le 29 mai, ayant réussi à dérober les clés à son père, il fait nuitamment entrer dans la capitale une troupe de quatre mille hommes placés sous le commandement du capitaine Villiers de l'Isle-Adam, fidèle du Duc de Bourgogne (5). Quelques-uns d'entre eux vont d'abord se rendre à l'hôtel Saint-Pol pour réveiller le roi, endormi, le forcer à monter à cheval et le promener à travers la ville comme si ce dernier voulait montrer par là qu'il accueille les bourguignons comme des libérateurs.
Reconnaissants, ces derniers élèveront à Perrinet Leclerc une statue près de la maison où il habite. Elle sera jetée bas en 1436, mais il en subsistera un fragment qui sera utilisé comme borne jusqu'au XVIIIème siècle en la rue de la Boucherie (absorbée lors du percement du boulevard Saint Germain).
Tanneguy de Chatel face à ces évènements va rapidement réagir ; il court tout aussitôt à l'hôtel du dauphin qu'il trouve endormi dans son lit, l'enveloppe dans une robe de chambre et le conduit d'abord à la Bastille avant de le mener à Melun.
Pendant une journée, Jean de Villiers de l'Isle Adam deviendra prévôt de Paris ; Dès le lendemain, les parisiens en foule acclament les bourguignons aux cris de "Notre Dame, la paix ! Vivent le roi, le dauphin et la paix". Pour plaire aux nouveaux maîtres du moment, le roi destitue définitivement Tanneguy de Chatel pour mettre en ses lieu et place Guy de Bar.

Une sanglante répression

Le 31 mai, Bernard d'Armagnac sera arrêté dans la cave d'un maçon voisin de son hôtel. Le 12 juin, il connaîtra un supplice atroce. Les émeutiers trouvent plaisant de lui arracher une bande de peau et de chair depuis les épaules jusqu'aux cuisses afin de marquer sur lui l'emplacement de la blanche écharpe armagnaque qui ne le quittait jamais. Son cadavre sera traîné ensuite dans les rues de Paris.
Le nombreux prisonniers du parti armagnac seront également massacrés dont les humanistes Gontier et Jean de Montreuil (6) qui figureront au nombre des victimes.

Selon Dom Félibien, Tanneguy de Chatel, après avoir mis le dauphin en sécurité à Melun, reviendra à bride abattue à Paris dès le 1er juin accompagné du Maréchal de Rieux, du seigneur de Barbazan et d'environ 1600 gendarmes commandés par le capitaine italien Luquin Ris. Entré avec toute cette escorte par la porte Saint-Antoine, il la séparera en deux groupes, détachant le premier vers l'hôtel Saint-Pol afin de tenter de se saisir de la personne du roi tandis que le second continuera sa route à cheval le long de la porte Baudet (7) aux cris de "Vive le roi, vive le dauphin, vive le comte d'Armagnac !"
Tout aussitôt, les gendarmes présents à Paris sont réquisitionnés par De Bar et Villiers de l'Isle Adam pour aller à leur rencontre. Une grande partie de la population se joint à eux. Tanneguy de Chatel, après de violents combats à la suite desquels il perdra 400 de ses hommes, sera obligé de battre en retraite et de se retrancher à l'intérieur de la Bastille.
Les 40 soldats bourguignons tombés au cours de cette lutte recevront une sépulture honorable, mais les cadavres des 400 armagnacs morts au cours de l'affrontement seront jetés pêle-mêle dans les champs voisins où des rodeurs s'empresseront d'aller les dépouiller de tout objet pouvant représenter quelque valeur : "depuis que mors estoient, ne demeuroient que leurs brayes et estoient comme pores au milieu de la boue" (Journal d'un bourgeois de Paris).
La haine contre les armagnacs ne connaît plus de bornes. Toute personne suspectée d'appartenir à ce parti est immédiatement massacrée. Villiers de l'Isle-Adam commence à s'en émouvoir et essaye de rappeler les parisiens à des sentiments plus humains. Il est vertement tancé par ceux-ci : "Maulgré bien, sire, de votre justice, de votre pitié et de votre raison, Mauldit soit de Dieu qui aura pitié de ces faulx traitres arminaz ne que de chiens" (Journal d'un bourgeois de Paris). Il juge préférable de ne pas insister et les massacres reprendront de plus belle.
Jean Sans Peur, qui désapprouve ces excès, attendra le 14 juillet pour faire sa nouvelle entrée à Paris aux côtés de la reine Isabeau.

Tanneguy de Chatel (toujours selon Dom Félibien), le maréchal de Rieu et le seigneur de Barbazan pendant ce temps ont réussi à sortir de Paris en laissant à la Bastille une garnison qui ne tardera pas à être submergée (8). Ils vont se préparer à lancer leurs troupes à Meaux, Corbeil et Melun.

La fureur populaire atteint son paroxysme. Le bourreau Capeluche et ses comparses sont maintenant en proie à une fureur sanguinaire. Jean Sans Peur parviendra à le faire arrêter ainsi qu'un grand nombre de ses compagnons. L'insécurité continue à régner cependant.
Un espoir d'apaisement apparaîtra au mois de juillet avec la signature d'un accord prévoyant l'amnistie générale et le partage du royaume entre le dauphin Charles et le duc de Bourgogne, mais le second n'en poursuit pas moins ses tractations avec le roi d'Angleterre.

L'exécution de Jean Sans Peur et les dernières années de Tanneguy du Chatel

Tanneguy de Chatel parviendra finalement à négocier une entrevue entre le dauphin et le duc de Bourgogne. La date en est fixée au 10 septembre et le lieu choisi est Montereau.
La suite est connue : le futur Charles VI, à la tête de huit gentilshommes au nombre desquels se trouve Tanneguy de Chatel, se rend à l'endroit fixé. Tout aussitôt, une dispute éclate, on en vient aux mains et, comme il rebrousse chemin, le duc de Bourgogne est frappé d'un coup de hache qui lui fend le crane. On affirmera par la suite, sans la moindre preuve, que Tanneguy de Chatel est l'auteur du coup fatal. Il s'exilera tout aussitôt de France pendant quelque temps.
Sa carrière ne se terminera pas pour autant. Il sera nommé viguier d'Aigues-Mortes en décembre 1420, puis participera au siège de Pont Saint Esprit et à celui de Nîmes. Lorsque surviendra le décès de Charles VII, il se trouvera aux côtés du dauphin envers lequel il manifeste toujours un grand attachement et qui le nommera grand maître de France.

Par la suite, il prendra cependant ses distances avec la Cour lorsqu'Arthur de Richemont sera nommé connétable.

Passé au service du roi René, il deviendra grand sénéchal de Provence et sera envoyé en 1448 avec Jacques Cœur à Gènes pour

y rétablir le doge qui avait été déposé. Il exercera ensuite les fonctions d'ambassadeur à Rome.
Il reviendra en France où sa mort surviendra à Beaucaire vers le 31 mars 1458. Il ne laissera aucun descendant.

CHAPITRE VII

DEUX PREVOTS FIDELES A JEAN SANS PEUR : GUY DE BAR ET JACQUES LAMBAN

Guy de Bar

Il était né entre 1370 et 1375 dans une famille bourgeoise qui devait son nom à Bar les Epoisses, ville voisine de Semur en Auxois d'où certains surnoms qui lui furent donnés comme "Le Beau de Bar" ou "Le Veau de Bar".

Son père Guy de Bar avait pris part à la campagne d'Ecosse dirigée par Jean de Vienne (1). Sa mère se nommait Marie de Digoine.

Seigneur de Presles, de Bievry les Avallon et de Meussy la Fosse, il était le frère de Robert de Bar, comte de Marle et de Soissons. En 1408, il avait été nommé capitaine de la ville d'Avallon. Trois ans plus tard, il devenait bailli d'Auxois.

Fidèle compagnon de Jean Sans Peur aux côtés duquel il avait été lors de la guerre menée par celui-ci contre Louis de Chalon, comte de Tonnerre, ce dernier, reconnaissant, lui avait octroyé une pension de 400 livres. Chargé peu après de diriger les opérations du siège de Château Chinon, il devait s'illustrer ensuite lors des sièges de Beauvais, de Pontoise et de Beaumont sur Oise avant de se voir confier la défense de Poissy et de Meulan.

Lors de sa nomination à la prévôté de Paris le 29 mai 1418, il confia le bailliage d'Auxois à Jean de Cussigny.

Il ne semble pas avoir déployé beaucoup d'efforts pour empêcher les massacres qui se déroulèrent en la capitale au cours des semaines qui suivirent ; après avoir fait interpeller le connétable d'Armagnac, il tint à le conduire lui-même au Châtelet. Tout aussitôt, il s'opposa énergiquement aux tentatives de son prédécesseur Tanneguy de Chatel et de son compagnon Barbazan de reprendre la capitale.

Aux environs du 20 août, ayant été envoyé à Rouen comme lieutenant général de Normandie, il laissa provisoirement la charge de la prévôté à Jacques Lamban, puis reprit ses fonctions le 10 octobre. Il les conserva jusqu'au 3 février de l'année suivante.

Jean Sans Peur l'envoya ensuite en mission avec Jacques de Courtiambles auprès du duc de Savoie afin de contrecarrer une ambassade envoyée par le dauphin.
Après la mort du duc de Bourgogne à Montereau, il fut chargé par Philippe le Bon et sa mère de réclamer auprès du roi justice contre les meurtriers. Il accompagna le jeune duc à Arras avant de participer au mois de juin de l'année suivante au siège de Montereau, puis à celui de Melun. Il poursuivra sa carrière en assiégeant Villeneuve sur l'Yonne avec Villiers de l'Isle Adam. Toujours hostile au dauphin, il s'opposera à maintes reprises aux partisans de ce dernier.

Le jour même de l'entrée triomphale de Charles VII à Reims, il tentera de reprendre Auxerre tombée au pouvoir du roi. Il poursuivra sa lutte contre l'Auxois, le Nivernais, Semur en Auxois, le Chatillonais, Mailly le Chatel.
Son décès surviendra le 24 janvier 1436 et il sera, enterré aux environs de Semur en Auxois à l'abbaye de Moutiers-Saint-Jean dont quelques vestiges subsistent encore aujourd'hui (2).

Jacques Lamban (ou Lamben)

A la suite de sa nomination comme lieutenant-général de Normandie (l'auteur anonyme du"Journal d'un bourgeois de Paris" affirme qu'il fut "déposé de la prévôté de Paris"), Guy de Bar avait du se rendre à Rouen et laisser la prévôté aux mains de l'écuyer Jacques Lamban.
Ce dernier était seigneur de Semur et avait été châtelain de Rethel jusqu'en 1404.
Enguerrand de Monstrelet affirme qu'il avait joué un rôle actif dans la conspiration cabochienne de 1413 et avait dû se réfugier par la suite auprès de Jean Sans Peur qui tout aussitôt l'avait pris en amitié, reconnaissant en particulier ses talents en matière de négociation. Nommé président de Laon cette année-là, il devint ensuite seigneur de Semur.
Deux ans plus tard, il arrivait à Paris le 15 décembre 1415 avec une députation composée du Prince d'Orange et de divers conseillers de Jean Sans Peur.
Il sera nommé ensuite bailli du Vermandois avant d'être institué le 19 août 1418 prévôt de Paris à titre temporaire jusqu'au retour de Guy de Bar au mois d'octobre suivant. Le court passage qu'il effectuera sera marqué par l'effroyable disette que connaîtront les parisiens, l'exécution du bourreau Capeluche et un bref espoir de paix lors de la signature, au mois de septembre, d'un traité entre le duc de Bretagne, représentant le dauphin, et le duc de Bourgogne. Les espoirs seront vite déçus car les termes en seront dénoncés par le monarque Charles VII.

Le bref passage possible de deux prévôts : Robert de Montjeu (ou Montieu) et Pierre l'Orfèvre.

Se basant sur la consultation des registres du Parlement de Paris, Jean Le Féron considère qu'il n'est pas impossible que le siège de la prévôté de Paris ait été occupé au cours du mois de janvier 1419 par Robert de Montieu (ou de Montjeu) et peut-être aussi par Pierre L'Orfèvre, conseiller du duc d'Orléans (jadis commis pour faire l'annonce officielle de la mort de ce dernier en 1407). Cette assertion est peut-être exacte, mais il n'en demeure pas moins qu'une telle situation ne fut que provisoire car dès le 3 février suivant un nouveau prévôt fut nommé en la personne de Gilles de Clamecy.

CHAPITRE VIII

GILLES DE CLAMECY, LE PREVOT MALGRE LUI

Il était né aux environs de l'année 1380.

Son père, également prénommé Gilles, était un notable bourgeois de Paris et sa mère, née Catherine Chantareine (ou Chanteprime) appartenait également à un fort bon milieu. Elle avait un frère prénommé Jean (1), alors receveur des aides (2) qui devait par la suite devenir conseiller du roi en son Parlement. Celui-ci éprouvait une réelle affection envers son neveu et le montra en lui résignant cette charge lorsque Gilles, devenu licencié es lois, eut atteint son vingt-huitième printemps. Il s'agissait d'un office de conseiller clerc plus honorifique que fructueux et le futur prévôt, qui venait de convoler en justes noces, ne le conserva pas longtemps, préférant l'échanger deux ans plus tard contre celui mieux rétribué de conseiller lay (3).

Il se rallia bientôt à Jean Sans Peur qui lui manifesta sa reconnaissance en le nommant Conseiller à la Chambre des Comptes, voyant en lui un homme de confiance, parfaitement apte à assurer la défense de Paris.

Le 19 janvier 1419, comme il présidait à la Commission destinée à pourvoir au gouvernement et à la police, il fut pressenti pour être nommé au poste de prévôt de Paris en remplacement de Robert de Montjeu, l'éphémère successeur de Guy de Bar.

Il chercha d'abord à décliner une telle offre en raison de la situation troublée que connaissait la capitale, aggravée par le fait que la récente arrestation inopinée de deux religieux augustins venait de faire apparaître l'existence de tractations secrètes entre certains éléments modérés de la bourgeoisie parisienne et le dauphin, ce qui laissait assez mal augurer de l'avenir.

Il fut cependant contraint d'accepter et prit ses fonctions le 3 février suivant. Une telle nomination ne fut pas sans surprendre une partie de l'opinion car, selon l'auteur du Journal d'un Bourgeois de Paris, "c'était la première fois que l'emploi de prévôt de Paris était donné à personne de ville". La plupart de ses prédécesseurs étaient originaires de province.

Suite aux événements de Montereau et au meurtre de Jean Sans Peur, les notables parisiens, réunis autour du comte de Saint-Pol, firent le serment de défendre leur ville contre les prétentions du dauphin. L'Université fit de même.
Le 5 octobre suivant, "Gilles de Clamecy ayant ouï dire qu'il n'était mie bien agréable audit office (de prévôt de Paris) à aucun des habitants de la ville de Paris, remit sa démission entre les mains du comte de Saint Pol et des membres du Conseil Royal, mais au scrutin qui eut lieu le 6 octobre, il réunit la majorité des suffrages et fut obligé de conserver sa charge malgré le refus persistant qu'il opposa" (Journal d'un bourgeois de Paris).

Il fut donc bien obligé de conserver son poste, cet homme qui se déclarait "si peu apte en fait de guerre".

Pendant ce temps, l'histoire suivait son cours et le 2 décembre suivant, à Arras, Philippe le Bon, nouveau duc de Bourgogne, acceptait, au nom du roi, de reconnaître le roi d'Angleterre, Henri V, comme héritier de la couronne de France.

Le 21 mai 1420, Charles VI signait le "lamentable traité de Troyes" éliminant toute prétention de son fils, le dauphin, à hériter du trône de ses pères.

Afin de permettre l'exécution des dispositions nouvelles, il convenait d'en finir une fois pour toutes avec les armagnacs ; dès le mois de juillet, les armées de Philippe de Bourgogne et d'Henri V, renforcées quelques semaines plus tard par les milices parisiennes, vinrent mettre le siège devant Melun alors occupée par les troupes du sire de Barbazan. Celui-ci parviendra à résister jusqu'au 17 novembre, date à laquelle il lui faudra capituler, faute de vivres. Le 1er décembre, Henri V d'Angleterre fera son entrée à Paris aux côtés de son beau-père Charles VI et de Philippe de Bourgogne ; il s'installera au Louvre.
Le roi de France, après avoir regagné l'hôtel Saint Pol y convoqua trois jours plus tard une assemblée des Trois-Etats pour obtenir l'approbation du traité de Troyes qu'il affirmait avoir signé en

pleine période de lucidité. Le 10 décembre suivant, l'Assemblée donnera son accord, mais votera aussi les subsides pour poursuivre la lutte contre les partisans du dauphin.

Gilles de Clamecy avait, dans le même temps, autorisé les chanoines Nicolas Fraillon et Pierre d'Orgement (ou d'Orgemont) à réunir leurs collègues en vue de l'élection épiscopale. Il ne savait peut-être pas encore qu'il accomplissait là un des derniers actes de son premier mandat.

Il devait, en effet, étant jugé trop tiède, être destitué le 17 décembre suivant. Il fut remplacé par Jean du Mesnil.

Il quitta donc sans regret ce poste qu'il n'avait jamais convoité et dans lequel il s'était toujours bien gardé de trop prendre parti. Il ne pouvait se douter qu'il y reviendrait un jour.

CHAPITRE IX

PREVOTS POUR UN TEMPS EPHEMERE

Jean (ou Jehan) du Mesnil, un prévôt mort en fonctions

Le mardi 17 décembre 1420, Jehan du Mesnil prêtera serment à l'office de la garde de la prévôté de Paris.
Il était chevalier, chambellan du roi et "maistre en son hostel". Il avait été gratifié le 5 octobre 1418 d'un logement dans les dépendances de l'hôtel Saint Paul. Sept mois avant sa nomination comme prévôt de Paris, il avait été désigné le 29 avril 1420 comme ambassadeur du roi venant au Parlement de Paris "en vertu de lettres royaux rendues au Conseil le jour précédent".
Il décéda prématurément au début du mois de mars 1421.

Gaucher Jayer (ou Iayer) ou deux jours de prévôté

Gaucher Jayer, procureur général du roi, exerça les fonctions de prévôt de Paris du 11 au 13 mars de cette année-là. Jean (ou Jehan) de la Baulme lui succéda.

Jehan de la Baulme, une activité de deux mois

"Item, en ce moys (14 mars 1421) fut ordonné garde de la justice de la prévôté de Paris sire Jehan de la Baulme, seigneur de Wallefin" (Journal d'un bourgeois de Paris).

Jehan de la Baulme Montrevel était chambellan et conseiller de Charles VI. Il avait été nommé en mars 1405 chambellan du duc d'Orléans, puis était passé ensuite au service du duc de Bourgogne dont il avait été échanson, puis chambellan.
Au début de cette année 1421, le dauphin Charles avait semblé disposé à lutter pour la reconquête de ses droits. Après avoir réorganisé sa Cour à Mehun sur Yèvre, dans le Berri (actuel département du Cher), il avait entamé sa lutte contre les anglais sur lesquels il avait remporté une victoire à Baugé (actuel département du Maine et Loire) le 21 mars et ainsi rallié l'estime des états de

langue d'oïl. Cet enthousiasme n'avait malheureusement été qu'éphémère car bientôt le succès remporté par l'envahisseur à Dreux, Epernon, Compiègne, Senlis et Meaux avait quelque peu réfréné l'enthousiasme du futur Charles VII qui avait renoncé à investir Chartres comme il en avait eu d'abord l'intention et s'était retiré dans sa chère Touraine.
Jehan de la Baulme ne demeura guère longtemps à son poste car le 5 mai suivant il était remplacé par Pierre de Marigny. Le 8 juillet, il se voyait confier par le roi d'Angleterre le commandement militaire de la capitale. L'année suivante, il devint maréchal et termina sa carrière en 1436.

Pierre de Marigny : un mois d'exercice

Conseiller et maître de requêtes à l'Hôtel du roi, il exerça brièvement les fonctions de prévôt de Paris qu'il quitta au cours du même mois de juillet 1421.

Hugues de Restoré et Jacques du Luxembourg, deux prévôts en la période d'un mois

Hugues de Restoré et Jacques de Luxembourg sont mentionnés comme gardes de la prévôté au cours de ce même mois. Le second était comte de Brienne et devait quelques années plus tard occuper de nouveau un semblable poste.

Pierre Le Verrat (ou Barrat ou Werrat), compagnon de Charles VI

Pierre Le Verrat avait été peut-être seigneur de Crosne et écuyer d'écurie de Charles V. Gustave Dupont Ferrier dans Gallia Regia le mentionne comme ayant exercé ses fonctions jusqu'au début de l'année 1422 alors que selon Le Féron son passage fut seulement éphémère.

Les dires du premier de ces deux historiens revêtent l'expression de la réalité : Pierre le Verrat a effectivement exercé ses fonctions au moment de l'arrestation du maréchal Villiers de l'Isle Adam.
Ce dernier, ayant été dénoncé par un certain Jean de Beaussault comme ayant voulu livrer Paris au dauphin, fut arrêté par ordre du duc d'Exeter. Il lui fut également reproché de reconnaître l'autorité du roi d'Angleterre.
Comme il était très populaire auprès des parisiens, ceux-ci tentèrent de s'opposer à son arrestation et les archers durent intervenir brutalement tandis qu'on le conduisait à la Bastille. Le bruit circula qu'il avait été massacré et que les anglais voulaient emmener le roi hors de la capitale. Cela ne tarda pas à être démenti, mais le maréchal n'en demeura pas moins en captivité pendant quelques mois.

La mort de deux rois au temps de Simon de Champluisant (ou Champ-Luisant)

Licencié es lois, chevalier, conseiller du roi Charles VI, Simon de Champluisant fut institué garde de la prévôté de Paris le 3 février 1422. L'auteur du journal d'un bourgeois de Paris précise qu'il prêta serment en présence du Parlement, mais non entre les mains du Chancelier comme le portaient les lettres d'Institution que la Cour fit rectifier.
Toujours selon les mêmes sources, il serait demeuré à ce poste jusqu'au 1er décembre de cette année-là.

Forts de leurs précédentes victoires, les anglais songeaient à se porter en Nivernais en direction de la Touraine lorsqu'un événement imprévu vint contrecarrer ce projet.
Henri V tomba, en effet, brusquement malade (choléra, selon les uns, pleurésie selon les autres) et il dut rapidement regagner Vincennes. Comme son fils, le futur Henri VI, était seulement âgé de dix mois, il confia le gouvernement de la France au duc de Bedford et rendit le dernier soupir le 31 août 1422 (1).
Le 21 octobre suivant, le roi de France Charles VI expirait à son tour ; en dépit de l'état de démence du souverain, le peuple éprouva une extrême douleur, se souvenant qu'en d'autres temps il avait été Charles le bien aimé.

La cérémonie funèbre eut lieu à Notre Dame le 11 novembre suivant ; le dauphin s'abstint d'y assister ainsi que la plupart des membres de la famille royale. Selon de Monstrelet :"le roi d'Armes Berry, accompagné de plusieurs hérauts, cria "Dieu veuille avoir pitié et mercy de l'âme du très hault et très excellent prince Charles, roy de France, sixième de ce nom, nostre naturel et souverain seigneur" et après ce crya derechef "Dieu donne bonne vie à Henry, par la grâce de Dieu, roi de France et d'Angleterre, notre souverain seigneur."

Bedford, qui en attendant la majorité du futur Henri VI exerçait la régence de la France réduite à l'état de misère, décida arbitrairement de nommer dès le 1er décembre Simon de Champluisant quatrième président au Parlement sans avoir recours au système habituel de l'élection.
L'ancien prévôt s'acquitta de cette nouvelle charge à la satisfaction des anglais. Le 15 septembre 1423, il fut au nombre des commissaires désignés pour ouvrir une enquête sur les abus commis au Châtelet et le 24 février de l'année suivante, il lui fut donné mission de visiter les merciers et merceries de ceintures et autres joyaux d'argent.
Sa mort survint le 20 décembre 1426 et il fut inhumé 4 jours plus tard.

CHAPITRE X

SIMON MORHIER, PREVOT DE PARIS SOUS L'OCCUPATION LORS DES PREMIERS TEMPS DU REGNE DE CHARLES VII

Une capitale en proie à la misère

Selon Gallia Regia, Jacques du Luxembourg aurait de nouveau exercé les fonctions de prévôt de Paris pendant quelque temps au cours de l'année 1422, mais le poste fut officiellement confié à Simon Morhier dès le 1er décembre de cette année-là.
Le pays connaissait alors une des périodes des plus noires de son existence. "C'était grand pitié du royaume de France".
Deux rois règnent alors : Henri VI (ou plus exactement le duc de Bedford, régent, qui pour mieux s'enraciner en France devait épouser plus tard Marie de Bourgogne, fille de Jean sans Peur, après son veuvage), et Charles VII surnommé par dérision : "le petit roi de Bourges".
L'insécurité est totale : les hommes d'armes, les routiers, les écorcheurs pillent les campagnes, les villes sont encombrées de fugitifs. Un capitaine catalan écrira au roi d'Aragon qu'il est "surprenant qu'en France les oiseaux osent encore faire leurs nids".
Les luttes sociales divisent la société en deux clans : ceux qui subissent encore "la rage de la faim" et ceux qui sont privilégiés : "les trop doux nourris". La valeur de la monnaie française est pratiquement inexistante.
Chevalier, seigneur de Villiers le Morhier, aux environs de Maintenon, Simon Morhier avait été maître d'hôtel de la reine Isabeau de Bavière. Il avait été marié à Blanche de Popincourt, laquelle était décédée peu avant sa prise de fonctions.
Bourguignon fanatique, il pactisait avec les anglais. C'était un homme dénué de scrupules, mais d'une intelligence remarquable et fort bon administrateur.
Il ne se dissimulait pas la difficulté des missions qui seraient les siennes car il savait que la domination anglaise pesait de plus en

plus sur les parisiens et que l'obligation qui leur avait été faite de prêter serment de fidélité au duc de Bedford n'apaisait guère les esprits. La multiplication des incidents entre les parisiens et les troupes d'occupation le prouvait aisément.
Philippe le Bon arrivera à Paris le 27 août 1423. Son entrée sera diversement appréciée par les parisiens et un certain Jean Thomas, cordonnier de son état, manquera d'être emprisonné à vie pour s'être écrié lors de son passage : "Est-ce qu'il vient pour empêcher le dauphin de se faire sacrer ?"
La misère devient de plus en plus accablante. Les plus pauvres des parisiens en sont réduits à se battre pour disputer aux porcs du monastère Saint-Antoine, qui circulent librement dans les rues, les immondes déchets de nourriture qui leur sont jetés. Lorsque l'hiver arrive, les loups pénètrent en la capitale.
Cette année-là, une ordonnance vient faire défense aux barbiers d'exercer la chirurgie ; elle sera rapportée l'année suivante.

La réforme de la réglementation du Châtelet et ses retombées

Bedford signera au nom d'Henri VI, roi de France et d'Angleterre, d'abord en date du 5 août 1424, puis complétée au mois de mai de l'année suivante, une ordonnance qui sera publiée le 23 octobre 1425, comportant 185 prescriptions et portant règlement du Châtelet : elles auront trait pour l'essentiel aux différents professionnels exerçant leurs activités (conseillers, examinateurs, avocats, procureurs, sergents) et aux conditions d'incarcération des prisonniers. Les six premiers articles concerneront les obligations des prévôts.

Le prévôt de Paris "est désormais tenu en tous temps de venir et être audit Chatelet pour y besoigner et entendre du fait de son office à sept heures du matin" (art 1 et 2). Il lui est fait obligation de viser ou faire viser par son lieutenant le registre des emprisonnés du jour précédent ; Chaque lundi, il vérifiera ou fera vérifier les prisons et écoutera les griefs des prisonniers relatifs aux "agressions" commises par les geoliers. Il doit veiller à la propreté

des prisons (art 4). Il lui est également interdit de s'approprier les biens des prisonniers.
De telles prescriptions, surprenantes pour l'époque, ne sauraient qu'être approuvées et Simon Morhier s'attachera à les faire respecter. Un tel zèle n'est pas désintéressé car il s'attache à plaire chaque jour davantage à l'envahisseur anglais. Celui-ci l'en récompensera, en lui faisant présent des terres de Saint-Piat, Montlouet, Talvoisin, Ymeray, Maintenon (actuel département de l'Eure et Loir), Belloy (aux environs de Pontoise), Trianon (Versailles).
La même ordonnance, viendra faire défense à tout individu "n'étant pas lay ou marié ou portant tonsure ou continuellement portant habit rouge ou party" d'exercer la profession de sergent du Guet.
Au mois de janvier 1426, Morhier va organiser une vaste opération de sécurité en envoyant les archers et arbalétriers de Paris arrêter les larrons détroussant les paysans se rendant en la capitale. L'opération réussira à la satisfaction générale. Maintes exécutions s'ensuivront.
Le 19 septembre de la même année, il sera chargé de vérifier la bonne exécution de l'ordonnance faisant obligation aux sergents du Châtelet de se marier dans le délai de la Chandeleur sous peine "de voir leurs offices déclarés vacants".
Au cours de l'année 1427, il étendra cette obligation aux sergents à cheval ou à verge "en leur laissant un délai de Toussaint à Quasimodo sans passer l'Ascension de Notre Seigneur".
Le mois d'août de cette même année sera marqué par l'arrivée des tziganes, prétendus originaires de la Basse-Egypte. Les femmes diseuses de bonne aventure seront rapidement excommuniées par l'archevêque de Paris ainsi que toute personne ayant recours à leurs bons offices.

La journée des harengs

L'année 1429 va commencer par une anecdote à la limite de la bouffonnerie qui se terminera tragiquement : la célèbre journée des harengs. Afin de ravitailler Salisbury (1) qui ravage Orléans, Paris est obligé d'envoyer un convoi de 300 chariots remplis de tonneaux de poissons. Il sera protégé par deux mille hommes d'escorte commandés par Simon Morhier et Falstaff. Le 12 février, à hauteur de Rouvray Saint Denis, des gascons prétendent les attaquer avec l'aide de mercenaires écossais. Leurs efforts naturellement seront vains, mais quatre des agresseurs trouveront la mort. Désormais, pendant quelque temps, Orléans sera coupée du reste du royaume sans que le dauphin ne vienne à son secours, tant est grand son abattement.

La tragique destinée de la Pucelle d'Orléans

Jeanne d'Arc fera son entrée à Orléans le 29 avril 1429 ; la ville sera investie le 7 mai suivant et, dès le lendemain, les anglais battront en retraite. Ce seront bientôt les victoires de Meung, Beaugency et Patay.

Mais à Paris, la situation ne s'arrange guère. Poussés par la faim, certaine parisiens plongent dans la délinquance. Simon Morhier fera procéder dès le 2 janvier 1429 à l'exécution par pendaison de douze d'entre eux et, une semaine après, dix autres seront décapités sur un échafaud dressé aux halles.

Le 17 juillet, Charles VII sera couronné à Reims. Bedford et son oncle le Cardinal entrés à Paris l'apprendront le surlendemain. Philippe de Bourgogne, que Bedford a nommé gouverneur de Paris, se décide à rencontrer Charles VII.

Jeanne d'Arc pendant ce temps est parvenue à franc-étrier à Saint-Denis où Charles VII la rejoindra le 7 septembre.

Dès le lendemain, une attaque sur Paris insuffisamment préparée échouera, repoussée par Simon Morhier assisté de l'évêque de Therouane Jean Ratley (au Ratheley) et du Maréchal Villiers de l'Isle Adam à la tête d'une troupe de 2000 anglais. Jeanne sera grièvement blessée au moment où elle franchira la porte Saint-Honoré (2) et Charles VII refusera de faire une nouvelle tentative.

Le sort va s'acharner désormais sur la pucelle d'Orléans qui après un inique procès sera brûlée vive à Rouen le 30 mai 1431.

Paris meurtri et libéré

Le 16 décembre suivant, Henri VI d'Angleterre, âgé de 9 ans, est sacré en la cathédrale Notre Dame de Paris par son oncle le

Cardinal. Contrairement à ce qui se produit en de telles occasions, il n'y aura ni amnistie, ni remise de peines.
La disette augmente d'heure en heure et l'opinion publique est de plus en plus hostile aux anglais. Des complots vont être bientôt fomentés en maints endroits. Simon Morhier accusera ainsi au mois d'août 1432 l'abbesse de Saint Antoine des Champs (3) et ses religieuses d'avoir voulu massacrer les gardes de la Porte Saint Antoine afin de permettre l'entrée des troupes de Charles VII. Le procès sera instruit au Châtelet par le prévôt avec Thomas Fassier. Le lieutenant criminel Jean Larcher y apportera son assistance.
La situation ira en s'aggravant au cours des deux années qui vont suivre dans la capitale où des renforts anglais ne cessent d'arriver.
En 1435, au mois d'avril, c'est le retour à Paris de Philippe le Bon et de son épouse. Il comprend rapidement qu'il est urgent de faire la paix intérieure. Au mois de juin, les troupes de Charles VII investissent Saint-Denis. Le 21 septembre, le monarque et le duc signeront la paix d'Arras.
Trois jours plus tard, c'est le décès d'Isabeau de Bavière rejetée de tous et réputée "la cause des grande maux et douleurs qui pour lors étaient sur terre".
Le début de l'année 1436 sera favorable au jeune roi dont les troupes investissent Paris et s'assurent bientôt de Corbeil, du Pont de Charenton, du château de Vincennes et de Saint Germain en Laye. Il promet l'amnistie aux parisiens compromis avec les bourguignons.
Paris sera libéré au mois d'avril suivant grâce au maréchal Villiers de l'Isle-Adam (qui a cessé de faire alliance avec les anglais lors du traité d'Arras), au connétable de Richemont qui vient d'être nommé lieutenant-général du roi et à Michel le Lailler, conseiller de la Chambre Générale des Comptes.
Les défenseurs de la ville ont bien tenté d'opposer une résistance désespérée aux troupes du roi Charles VII et formé trois bataillons en toute hâte ; le premier est commandé par le capitaine anglais Willoughby, gouverneur de la capitale, le second par l'évèque de Thérouane et Simon Morhier lui-même, le troisième par le lieutenant criminel Jean Larcher. Ils ne tarderont pas à comprendre que la partie est perdue et se réfugieront à la Bastille. Bon prince, le connétable de Richemont leur accordera la vie sauve et les

autorisera même à gagner Rouen ainsi que les 1500 anglais survivants.
Ainsi défileront sous les lazzis et les huées des parisiens le lieutenant criminel Jean Larcher, le prévôt de Paris Simon Morhier, l'ancien prévôt de la capitale Pierre le Verrat, le prévôt des marchands Hugues le Coq et certains bourgeois anglophiles comme l'épicier Jacques de Rayer qui tenait commerce à l'enseigne de l'Ours devant la Porte Baudoyer et le boucher Jean de Saint-Yon qui ira se mettre au service du roi d'Angleterre comme sergent dans ses armées.
La capitale a reconquis sa liberté, mais la guerre n'est pas terminée pour autant.

L'opportunisme de Simon Morhier

Simon Morhier saura admirablement tirer son épingle du jeu.
En 1437, il devient gouverneur de Dreux puis, deux ans plus tard, il est nommé trésorier général des finances du roi d'Angleterre en Normandie.
Il ne tardera pas à se rendre impopulaire à Rouen par la rigueur des mesures fiscales, qu'il y impose : "Nul ne pouvait vivre en la cité de Rouen, affirme un chroniqueur de l'époque dont les propos sont rapportés par Dom Félibien, s'il n'était à eux (les anglais) ou s'il n'était moult plus riche avant." Il ajoute à ce propos quelques lignes dénonçant la coupable indifférence de Simon Morhier et de l'archevêque de la ville suite à une épidémie de petite vérole qui causa une importante mortalité particulièrement chez les enfants : "Tous les jours on trouvait dans les rues des petits enfants morts que les chiens ou les porcs mangeaient". Il flétrit la cruauté de l'archevêque "qui était homme plein de sang et avec lui le prévôt, qui avait été de Paris, Simon Morhier".
La mort de ce dernier surviendra bien plus tard entre 1449 et 1456. Il sera inhumé en l'église Saint Honoré de Paris.

Le retour de Gilles de Clamecy

Le nom de Gilles de Clamecy est mentionné par Charles Desmaze dans le Châtelet de Paris comme ayant exercé les fonctions de prévôt de Paris en même temps que Simon Morbier entre 1430 et 1432. Ni Jean Le Féron, ni Félibien ne le signalent.
Il est par contre certain qu'il suivit le duc de Bedford dans la plupart de ses voyages et qu'il prit part comme plénipotentiaire du roi d'Angleterre dans les négociations entre Charles VII et Philippe le Bon.

CHAPITRE XI

LES PREVOTS DE PARIS DANS LA CAPITALE LIBERÉE

Les brefs passages de Philippe de Ternant et de Boulainvilliers

Philippe de Ternant (ou de Sernant ou de Trenant) fut nommé prévot de Paris à compter du 19 avril 1436, juste après les fêtes de Pâques.
Chevalier du dit lieu et de la Motte-Thoisy, chambellan du duc de Bourgogne, capitaine de la Bastide Saint Antoine, il occupera ce poste jusqu'au 23 février 1437.
Sa tâche ne sera guère facile au sein d'un Paris dévasté par la guerre et les luttes civiles où l'insécurité règne encore. Charles VII en supporte difficilement la vue et fait en sorte d'y abréger ses séjours.
La situation des parisiens ne s'améliorera guère et s'aggravera même lorsque le 13 février suivant, les troupes anglaises investiront de nouveau Pontoise.
Charles Desmaze, dans "Le Châtelet de Paris", cite également le nom de Boulainvilliers sans donner d'autre précision à son sujet. Les autres auteurs n'en font même pas mention.

Ambrois (ou Ambroise) de Loré un prévôt par trop galant

Si nombre de renseignements font défaut quant à l'existence des prévôts qui se succédèrent en ces temps troublés de la guerre de cent ans, un certain nombre de précisions nous sont parvenues à propos d'Ambrois de Loré qui prit ses fonctions à partir du 23 février 1437.

Il naquit en 1396 au château de Loré dans le canton de Juvigny, arrondissement de Domfront (actuel département de l'Orne). Il reçut le prénom d'Ambroys (ou Ambrois) car à cette époque Ambroise était un prénom féminin, ce qui du reste est surprenant si

l'on considère que sur la dizaine de saints et martyrs ainsi prénommés et canonisée par l'Eglise au cours de cette même période, aucune femme ne figure. (1)
Il fera ses premières armes lors de la désastreuse bataille d'Azincourt de 1415. Attaché par la suite au connétable d'Armagnac, il servira la cause du dauphin Charles.
Deux ans plus tard, se trouvant au château de Courserie dans la province du Maine, il remportera l'avantage sur les anglais.
Passé au service du duc d'Alençon deux ans plus tard, il prit aux anglais Beaumont le Vicomte (aujourdhui Beaumont sur Sarthe) et reçut degré de chevalerie.
Pendant les cinq années qui suivront, il continuera à guerroyer contre l'ennemi d'Outre Manche.
Sur ordre du dauphin, il ira combattre aux côtés de Jeanne d'Arc à Jargeau, Meung et Patay. Nommé garde de l'ost (maréchal des camps) au mois de juillet 1429, il sera chargé au mois d'août de reconnaître les anglais venus de Paris à la rencontre des forces royales. Après une pointe hardie à Rouen, il rentrera dans sa province du Maine.
Grièvement blessé au siège de Saint-Célerin (actuel département de la Sarthe), il n'en continuera pas moins sa lutte contre les anglais et avec le concours de deux autres capitaines il réussira, peu de temps après, à faire 3000 prisonniers sous les murs mêmes de Caen le 9 septembre 1432.
L'année suivante, il tombera aux mains des anglais, mais recouvrera rapidement sa liberté, étant échangé contre Talbot (2) prisonnier des français depuis la bataille de Patay de 1425.
En 1435, après avoir pris part aux combats de Meulan, il sera au nombre des libérateurs de Paris et deux ans plus tard sera investi des fonctions de prévôt le 23 février 1437.

Neuf mois plus tard, le 12 novembre, Charles VII effectuera un nouveau séjour de trois semaines dans un Paris toujours victime des larrons et des voleurs, où les commerçants ferment leurs boutiques les uns après les autres, où le prix des maisons ne cesse de décroître.
La situation s'y aggravera encore dans les mois à venir car les anglais, se rapprochant de la capitale, empêcheront les récoltes et

une nouvelle épidémie de petite vérole fera des milliers de morts. Pendant deux ans, les parisiens connaîtront de telles affres.
Ambroise de Loré pendant ce temps ne restera pas inactif ; en 1439, il participera à la reprise de Meaux et deux ans plus tard à celle de Pontoise.
Cette dernière victoire marquera la totale reconquête de l'Ile de France. Désormais l'approvisionnement de la capitale se fera sans encombre.
Remarquable homme de guerre, tout dévoué aux intérêts de son pays, Ambroise de Loré n'en était pas moins critiqué fortement en raison des dérèglements de sa vie privée : le Journal de Paris de 1446 affirme, en effet, qu'il "avait une des femmes qu'on peut voir en tout Paris, la plus belle et honneste, et fille de nobles, gentils gens de grant ancienneté (3) et si était luxurieux qu'on disait pour vrai qu'il avait trois ou quatre concubines qui étaient droites communes (c'est à dire de mauvaise vie). Si les dépravations du prévôt s'étaient bornées là, peut-être le scandale aurait été limité, mais (toujours selon les mêmes sources) : "Il supportait partout des femmes folieuses (légères) dont trop avaient à Paris par sa lâcheté acquist une très mauvaise renommée de tout le peuple car à peine pouvait-on avoir droit des folles femmes de Paris tant on les supportait et leurs macquerelles".
La débauche acquit de plus en plus droit de cité dans la capitale. Certaines familles comme celle de Juvénal des Ursins menèrent la vie dure à ces ribaudes, mais cela ne troubla guère leurs activités tant qu'Ambroise de Loré demeura à la prévôté de Paris.

Jean Dauvet, prévôt pendant trois jours

Jean Dauvet (ou Davvet) sera nommé garde de la prévoté le 24 mai 1446. Il conservera ce poste pendant trois jours.
Chevalier, juriste et diplomate, il sera assez habile tout au long de son existence pour conserver la confiance tant du roi Charles VII que de son fils Louis XI, ce qui représente une belle réussite là où tant d'autres échoueront, parfois même au prix de leur vie.
Après avoir accompli plusieurs missions diplomatiques à la Cour de Rome et auprès du Concile de Bâle, il deviendra au cours de cette même année 1446 procureur général au Parlement de Paris. Il

conduira à ce titre l'enquête sur la fortune de Jacques Coeur entre 1453 et 1455.
Président de la Chambre des Comptes en 1461, il sera nommé deux ans plus tard président du Parlement de Toulouse et deviendra Premier Président du Parlement de Paris en 1465.
Son décès surviendra le 23 novembre 1471. Il sera inhumé aux côtés de sa femme en l'église Saint Landry (4).

NOTES DU TITRE III

CHAPITRE PREMIER : Les prédécesseurs d'Hugues Aubriot

(1) Jean IV de Montfort, duc de Bretagne, frère de Jean III. Il s'empara à la mort de ce dernier survenue en 1341 de la plus grande partie du duché au détriment de Charles de Blois que Jean III avait institué son héritier. La Cour des Pairs rendit un arrêt en faveur de son rival et le fils du roi de France entra en Bretagne à la tête d'une armée. Assiégé dans Nantes, il fut obligé de se rendre, mais son épouse releva son parti et continua la guerre avec l'appui des troupes anglaises. Elle parvint à se maintenir dans Hennebont pendant que Charles de Blois perdait successivement Guérande, Vannes et Carhaix. Jean parvint à s'échapper de Paris en 1343 et put rejoindre son épouse. Sa mort survint en 1345.

(2) Cette rue Transnonain a été absorbée dans sa totalité par l'actuelle rue Beaubourg. Elle occupait l'espace compris entre la rue Michel le Comte et la rue Au Maire.

(3) Selon Dom Félibien, il s'agissait de l'église Saint Jacques de la Boucherie dont il ne subsiste que la célèbre Tour Saint Jacques, voisine de la place du Châtelet.

(4) Le phénomène était courant à l'époque : exaspérés par leurs misérables conditions d'existence, certains paysans se rassemblaient en bandes souvent bien organisées, attaquaient les châteaux, les envahissaient et obligeaient les occupants à prendre le commandement de leurs troupes sous peine d'être exterminés. Une répression naturellement s'ensuivait. La bataille la plus sanglante fut celle de Meaux dirigée par Gaston Phoebus, comte de Foix, et le captal de Buch, réunissant le parti anglais et le parti français. Charles le Mauvais, roi de Navarre, défit une autre bande à Clermont en Beauvaisis, actuel département de l'Oise, et parvint à se faire nommer capitaine de Paris. Des rixes sanglantes éclatèrent entre les routiers anglais, sur lesquels il avait exercé un commandement, et les parisiens. Comprenant le danger de la situation, Charles le Mauvais, qui n'était pas à une volte-face près, se rallia au dauphin.

CHAPITRE II : Un grand réformateur et constructeur : Hugues Aubriot

(1) François Emile Stéphane Liegeard, administrateur, poète et homme politique français, né le 29 mars 1830, débuta comme avocat au Barreau, fut conseiller de préfecture du département de la Drome, puis sous-préfet de Briey. Député en 1867, réélu en 1869, il appartenait au Tiers-Parti. Il mourut à Nice en 1925.
Principaux ouvrages : "Les abeilles d'or", "Aimer", "Le crime du 4 septembre", "Les grands coeurs".

(2) Philippe du Rouvre duc de Bourgogne possédait le duché et le Comté de Bourgogne ainsi que d'immenses terres en Champagne ; il mourut à Rouvres le 21 novembre 1361 sans descendance.

(3) D'abord appelé hôtel des Marmousets en raison des décorations qui ornaient sa façade, il fut acheté en 1383 par Pierre de Jac, chancelier de France et devint en 1397 la propriété du duc d'Orléans. Il prit alors le nom de Porc-Epic car ce mammifère rongeur figurait dans le blason de ce dernier ; nombre de propriétaires s'y succédèrent dont deux prévôts de Paris Robert et Jacques d'Estouteville. En 1516, il sera divisé en deux parties situées approximativement de chaque côté de l'actuel passage Charlemagne. Ses derniers vestiges ont disparu en 1908.

(4) La plupart de ces portes ont disparu de nos jours et celles qui subsistent ont été notablement transformées. La porte Saint-Martin a été démolie en 1650 et remplacée en 1674 par le monument actuel. La porte Saint-Denis, telle que nous la connaissons aujourd'hui, a été construite par l'architecte François Blondel en 1672 pour remplacer l'ancienne détruite justement cette année-là.

(5) En 1254, avait été instauré le guet des métiers, dit aussi guet bourgeois ou guet assis. Afin de permettre aux sergents du guet d'exercer leurs activités à l'extérieur, il fut imposé aux administrés d'assurer une garde statique en certains points de la capitale comme le Châtelet pour la surveillance des prisonniers ou la Sainte Chapelle pour la sauvegarde des reliques. Le tour revenait environ toutes les 3 semaines et était assuré par les représentants des diverses corporations. Le réglement était draconien et tout homme empêché était tenu de se faire remplacer par un membre de sa famille sans distinction de sexe ou de payer une très forte amende pouvant aller jusqu'à la confiscation de ses biens.

CHAPITRE III : Les prévôts de Paris au temps de Charles VI le bien-aimé

(1) Ces dispositions ne prendront effet qu'à partir de l'année 1402.

(2) Certaines rumeurs laissèrent alors entendre que le voleur pouvait fort bien être le duc d'Anjou.

(3) Cette artère reliait la rue Beaubourg et la rue Saint Martin.

(4) La rue Baillehoé reçut vers 1517 l'appellation de Brise-Miche qui est encore la sienne aujourd'hui (les chanoines de la collégiale Saint-Merri y distribuaient, en effet, le pain aux miséreux).

(5) Henri II de Castille, fils adultérin d'Alphonse XI de Castille et d'Eléonore de Guzman, fut d'abord comte de Transtavare avant de devenir roi de Castille de 1378 à 1379.
Il se maintint sur le trône grâce à Charles V et à Du Guesclin qui l'aidèrent à triompher de son frère et rival Pierre le Cruel. A sa mort survenue en 1379, Jean Ier lui succéda. Il participa à la guerre de 100 ans et dut faire face à une invasion du duc de Lancastre, gendre de Pierre Ier.

(6) Il ne sera rétabli définitivement que le 20 janvier 1412. Le titulaire sera Pierre Gencien.

(7) Pierre Craon, seigneur de la Ferté-Bernard et de Sablé, après avoir dilapidé sa fortune, sut gagner la faveur de Louis d'Orléans. Il entretint des intrigues avec le duc de Bretagne et mit tout en oeuvre pour perdre le connétable de Clisson qu'il tenta de faire assassiner le 14 juin 1392, rue de la Culture Sainte Catherine (actuelle rue de Sévigné). Il ne parvint qu'à le blesser grièvement et il se sauva en Bretagne. Ses biens furent confisqués, son hôtel rasé et la rue qui le longeait devint la rue des mauvais garçons.
Il se mit ensuite sous la protection de Richard II roi d'Angleterre qui lui assigna une pension. Il fut gracié en 1397.
Eprouvant ensuite le repentir de ses fautes, il légua aux Cordeliers une importante somme d'argent en expiation de ses crimes.

(8) Ce détail souvent évoqué dans de nombreux manuels d'histoire est aujourd'hui mis en doute.

CHAPITRE IV : La prévôté de Paris au temps de Charles VI l'insensé

(1) La liste des prévôts donnée par le dictionnaire encyclopédique du XIXème siècle indique sans autre précision qu'un certain Pierre l'Orfèvre fut prévôt de Paris au cours de l'année 1407.

(2) L'hôtel Barbette se trouvait à hauteur du 38 de la rue des Francs Bourgeois pour sa sortie secondaire tandis que la façade principale donnait sur la rue Vieille du Temple.

(3) Elle demeurait en cet endroit depuis plus de six ans prétextant que si son mari la gênait lors de ses accès de démence, il lui était encore plus insupportable au cours de ses rares instants de lucidité.

(4) Actuel hôtel des Ambassadeurs de Hollande, 47 rue Vieille du Temple.

(5) En 1404, Guillaume de Tignonville s'était déjà plaint que les corps des pendus de Montfaucon disparaissaient trop souvent. En dépit de la surveillance des archers, en effet, des barbiers chirurgiens venaient s'en emparer pour étudier l'anatomie et il allait de même pour les magiciens et les sorciers qui les utilisaient pour composer leurs philtres.

(6) Le couvent des Mathurins dont la vocation était de procéder au rachat des captifs était voisin de celui des abbés de Cluny (rue du Sommerard).

(7) Certains l'ont également attribué à Guillaume de Sommerset dit Malmesbury.

(8) Robert Stewart (ou Stuart) était monté sur le trône d'Ecosse le 26 mars 1371 sous le nom de Robert II. Le 30 juin suivant, il avait signé avec la France un traité par lequel chacun des deux pays s'engageait à soutenir l'autre contre l'Angleterre. Cet accord fut confirmé à Edimbourg le 28 octobre suivant.
En 1384, Richard II d'Angleterre envahit l'Ecosse. La France décida d'organiser une expédition en Angleterre en dépit du désaccord de ce pays co-signataire. Elle s'avéra désastreuse.
A la mort de Robert II survenue en 1390, son fils Robert III lui succéda et renouvela le contrat d'alliance avec la France. En 1399

Richard II fut assassiné par son cousin Henri de Lancastre qui se fit couronner Henri IV grâce au Parlement de Westminster.
Les hostilités reprirent entre les deux pays et les anglais remportèrent sur les écossais la bataille de Homildon Hill du 14 septembre 1402 où de nombreux français furent tués ou blessés.

(9) Jean de Montagu, vidame de Laonnois, ministre de Charles V et Charles VI, était détesté du duc de Bourgogne et de Charles le Mauvais qui dénoncèrent ses tricheries et malversations. Il fut arrêté, soumis à la question et décapité le 17 octobre 1409. Son corps fut pendu à une pique et resta exposé aux Halles. Il ne lui fut donné une sépulture convenable que le 28 septembre 1412. Il fut inhumé aux Célestins.

(10) Jean Charles Léonard Sismondi, historien et économiste suisse (1773-1842) : "Histoire des Républiques Italiennes" et "Histoire des français".

(11) Cette artère (plus tard absorbée par la rue de Rivoli) conduisait de la rue des vieilles monnaies (à hauteur de la rue des lombards) et finissait vers la rue Saint Denis.

(12) Les biens de Pierre des Essarts furent d'abord confisqués, puis restitués à sa veuve Marie de Tuilly à l'exception de son château de la Motte-Rilly qui fut donné par le roi à Jean de Pulligny, garde des joyaux, qui, du reste, en fut dépossédé par la suite.

CHAPITRE V : 1413-1415 : disgrâces et retours en grâce de deux prévôts.

(1) Bien que le nom de Renaud de Montauban soit cité, il semble que seul Tanneguy de Chatel ait exercé ces fonctions durant ces huit jours car seule la signature de ce dernier figure sur un document d'époque.

CHAPITRE VI : Tanneguy de Chatel, protecteur du dauphin

(1) Ladislas ou Lancelot (1375-1414) dit "le magnanime", roi de Naples en 1386. Fils du roi Charles III et de Marguerite Durazzo, il accède au pouvoir royal après avoir chassé son cousin Louis II d'Anjou, prétendant au trône. Il s'efforce avec un succès inégal de dominer la

papauté et occupe Rome en 1408. Son attitude inquiète Florence qui appelle Louis II d'Anjou. Il sera défait à Rocca Serra en 1411 avec l'aide des soldats du pape Jean XXIII (pape de 1410 à 1417 après avoir été déposé pour simonie et indignité le 29 mai 1425, réintégré comme cardinal l'année de sa mort en 1419. De ce fait, Mgr Roncalli, en 1958, lors de son élection à la papauté a pu reprendre le nom et le rang de Jean XXIII)

(2) Alexandre V. La papauté, suite aux différends entre Philippe le Bel et Boniface VIII au début du XIVème siècle, fut établie à Avignon. Sept papes s'y étaient succédés. Le dernier d'entre eux, Grégoire XI, décida enfin de retourner définitivement à Rome en 1377. Une tentative en ce sens avait eu lieu dix ans plus tôt avec Urbain V sur les instances de Catherine de Sienne.
Le parti avignonnais vit l'affaire avec le plus grand déplaisir et élut un pape sous le nom de Clément VII. Ainsi commença le grand schisme d'Occident. Il y eut désormais deux papes qui s'interdirent et s'excommunièrent réciproquement.
Cette situation devint rapidement intenable. Un concile réuni à Pise en 1409 déposa les deux pontifes et nomma en leur place Petrus Filarges ou Pierre de Candie (1340-1410) sous le nom d'Alexandre V. Aucun des partisans des deux précédents papes déposés ne voulut reconnaître son autorité. Il y eut donc virtuellement trois papes. Le pontificat d'Alexandre V ne devait durer qu'une année car il fut remplacé l'année suivante par Jean XXIII (voir note 1 ci-dessus). L'unité papale ne se fera qu'avec le Concile de Constance de 1414 à 1418 au cours duquel le cardinal Otto Colonna sera élu pape sous le nom de Martin V.

(3) On nommait ainsi une grande pierre permettant de franchir un égout recevant les eaux de la marée des Halles. Le Pont-Alais était situé à la Pointe Saint-Eustache au début de l'actuelle rue Montmartre. Il disparut en 1719.

(4) Viguerie : fonction de viguier, magistrat qui dans certaines provinces du midi de la France exerçait les fonctions de prévôt.

(5) Cette anecdote inspirera à deux auteurs dramatiques Edouard Lockroy (1803-1871) et, Anicet Bourgeois (1802-1871) un drame qui sera donné en 1875 intitulé :"Perrinet Leclerc" où Villiers de l'Isle Adam est présenté comme traître à la couronne. Considérant que l'honneur de son ancêtre était bafoué, Jean-Marie Mathias Villiers de l'Isle Adam, auteur des "Contes cruels" intentera une action en justice pour obtenir l'interdiction de la pièce. Il sera débouté par le Tribunal de

Première Instance de la Seine au motif que "tout auteur dramatique est en droit de prendre des libertés avec l'histoire".

(6) Jean de Montreuil (Jean Charlin dit) (1354-12 juin 1418) fréquenta le milieu humaniste. Il fut secrétaire du duc de Berry, du duc d'Orléans et enfin notaire et secrétaire du roi (1389). Dans la querelle du Roman de la Rose, il prit parti pour Jean de Meung contre Christine de Pisan. Tenu pour un partisan inconditionnel du duc d'Orléans et des armagnacs, il sera massacré le 12 juin 1418.
Gontier né vers 1371 était originaire d'Auxerre.

(7) Actuelle Place Baudoyer.

(8) Jean Le Féron et Denis Godefroy dans Gallia Regia mentionnent que Jacques de Villiers de l'Isle Adam fut institué prévôt de Paris par la faveur du roi en 1418 pendant l'absence de Tanneguy le Chatel qui avait conduit le dauphin à Melun. Ce fait n'est confirmé nulle part ailleurs.

CHAPITRE VII : Deux prêvots fidèles à Jean Sans Peur ; Guy de Bar et Jacques Lamban

(1) Jean de Vienne (? - mort le 26 septembre 1396), Fils de Guillaume de Vienne, chevalier banneret (mort en 1360). Capitaine d'une compagnie servant dans les armées de la reconquête sous Charles V, Amiral de France en 1373, lieutenant du roi en Normandie de 1374 à 1381. Il dirigea le siège de Saint Sauveur le Vicomte, puis continua à servir l'armée en Flandre, Normandie et Bretagne. Il organisa l'expédition navale de 1385 en Ecosse et en Angleterre. En 1396 il participa à la croisade de Nicopolis et trouva la mort dans une bataille.

(2) L'abbaye de Moutiers est la plus ancienne des abbayes de Bourgogne car elle fut fondée par Saint-Jean de Réomé né vers 425 à Dijon, ermite à Réomé, puis à Lerins (Alpes-Maritimes) où il apprit la tradition de Saint Macaire. Il serait mort vers 539 (?). L'abbaye poursuivit ses activités jusqu'en 1789 ; ses biens furent vendus, dispersés et une partie des cloîtres et des locaux du XVIIIème siècle furent détruits. Il n'en subsiste aujourd'hui que le bâtiment conventuel et l'ancienne hôtellerie. (le terme de moutiers est une déformation du breton moustier qui signifie monastère).

CHAPITRE VIII : Gilles de Clamecy, le prévôt malgré lui

(1) Jean Chanteprime (ou Chantareine) était né à Sens vers 1332. Il fut reçu receveur des aides en 1380, puis trésorier de 1388 à 1395. Conseiller du roi en son Parlement, il fut maintes fois délégué à l'échiquier de Normandie. Maître extraordinaire des comptes le 5 août 1399 et trésorier de France, il quitta ces fonctions en juillet 1411 et mourut le 15 octobre 1411.

(2) Les "aides" étaient un impôt apparu au Moyen-Âge et frappant la consommation de certaines denrées. D'abord limitées à certaines régions, elles devaient être généralisées à partir de 1435. Les nobles et les ecclésiastiques en étaient dispensés au sein de leurs domaines. Fort impopulaire, cet impôt pouvait être contesté en première instance devant le bureau des Elus et en appel devant la Cour des Aides. D'autres impôts portèrent également ce nom : aides féodales demandées aux vassaux par le roi en certaines circonstances exceptionnelles et "aide de l'Ost" en cas de guerre à l'étranger.

(3) Ce terme de "lai" ou de "lay" dérivé du latin "laïcus"s'opposait à celui de clerc (homme d'église). Au siècle suivant, selon Delamare dans son "Traité de la Police" de 1750, cette expression devait prendre une connotation péjorative pour distinguer les clercs (obligatoirement diplômés de l'Université) des laïcs qui n'étaient pas toujours possesseurs de diplômes.

CHAPITRE IX : Prévôts pour un temps éphémère

(1) Le duc de Bedford (1389-1435) était frère d'Henri V.

CHAPITRE X : Simon Morhier. prévôt de Paris sous l'occupation lors des premiers temps du règne de Charles VII

(1) Richard de Neuville, comte de Salisbury (1400-1460). Il fit par la suite campagne lors de la guerre des deux roses avec son fils Watvick et fut vaincu lors de la bataille de Wakefield où il trouva la mort.

(2) Il s'agissait de la porte Saint-Honoré construite en 1380 dans l'enceinte de Charles V (emplacement approximatif actuel numéro 161 de la rue Saint Honoré). Elle devait disparaître en 1636.

(3) L'abbaye Saint Antoine des Champs avait été fondée en 1198. Elle se trouvait dans l'espace délimité par les actuelles rues du Faubourg Saint Antoine et de Reuilly, le boulevard Diderot et les rues de Charenton et de Cotte. Elle fut fermée en 1790 et transformée en hôpital de l'Est en 1795 devenu Saint Antoine en 1802. Il en subsiste quelques vestiges.

CHAPITRE XI : Les prévôts de Paris dans la capitale libérée

(1) Il s'agit pour l'essentiel d'Ambroise d'Alexandrie (+250), Ambroise, martyr sous Dioclétien (+303), Ambroise de Saintes (+ 450), Ambroise d'Agaume (523), son homonyme Ambroise d'Agaume (+582) Ambroise de Cahors (+752), Ambroise Aupert, précepteur de Charlemagne (+778) Ambroise de Sienne (+1287).

(2) John Talbot (Vers 1373 - 17 Juillet 1453). Il fut fait prisonnier à Patays et fut tué lors de la bataille de Castillon.

(3) Il était marié avec Catherine de Marcilly, baronne d'Ivry, qui laissa un fils Ambroise de Loré, écuyer, et une fille également baptisée Ambroise qui épousa Robert d'Estouteville prévôt de Paris en 1447. Elle vécut jusqu'en 1466.

(4) La chapelle Saint Landry se trouvait en l'Ile de la Cité ; fondée au VIIIème siècle et dédiée à Saint Nicolas, elle fut consacrée au siècle suivant à Saint Landry (évêque de Paris, fondateur du premier Hôtel Dieu vers 661). Elle devint église en 1160, fut fermée en 1791 et démolie en 1829.

TITRE IV

LA PREVOTE DE PARIS DU MILIEU DU REGNE DE CHARLES VII A CELUI DE LOUIS XII

CHAPITRE PRELIMINAIRE

LA FAMILLE D'ESTOUTEVILLE

Une longue période d'environ 63 années va être marquée par la présence à la prévoté de Paris d'une même famille : la maison d'Estouteville.

Ses origines remontaient au Xème siècle à l'époque de Rollon, duc de Normandie.

Son ancêtre d'Estout (Stoot : grand, robuste) après s'être efforcé de faire d'une horde de pirates un peuple de chrétiens reçoit alors un domaine situé en la paroisse de Valmont, près de Fécamp, auquel il donne le nom de Stotevilla (ferme d'Estout).

Ses descendants ayant acquis vers 1066 l'ensemble du domaine public de Valmont englobent celui de Stoteville dont le nom vient remplacer l'ancienne désignation de la totalité du fief.

L'histoire de cette période étant mal connue, la légende ne tarde pas à s'en emparer.

On raconte ainsi que le prince Léon, fils d'un roi et d'une reine de Hongrie, ayant remporté la victoire sur le géant d'Estout qu'il avait défié, avait reçu sa fille Amelor en mariage. Il s'était alors installé en son château auquel il avait donné le nom d'Estouteville "pour attacher comme un trophée à la race des vainqueurs le nom du vaincu (1)."

Un descendant de cette noble famille, Robert d'Estouteville, dit Robert Ier, sera l'un des compagnons de Guillaume le Conquérant lors de la bataille d'Hastings le 14 octobre 1066.

Il aura pour fils Robert II qui comptera parmi ses descendants le cardinal Guillaume d'Estouteville. Cette branche aînée disparaîtra en 1534 avec Adrienne d'Estouteville, épouse de François de Bourbon, décédé sans postérité.

Son fils cadet, Estout, fondera la branche dite de Torcy qui comptera également plusieurs membres illustres dont Thomas, évêque de Beauvais, Guillaume, évêque d'Evreux, Auxerre et Lisieux.

Un autre Guillaume, grand membre des Eaux et Forêts, seigneur de Torcy et de Blainville, épousera Jeanne de Doudeauville. Deux de leurs fils, Jean et Robert, deviendront un jour prévôts de Paris.

Le décès de Guillaume surviendra en 1449.

CHAPITRE PREMIER

JEHAN D'ESTOUTEVILLE, PREVOT PENDANT DIX MOIS

Il était né en 1405.

Ayant embrassé comme beaucoup de jeunes nobles de son époque la carrière des armes, il servit pendant quelque temps les anglais, puis, le sentiment national s'étant emparé de lui, il passa dans le camp de la France ; en 1436, il est nommé capitaine de Fécamp.

Trois ans plus tard, il devient capitaine de Harfleur à la tête de 86 hommes d'armes et de 27 archers.
Capitaine à Chacenay en 1444, il fait partie au cours de cette même année de l'armée d'écorcheurs (1) que le dauphin Louis conduisait dans les pays helvétiques et emmena l'année suivante en Alsace.

Revenu à Paris avec le futur Louis XI, il en est nommé prévôt le 29 mai 1446 et reçoit une pension de 1200 livres.

Consciencieux serviteur de la Couronne, il s'attache à remplir les devoirs qui sont les siens sans éprouver de réelle passion pour les missions qui sont les siennes. Militaire dans l'âme, il participe bientôt à la défense de Tournai assiégée par le duc de Bourgogne ; il reçoit le commandement des francs-archers et la charge de grand-maître des arbalétriers de France.

Il abandonne désormais son rôle de prévôt de Paris au profit de son frère Robert après être demeuré à ce poste pendant exactement dix mois.

Il reprend sa carrière militaire, coopérant à la reconquête de la Normandie en 1449, prenant part à la bataille de Formigny du 15 avril de l'année suivante. Sa bravoure lui permet d'être nommé capitaine d'Arques.

Lors de l'avènement de Louis XI, il connaît une disgrâce de courte durée et se voit exclu de la charge de grand maître des arbalétriers. Il y sera rapidement rétabli.

La fortune lui sourit de nouveau ; dès le début de la ligue du Bien Public (2), il est nommé bailli de Caen. Pendant la campagne de Louis XI en Bourdonnais, il est promu lieutenant du roi aux frontières de Champagne. En dépit de ses efforts, il ne parviendra pas à mener à bien la mission qui lui est confiée d'arrêter la marche des bourguignons sur Paris.
Après la signature des traités de Conflans et de Saint-Maur, il sera chargé avec le seigneur de Moy de livrer au comte de Charolais, que pour des raisons diplomatiques Louis XI appelle "mon très cher et bien aimé cousin", les villes de la Somme que le monarque a décidé de lui rétrocéder.
Nommé chevalier de Saint-Michel le 1er août 1469, il sera pressenti la même année pour assurer une ambassade en Espagne.
Une fois rentré en France, il assistera au mois de novembre de l'année suivante à l'Assemblée de Tours où sera dénoncé le Traité de Péronne.

Quatre ans plus tard, il est nommé lieutenant du roi en Picardie.

Entré dans cette province en avril 1475, au moment où expire la trêve conclue avec la Bourgogne, il y exercera une répression impitoyable à la tête de ses troupes, n'hésitant pas à saccager et incendier les villes de Montdidier, Roye et Boullens.
Il assistera à la bataille de Guinegatte (Enguinegatte, près de Saint-Omer) livrée par Louis XI à Maximilien d'Autriche dont l'issue demeurera incertaine.
A la mort de Louis XI survenue le samedi 30 août 1483, il deviendra membre du Conseil de Régence et à ce titre participera aux Etats Généraux du 5 janvier 1484. Il n'exercera aucune fonction officielle sous le règne de Charles VIII.

En 1488, il fondera la collégiale de Blainville où il rendra le dernier soupir le 11 septembre 1494. Il sera enseveli cinq jours plus tard aux Clarisses de Rouen qu'il a fondées en 1466. Marié avec une demoiselle de la Rochefoucauld, il n'en aura qu'un seul descendant, Estout, qui disparaitra en 1476 sans laisser de postérité.

CHAPITRE II

ROBERT D'ESTOUTEVILLE

Le 7 (ou le 28) mars 1447, Robert d'Estouteville accéda à la prévôté de Paris en remplacement de son frère Jean. Il prêta serment le 27 avril. Six ans plus tôt, il avait été armé chevalier par Charles VII lors de la prise de Pontoise.
Si l'on en croie le comte de Quatrebarbes dans "Les oeuvres du roi René" (1), c'était un homme d'armes accompli, à l'instar, au reste, de son frère Jean : "Robert et Jean de Touteville (sic) sont parmi les chevaliers qui, au fameux Pas d'Armes de la Joyeuse Garde près de Saumur, la gentille et bien assise, vers Pâques 1446, vinrent jouter contre le roi René, chef de l'Empire, et contre ceux qu'il avait choisis comme tenant à lui. Ce tournois, qui efface tous les autres, où pendant quarante jours on donna grande joy et magnifique feste... les deux d'Estouteville s'y montrèrent vaillants et forts. "

Seigneur de la Beyne, baron d'Ivry, Robert d'Estouteville était le gendre de l'ancien prévôt Ambroise de Loré. François Villon, qui pour une raison inconnue le désignait sous l'épithète de "Seigneur qui sert Saint Christophe" avait composé à l'intention de sa jeune femme, qui portait le même prénom que son père, l'acrostiche suivant :

> **A**u point du jour, que l'épervier s'ébat
> **M**u de plaisir et par noble coutume
> **B**ruit la mauvis (la grive) et de joie s'ébat
> **R**eçoit son pair et se joint à sa plume
> **O**ffrir vous veux à ce désir m'allume
> **I**oyeusement ce qu'aux amants bon semble,
> **S**achez qu'amour l'écrit en son volume,
> **E**t c'est la fin pour quoi nous sommes ensemble.

Dès sa prise de fonctions, le nouveau prévôt entendit faire preuve de la plus grande fermeté, poursuivant sans pitié "larrons, mendiants, violeurs d'églises, joueurs de faux dés, il envoya sans hésitation à la potence les "caymans" (Odieux mendiants qui enlevaient les enfants, leur crevaient les yeux et les envoyaient sur la place publique faire appel à la générosité des passants).

Sensible à la pitié, Robert d'Estouteville savait se montrer inflexible envers les justiciables convaincus de mensonge : en 1360, il n'hésita pas à faire exécuter une femme nommée Perrette Mauger, coupable de plusieurs larcins et ayant tenté de faire différer l'éxécution de la sentence nous prétexte qu'elle était enceinte. Elle fut condamnée " à être enfouie toute vive devant le gibet".
Paris aurait du se réjouir de l'action efficace menée par son prévôt et pourtant, en début de carrière, à l'instar de son illustre devancier Hugues Aubriot, Robert d'Estouteville connut de graves démêlés avec le monde estudiantin.

L'affaire de la pierre du "Pet-au-Diable"

Tout commença par une simple plaisanterie d'étudiants.
A quelques mètres de l'église Saint-Jean de Grève (2) se trouvait l'hôtel de Coucy précédemment nommé "hôtel du Cloître de Saint Jean en Grève" avant de devenir en 1379 propriété de Raoul de Coucy. Tout à côté, on pouvait voir un donjon dit "Tour du pet au diable" (3).

Cet hôtel était la propriété de Catherine de Béthisy, veuve de Girard de Bruyères, trésorier du roi. Acariâtre à souhait et dévote s'il en fut, cette dame était, en outre, procédurière plus enragée que la comtesse de Pimbesche. (4)
Dans le courant de l'année 1451, quelques étudiants facétieux avaient jugé bon d'enlever une énorme pierre fichée devant l'hôtel de cette respectable personne et de la transporter rue Mont Saint Hilaire (aux environs de l'actuelle rue des Carmes).
Catherine en fut évidemment courroucée et porta plainte. La pierre fut alors réintégrée à son emplacement initial.

Les étudiants ne se tinrent pas pour battus et au prix de mille difficultés s'en emparèrent de nouveau pour la déposer dans la Cour du Palais, devant l'entrée du Parlement, tandis qu'une autre borne neuve était installée devant la demeure de la dame des Bruyères ; elle fut malicieusement baptisée : "la vesce".

Les gens du roi commirent alors la maladresse de menacer les étudiants de sanctions ; ceux-ci répliquèrent en enlevant la borne nouvelle qu'ils replacèrent à côté de celle du "Pet au diable" retransportée rue Mont Saint-Hilaire. Des bals furent improvisés pour l'occasion. Malheur aux passants s'avisant de faire connaître leur désapprobation devant les deux bornes fleuries : ils se voyaient contraints de jurer sur elles deux qu'ils respectaient les privilèges de la "vesce" et entendaient que soient reconnues les libertés universitaires.
Robert d'Estouteville décida alors d'user de son autorité, Estimant que la plaisanterie avait assez duré, il voulut en finir.
Le 6 décembre 1452, il se rendit à la Montagne Sainte Geneviève et fit procéder au descellement des deux bornes.
Les sergents profitèrent de cette occasion pour rendre la monnaie de leur pièce à ces étudiants qui les ridiculisaient si souvent ; ils forcèrent les portes de la maison dite de Saint Etienne où ils s'étaient réfugiés, en rossèrent copieusement un grand nombre, en arrêtèrent une quarantaine et mirent enfin la maison au pillage.

Les maîtres de l'université élevèrent une vive protestation et, le 9 mai 1453, le maître théologien Jean Rue se rendît chez le prévôt.

Robert d'Estouteville, pour calmer les esprits, accepta de procéder à l'élargissement des coupables.
Enhardis par ce qu'ils considéraient comme un recul, les clercs firent un triomphe à leurs camarades et se mirent à huer une troupe de sergents qui passait là par hasard. Ces derniers se fâchèrent et poursuivirent les écoliers. Une bagarre éclata et un jeune Juriste Raymond de Mauregard y trouva la mort.
L'Université porta plainte contre Robert d'Estouteville qui parvint à éviter toute sanction ; il n'en alla pas de même du lieutenant criminel Jean Bezon qui fut destitué à la suite de cette affaire.
L'année 1460 devait également lui apporter divers autres ennuis par suite de la cupidité de sa belle famille.
Sa belle-mère, Catherine de Marcilly, veuve d'Ambroise de Loré, remariée en secondes noces avec un certain Pierre Petit, viendra, en effet, l'accuser d'indélicatesse et lui réclamer divers objets, meubles et armes dont il est détenteur et qu'elle revendique comme étant sa propriété. L'affaire sera portée devant la justice.

Il aura également à répondre d'une plainte formulée à son encontre par le maréchal de Lohéac et un trésorier nommé Bureau aux termes de laquelle il se voit reprocher divers abus commis dans l'exercice de ses fonctions. Il apparaîtra rapidement qu'il s'agit là de calomnies pures et simples car aucun document compromettant ne sera découvert en dépit d'une humiliante perquisition effectuée à son domicile.
"Le chronique scandaleuse" de Jean de Roye relatera l'affaire en ces termes : "Par le dit Avrin (magistrat) furent faits plusieurs exploits en l'ostel dudit Estouteville, comme de chercher boistes, coffres et autres lieux pour savoir si on trouveroit nulles lettres et plusieurs rudesses audit hostel à Dame Ambroise de Loré, femme dudist prévost moult sage, noble et honnête dame. Dieu de ses exploits veuille le punir". Il faut croire que c'est justement le contraire qui se produisit.

L'hôtel du prévôt

La résidence du prévôt au Châtelet étant devenue de plus en plus insalubre, Charles VII autorisa Robert d'Estouteville à demeurer en d'autres lieux et lui accorda par lettres patentes du 4 décembre 1454 une rente de 100 livres sur le domaine de Paris pour se procurer un logement. Ce dernier s'installa dans un hôtel datant du XIIIème siècle ayant appartenu à Jacques de Pacy, conseiller au Parlement de Paris dont la mort était survenue en 1364.
Trois ans plus tard, Hugues Aubriot s'en était rendu acquéreur.
On sait, en effet, que Charles V désirait voir son prévôt demeurer le plus près possible de l'hôtel Saint-Paul où il résidait et lui avait octroyé dans ce but une somme de quinze cents francs or.

L'ensemble de la propriété s'étendait sur un vaste quadrilatère délimité par la rue de Jouy (actuelle rue Charlemagne), rue Percée (actuelle rue du Prévôt) jusqu'aux murs de l'enceinte de Philippe Auguste.
Cette demeure était surnommée "l'hôtel des Marmousets" du fait de la présence de deux grotesques figurines de pierre sculptée sur la façade comme le voulait une mode datant du Moyen-âge qui se poursuivra jusqu'au XVIème siècle.

Après la condamnation d'Hugues Aubriot pour hérésie, les autorités ecclésiastiques dans la censive de laquelle se trouvait le domaine avaient intenté un gigantesque procès pour tenter d'être reconnues comme légitimes propriétaires du terrain. Constatant qu'elles ne disposaient pas des ressources financières nécessaires pour en assumer les charges qui en découlaient, elles avaient décidé de se désister en faveur de Guy de la Trémoille, seigneur de Sully sur Loire, chambellan du roi Charles VI, qui devint ainsi propriétaire de l'hôtel. Ce dernier ne tarda pas à le revendre au monarque qui en fit présent à son chancelier Pierre de Giac.
Celui-ci l'aliéna au profit de Louis d'Orléans le 16 décembre 1397. A partir de ce moment, l'hôtel des Marmousets devint l'hôtel du Porc Epic (car cet animal figurait sur le blason de la Maison d'Orléans).
Louis d'Orléans en demeura propriétaire pendant 7 ans, puis le revendit au duc de Berry en échange de l'hôtel des Tournelles, sis de l'autre côté de la rue Saint-Antoine. Ce seigneur en fit présent à Jean de Montaigu lequel y mènera joyeuse vie au point d'offrir le 22 septembre 1409 un festin auquel participèrent plus de 1800 personnes. Jean Sans Peur, duc de Bourgogne, prendra ce prétexte pour le faire arrêter le 7 octobre suivant par le prévôt Pierre des Essarts. Il sera décapité aux Halles dix jours plus tard.
Dès le lendemain de sa mort, l'hôtel sera donné à Guillaume de Bavière, beau-frère de Jean Sans-Peur, qui le conservera jusqu'à sa mort survenue le 31 mai 1417. Le bien devenu propriété de la Couronne passera à Jean de Bourgogne, duc de Brabant, lequel décédera sans postérité au cours de l'année 1426.
Philippe le Bon, duc de Bourgogne, en deviendra propriétaire en 1431 ; après 1440, l'hôtel passera aux mains du connétable Arthur de Richemont.

Robert d'Estouteville s'en rendra donc acquéreur en 1454 ; il y demeurera désormais et par la suite son fils Jacques fera de même. A la mort de ce dernier survenue en 1509, la maison reviendra à la famille de Montaigu et sera morcelée en plusieurs hôtels : hôtel de la Barre, hôtel de Graville, hôtel de Jassaud dont les derniers vestiges disparaîtront en 1908.

Une disgrâce provisoire

Le décès de Charles VII surviendra le 22 juillet 1461.
Le 6 août suivant, ses obsèques seront célébrées. La cérémonie aura lieu à Notre-Dame, le duc d'Orléans conduisant le cortège à cheval avec quelques autres nobles, le prévôt de Paris marchant à pied entouré des sergents du Châtelet et précédant la dépouille mortelle du souverain.
Dans le même temps, le nouveau roi Louis XI envoyait de la ville d'Avesnes, où il se trouvait, un de ses fidèles, Jacques Villiers de l'Isle Adam, prendre possession de Paris en son nom, recevoir le serment des bourgeois de Paris et assurer la tranquillité de la ville jusqu'à sa venue. Cette décision annonçait inéluctablement des temps nouveaux.
Le 31 août, Louis XI faisait son entrée solennelle à Paris. Il fut accueilli par Robert d'Estouteville qui alla au devant de lui et le conduisit au Palais des Tournelles. Méfiant de nature, le roi, à peine installé sur le trône de ses pères s'empressera de révoquer tous les hommes de confiance de son père. Robert d'Estouteville sera du nombre. Il sera remplacé dans ses fonctions à compter du premier septembre par Jacques Villiers de l'Isle Adam qui les exercera pendant quatre ans.

CHAPITRE III

L'INTERMEDE DE QUATRE ANS DE JACQUES DE VILLIERS DE L'ISLE ADAM

Jacques Villiers de l'Isle-Adam était le fils du Maréchal Philippe Villiers de L'Isle-Adam qui avait livré Paris aux bourguignons en 1418.

Il avait su plaire au nouveau roi bien qu'il ait exercé sous le règne de feu son père les fonctions de conseiller et de chambellan.

Sa nomination ne fut guère appréciée des parisiens. Une large majorité d'entre eux, en effet, regrettait son prédécesseur dont ils avaient apprécié les mesures par lui adoptées pour faire revenir la sécurité à Paris et avaient considéré comme autant d'injustices les poursuites engagées à son encontre au cours de l'année précédente.

En homme habile, Jacques Villiers de l'Isle-Adam prendra le parti le plus sage, tout au moins pour sa tranquillité propre : celui de ne pas apporter d'importants changements par rapport à l'administration de son prédécesseur.

De ce fait, son nom n'apparaîtra guère dans la chronique de Paris de cette époque marquée essentiellement sur le plan politique par les retombées de la ligue du Bien Public précédemment évoquée. Sur le plan littéraire ; il faut signaler la création de "La farce de Maitre Pathelin" et les démêlés de François Villon avec la justice : d'abord condamné à mort, le poète verra sa peine commuée en dix ans de bannissement. Il quittera Paris et nul n'entendra plus jamais parler de lui.

CHAPITRE IV

LE RETOUR DE ROBERT D'ESTOUTEVILLE

Reconnaissant l'erreur qu'il a commise en faisant "désappointer les sages et notables", Louis XI va se réconcilier avec eux et même en rétablir quelques-uns dans leurs fonctions. Tel sera le cas de Robert D'Estouteville qui retrouvera son poste dès le 4 novembre 1465, en dépit des vives protestations de Jacques Villiers de l'Isle Adam dont le décès surviendra quelques années plus tard le 25 avril 1471.

Il va tout aussitôt reprendre sa lutte contre les délinquants de toutes espèces, particulièrement les crocheteurs et les "bandes d'oiseaux et les vagabonds" qui se font passer pour sergents de la prévôté. Louis XI se louera de plus en plus de ses services.
Le 5 mai 1468, il aura le malheur de perdre sa femme qui lui laissera un fils et quatre filles encore jeunes. Relatant cet évènement, un chroniqueur de l'époque écrira : "(Dame Ambroise de Loré) alla de vie à trépas, fort plainte car elle estoit noble dame, bonne et honneste et en l'ostel de laquelle toutes nobles et honnestes personnes étaient honorablement reçues."
Il ressentira douloureusement cette perte et peut-être pour ce motif, redoublera d'activités : il exercera diverses fonctions en province, particulièrement en Normandie, dans le Cotentin où il sera bailli. En novembre 1468, soucieux de ménager la susceptibilité du roi humilié à Peronne, puis à Bruges, il fait publier à Paris l'interdiction de tenir tout propos "pour l'opprobre du roi". Le 27 Juin 1472, il sera envoyé à Beauvais dans le cadre de la lutte contre Charles le Téméraire.

Fait d'une audace inouïe pour l'époque, il ira jusqu'à proposer à un condamné à mort par pendaison de lui accorder sa grâce à la condition qu'il accepte de se faire opérer de la maladie de la pierre.

En 1475, lorsque la menace d'une nouvelle invasion anglaise va se préciser, il préparera la défense de la capitale en rassemblant dans le bois de Vincennes le ban et l'arrière ban des guerriers.
Sa mort surviendra le 3 Juin 1479.

Jehan de Saint-Romain, le prévôt nommé par lui-même

Jehan de Saint-Romain, licencié es lois et procureur général du roi, décida, sitôt qu'il eut appris le décès de Robert d'Estouteville, de s'autoproclamer prévôt de Paris. L'expérience ne dura guère. A la suite d'autres malversations de ce genre, il fut suspendu de ses fonctions de procureur général. Par la suite, Charles VIII l'y réintégra.

CHAPITRE V

JACQUES D'ESTOUTEVILLE ET LA FIN D'UNE DYNASTIE DE PREVOTS

Par reconnaissance envers son ancien prévôt, Louis XI nomma à sa place son fils Jacques, seigneur de Beyne et de Blainville. Il prêta serment le 21 juin.

Soucieux de plaire à son royal maître, le nouveau prévôt le suivît d'abord dans ses déplacements à Rome, puis à Naples.

La mort de Louis XI survint le 30 Août 1483 ; la régence de fait fut exercée par sa fille Anne avec son mari Pierre de Beaujeu. Aucune modification ne fut apportée au sort de Jacques d'Estouteville qui conserva son poste.

Il en alla de même sous le règne de Charles VIII au cours duquel il reçut en grandes pompes, le 8 février 1492, la duchesse Anne de Bretagne, future épouse de deux rois de France. En janvier 1496, il sera envoyé comme commissaire aux trois Etats de Normandie.

Le 2 juillet 1498, lorsque Louis XII fera son entrée dans la capitale, il ira officiellement l'accueillir, saisi selon toute vraisemblance d'un certain sentiment d'inquiétude, car en d'autres temps il l'a ajourné à comparaître, mais fidèle à sa devise selon laquelle "Le roi de France ne venge pas les injures faites au duc d'Orléans", le nouveau roi le maintiendra à son poste.

Cinq jours plus tard, il aura l'honneur de siéger avec ses pairs pour "honoriser le roy et authorizer la justice".

Une importante réforme concernant l'exercice des fonctions de prévôt de Paris interviendra bientôt ; Louis XII, par un édit de mars 1499, fera désormais obligation aux prévôts, bailis et sénéchaux de posséder une licence es lois ; dans la négative, ils n'auront pas voix délibérative.

Comme Jacques d'Estouteville ne possédait pas un tel titre, ses lieutenants, gens de robe ne manquèrent pas de profiter d'une si belle occasion pour le faire destituer. Le lieutenant civil, en particulier, engagea une action qui ne manqua pas d'embarrasser le Parlement. Il fut finalement décidé que le prévôt serait maintenu à la présidence du tribunal du Châtelet, mais que l'exercice de la justice se partagerait entre le lieutenant civil et le lieutenant criminel.

Cette même année, il sut réagir contre les escholiers qui prétendaient faire fi des règles de conduite imposées par son oncle le Cardinal d'Estouteville. Intimidés devant une telle fermeté, les maîtres renoncèrent à leur projet de grève.

Cette même année, s'écroula le pont en bois de Notre Dame ; les maisons purent être évacuées rapidement, mais cinq personnes périrent noyées. La municipalité fut mise en cause, mais tandis que le prévôt des Marchands, les échevins, les conseillers répondaient devant la Justice des conséquences de leur impéritie, Jacques d'Estouteville s'employa à faire reconstruire un pont, cette fois en pierre.
Soucieux du sort de ses administrés, il tenta dans toute la mesure du possible de ralentir dans Paris les progrès de la peste qui avait fait son apparition cent cinquante ans auparavant et d'améliorer l'approvisionnement de la capitale en blé.

Sa mort survint le 4 septembre 1509 : avec lui s'éteignaient 63 années successives de prévôté de Paris (1). Il fut remplacé par Jacques de Coligny.

NOTES DU TITRE IV :

CHAPITRE PRELIMINAIRE : La famille d'Estouteville

(1) Gabriel de la Morandiere : Histoire de la Maison d'Estouteville en Normandie.

CHAPITRE PREMIER : Jean d'Estouteville, prévôt pendant dix mois

(1) On désignait sous le nom d'écorcheurs les hommes enrôlés comme mercenaires dans la lutte contre l'Angleterre depuis le traité d'Arras. Leur nombre s'élevait à 20 000 et peut-être à 30 000. Ils vivaient de brigandage pour assurer leur subsistance et leur cupidité était telle qu'ils allaient jusqu'à dépouiller leurs victimes de leurs chemises d'où le surnom qui leur était donné.
En Lorraine et en Alsace, on continua à les désigner sous le nom d'Armagnacs.

(2) La ligue du Bien Public fut formée lors de l'avénement de Louis XI par le comte de Charolais, les ducs de Bourbon et de Nemours, le comte d'Armagnac, le Sire d'Albret et Dunois. Le frère du roi, le duc de Berry, se décida de se joindre à eux lors d'une réunion tenue à Notre Dame en 1464.
Jean de Bourbon engagea les hostilités en faisant saisir dans ses domaines les revenus royaux ; dans le même temps, le Berry se souleva à l'instigation d'Antoine de Chabannes et du sire de Beaujeu.
Le roi se voyant acculé réclama des secours auprès du roi de Naples, du roi de Milan, de la ville de Florence et du pape Paul II.
A la suite de ces événements,la bataille de Montlhéry fut livrée les 15 et 16 juillet 1465.
Louis XI sut éviter que la situation ne s'aggrave et conclut avec le comte de Charolais une trêve au mois d'octobre suivant, laquelle aboutit aux traités de Conflans et de Saint-Maur.

CHAPITRE II : Robert d'Estouteville

(1) comte Théodore de Quatrebarbes (Angers 8 juillet 1803 - Angers 6 avril 1871). Député du Maine et Loire de 1846 à 1848, il fut par ailleurs l'auteur de divers ouvrages historiques comme "Histoire de

René d'Anjou" (1853), "Souvenirs d'Ancone (1866), Souvenirs de la campagne d'Afrique etc...
René Ier d'Anjou (1409-1480) fils de Louis II d'Anjou, roi de Naples, par testament de Jeanne II, dépossédé du trône par Alphonse d'Aragon. Il se retira en Provence où il s'entoura d'une pléiade d'artistes et d'écrivains. On le surnomma "le bon roi René"

(2) Actuel emplacement de la rue Lobau et de la façade de l'hôtel de Ville côté Est.

(3) Cette tour, démolie une première fois au XVIème siècle devait être reconstruite peu après et disparaître définitivement en 1843.

(4) La comtesse de Pimbesche, personnage de la comédie de Racine :"Les plaideurs", femme procédurière et acariâtre.

CHAPITRE V : Jacques d'Estouteville et la fin provisoire d'une dynastie de prévôts.

(1) Au XVème siècle, la famille d'Estouteville sera de nouveau présente à la prévôté de Paris avec Jehan d'Estouteville.

TITRE V

LE LENT EFFONDREMENT DE LA PREPONDERANCE DES PREVOTS DE PARIS

CHAPITRE PRELIMINAIRE

LE DECLIN AMORCE A LA FIN DU XVEME SIECLE ET SON ACCELERATION

L'autorité du prévôt de Paris est encore pratiquement absolue au XIVème siècle et l'on peut lire dans le Grand Coutumier de France (1) : "le prévôt de Paris, comme chef du Châtelet, représente la personne du roi et fait de la justice". Les rois se rendent souvent au Châtelet pour y rendre la justice à leurs sujets, mais tout aussi fréquemment ils délèguent ce rôle au prévôt de Paris. Lorsque celui auquel est confié ce "sacré dépôt" se trouve dans l'impossibilité d'assurer la mission qui est la sienne, le procureur général en est alors chargé.

Delamare affirmera par la suite que "la juridiction prévôtale était la seule à laquelle il était permis d'avoir continuellement un dais au dessus de son siège principal comme étant la place du roi".
Pendant la majeure partie du XVème siècle, il ne sera apporté pratiquement aucun changement à une telle situation et même, sans doute pour donner encore plus de solennité à la fonction, Charles VIII, par une ordonnance de juillet 1493, viendra soumettre l'exercice de semblables fonctions à la possession de doctorats et de licences "dans l'un et l'autre droit". La même obligation s'imposera aussi aux lieutenants, baillis et sénéchaux.

Cinq ans plus tard, cependant, une première restriction apparaîtra avec les lettres patentes de Louis XII du mois de mars 1498 venant décider que désormais le prévôt de Paris n'aura plus voix délibérative au Parlement. Au même moment commenceront à se développer les officines de lieutenants de prévôts, baillis et sénéchaux. Les nouveaux lieutenants, en particulier, désignés en fonction de la compétence qui est la leur sous l'appellation de lieutenants civils ou de lieutenants criminels, s'attacheront à bien affirmer les prérogatives qui leur sont désormais attribuées. Il sera fait obligation au prévôt de Paris par un arrêt du 25 mai 1501 de réunir trois fois par semaine son lieutenant civil et ses conseils pour connaître des procès dont les intérêts en jeu sont supérieurs à 1 100 livres et procéder à leur mise en état.

Pendant quelque temps, le prévôt de Paris sera encore compétent pour faire chaque semaine la distribution des procès ; en cas d'absence, cette mission est confiée au lieutenant civil dont la compétence est encore limitée aux affaires dont les intérêts en jeu n'excèdent pas 50 livres.

Sous le règne de François Ier, il se verra dessaisi d'une telle prérogative qui sera dorénavant celle du gouverneur de Paris et de l'Ile de France. Depuis quelques années, au reste, ces dispositions avaient été adoptées pour la province à l'initiative de Louis XII.

Il ne restera bientôt plus au prévôt de Paris que le seul commandement du ban et de l'arrière ban des guerriers.

Il n'en demeurera pas moins un personnage important, étant toujours considéré comme le chef de la noblesse et de la première province du royaume, il restera le premier magistrat de la capitale. Ces rôles s'avéreront surtout honorifiques.

Il continuera à présider son tribunal quand bon lui semblera. Tous les actes en émanant, (volontaires ou contentieux) resteront intitulés à son nom et s'exécuteront sous son autorité. Il conservera un droit de regard sur l'administration de la justice en son domaine et celui de poursuivre les crimes.

La situation perdurera ainsi jusqu'à l'édit de 1522 où François Ier instituera un nouveau tribunal en matière de conservation des privilèges. Cette nouvelle juridiction sera composée d'un premier magistrat ayant le titre de bailli de Paris, d'un lieutenant conservateur, d'un avocat, d'un procureur du roi, d'un greffier et de deux audienciers.

Cette situation se poursuivra pendant quatre années à la suite desquelles ce tribunal sera réuni à la prévôté de Paris ; le lieutenant civil aura compétence d'une part sur les affaires du ressort de la prévôté et d'autre part sur les questions relatives aux privilèges de l'Université.
Pendant quelque temps encore, les prévôts de Paris, baillis et sénéchaux rendront leurs jugements en premier et dernier ressorts, puis, en janvier 1551, un édit d'Henri II établira des présidiaux pour juger en dernier ressort jusqu'à 250 livres (ou 10 livres de rente) et par provision jusqu'à 500 livres (ou 20 livres de rente).

L'unité de police générale sera finalement rétablie au Châtelet sous la compétence du Prévôt de Paris en 1577.

Les réformes qui seront adoptées au cours du XVIIème siècle viendront aggraver encore le déclin de la prévôté de Paris.

CHAPITRE PREMIER

UN PREVOT AUTO-PROCLAME ET DEUX PREVOTS HOMMES DE GUERRE

La tentative d'auto-nomination de Guillaume Roger

Licencié es lois, conseiller-lai, puis procureur général au Parlement de Paris où il avait été nommé le 3 Juin 1508, Guillaume Roger prit l'initiative, sitôt que la nouvelle du décès de Jacques d'Estouteville fut connue, de renouveler l'expérience de Jehan de Saint-Romain, à savoir procéder lui-même à sa propre nomination aux fonctions du défunt. Il s'installa à ce poste dès le 11 septembre 1509 et y demeura un peu plus d'un mois ; le 22 octobre suivant, la charge échut à Jacques de Coligny.

La carrière mouvementée de Jacques de Coligny

Jacques de Coligny devint donc concierge de l'hôtel Saint-Pol et prévôt au Châtelet.
Il était alors âgé d'environ 42 ans, étant né au cours de l'année 1467. Il était le fils de Jean de Coligny, passé au service de Louis XI en 1450, et d'Eleonore de Courcelles dont le mariage avait été célébré trois ans plus tôt au cours de l'année 1464 (1).

Devenu en 1492 chambellan de Charles VIII, il l'avait accompagné deux ans plus tard à Naples dans le cadre de l'alliance signée entre ce dernier et Ludovic Sforza (2) en lutte contre le roi de cette ville. Il avait participé à la bataille de Fournoue du 5 Juillet 1495 et l'année suivante, lors de son retour en France, s'était vu octroyer 3000 livres de pension.

Il épousa alors la fille du comte de Dammartin : Avoye de Chabannes.

Le décès de Charles VIII étant survenu le 7 avril 1498 à Amboise. Louis XII devient roi ; décidé à faire valoir ce qu'il considère comme étant ses droits, il reprend la lutte contre l'Italie et conquiert ainsi le Milanais, puis le royaume de Naples en 1501.

A la tête d'une compagnie d'ordonnance de 30 lances, Jacques de Coligny participera pendant quelque temps à la campagne du Milanais ; il sera également présent lors de la prise d'Alexandrie, poursuivra Ludovic le Maure désormais en guerre contre Louis XII et le roi le chargera ensuite d 'accompagner la reine à Saint-Claude au cours du mois de mai 1500.
Un an après, il s'embarquera pour l'expédition de Mitylène sur une galère de Frégent de Bridoux et lancera en octobre les premiers assauts de cette ville.
À son retour en France, il se cantonnera pendant quelque temps à Brive la Gaillarde ; en octobre 1503 il sera envoyé en renfort sur Salles en Roussillon.

Le décès de son épouse surviendra vers cette époque.

Il contractera un second mariage le 11 Juillet 1505 avec Blanche de Tournon, veuve de Raymond d'Agoult.

La prospérité de Venise excitant la jalousie des puissances occidentales ainsi que les accusations portées à son encontre par Machiavel prétendant qu'elle constitue une menace pour la liberté de l'Italie, amèneront une conjuration contre cette république. Ce sera d'abord le traité de Blois de 1504 suivi de la ligue de Cambrai du 10 décembre 1508 à laquelle adhéreront l'empereur Maximilien et le pape Jules II. Le roi de Hongrie sera invité à entrer dans la Confédération. Les vénitiens seront défaits lors de la sanglante bataille d'Agnadel.
Jacques de Coligny conservera ses fonctions de prévôt de Paris jusqu'au 25 mai 1512, date de son décès survenu à la suite d'un coup d'arquebuse en Italie. Aucun événement particulier n'aura marqué l'existence des parisiens en cours de ces années-là, à l'exception peut-être de la restauration de la Foire Saint-Germain qui, trois siècles plus tard, sera le berceau de l'opéra-Comique.

Il convient par contre de mentionner le fait que le 23 décembre 1506 la juridiction du Châtelet avait été transférée an Louvre car les bâtiments menaçaient ruine ; pour financer les fonds nécessaires à la reconstruction, il avait été décidé d'utiliser le produit des amendes diverses infligées aux parisiens.

Le retour de Guillaume Roger

À la mort de Jacques de Coligny, Guillaume Roger retrouvera pendant quelque temps son siège à la prévôté de Paris. Il le conservera du 5 Juin 1512, date de sa prise de fonctions jusqu'au début de l'année suivante.

Gabriel d'Alègre

Son véritable patronyme était Gabriel Baron, mais l'habitude se prit rapidement de le désigner sous le titre de seigneur d'Alègre qui était le sien ; il en possédait plusieurs autres comme Saint-Just, Meillant (ou Millault), Trozet (ou Toizet), Saint-Dié et Puffol (ou Puffor).

Les avis des historiens diffèrent quant à la date exacte où il fut investi de sa charge.

Le Féron avance celle du mercredi 14 mars 1512 qui, bien qu'elle soit quelque peu sujette à caution du fait qu'à ce moment Jacques de Coligny était encore prévôt de Paris, n'est peut-être pas tout à fait invraisemblable compte-tenu du fait que ce dernier était peut-être alors à ce moment parti pour l'Italie dont il ne devait pas revenir et qu'il est possible que Gabriel d'Alègre ait exercé l'interim avant l'arrivée de Guillaume Roger.

Dom Félibien, quant à lui, considère que Gabriel d'Alègre fut institué garde de la Prévôté de Paris le mercredi 8 février 1513. Godefroy, enfin, donne la date du 14 mars de la même année et, pour appuyer ses dires, fait référence à un acte du 8 février de l'année suivante dans lequel d'Alègre est désigné comme prévôt.
Cependant, selon un extrait des mémoriaux de la Chambre des Comptes, il n'aurait été nommé à ce poste que le 2 juillet 1516.
De même, la date de sa naissance n'est pas exactement connue. Fils d'Yves, baron d'Alègre et de Jeanne de Chabannes de la Palise, il vit peut-être le jour à Alaincourt, aux environs de Tillières sur Havre, non loin de Verneuil sur Avre dans l'actuel département de l'Eure . Introduit à la Cour, il sut plaire à Louis XII qui en fit rapidement un de ses chambellans et un de ses conseillers les plus

écoutés ; après avoir été nommé maître des requêtes, il devenait bientôt prévôt de Paris.
Le 19 janvier 1514, surviendra à Paris le décès de la reine Anne de Bretagne qui affligera si fort le roi ;"qu'il en pleure pendant une semaine entière". Celle qui, à deux reprises a été reine de France, suite avec deux mariages successifs d'abord avec Charles VIII puis avec Louis XII, demeurera pour la postérité l'artisan de la réunion de son duché avec la Couronne. Elle sera inhumée à Saint-Denis huit jours après son décès.
Louis XII épousera Marie d'Angleterre le 9 octobre suivant. Leur union sera brève car le monarque décèdera le 1er janvier 1515. L'éphémère reine de France se remariera avec le comte de Suffolk au cours de la même année.

A Louis XII, succédera François Ier.

Le nouveau roi s'emploiera, dès son accession au trône, à reconquérir le Milanais ; le mois de septembre verra la victoire de Marignan.
À cette même époque, Gabriel d'Alègre apportera tous ses efforts à faire appliquer les dispositions nouvelles adoptées en matière de sécurité des parisiens : les vagabonds désormais seront systématiquement arrêtés et employés à divers travaux d'utilité publique comme par exemple le nettoyage des rues à compter de 1516 ; huit ans plus tard sera créée une armée d'arquebusiers forte de 100 000 hommes. L'année suivante, les commissaires de la prévôté recevront l'ordre de visiter les maisons de débauche et d'y procéder à un maximum d'arrestations. Un arrêt du Parlement fera obligation aux parisiens d'allumer des lanternes sur rue.
Le mois de mars 1521 verra les premiers affrontements entre François Ier et Charles Quint. Le roi de France sera vaincu l'année suivante et en 1523 le duc Charles de Bourbon trahira la France pour passer à l'ennemi. Le chevalier Bayard, blessé mortellement à Romagnano, lui lancera avant d'expirer cette fière apostrophe "J'aime mieux être à ma place qu'à la votre".

Gabriel d'Alègre sera en ce moment tragique, si l'on en croie "Le loyal serviteur", (fidèle écuyer du chevalier sans peur et sans reproche), aux côtés de celui-ci lors de ses derniers moments, mais ce dernier le suppliera de quitter le champ de bataille afin de ne point tomber aux mains de l'ennemi.

La défaite de Pavie surviendra au cours de l'année 1525. François Ier sera retenu prisonnier pendant quelque temps à Madrid. Gabriel d'Allègre, revenu à Paris, tout en s'acquittant de sa mission de responsable du ravitaillement de la capitale, s'attachera à réprimer les fraudes en tous domaines et assurera en outre la défense de l'abbaye de Chelles menacée par des bandes de brigands.

Il veillera également à la sécurité intérieure de Paris tandis que l'archevêque d'Aix, gouverneur de la capitale, en assurera le commandement militaire. Un tel partage de responsabilités compliquera ses relations avec le Parlement et le prévôt des marchands Jean Morin.

Après la signature du traité de Madrid du 14 janvier 1526, François Ier, enfin libéré par Charles Quint revient à Paris le 17 avril suivant. Il est immédiatement informé des incessants conflits existant entre son prévôt et le comte de Saint-Pol, nommé gouverneur de Paris par la régente, et des mésententes avec le duc de Braille, lieutenant de ce dernier. C'est pour ce motif, sans doute, qu'il nommera Gabriel d'Alègre bailli de Caen et capitaine de Granville dont les effectifs seront doublés. Il évitera ainsi une succession de fâcheux affrontements entre le gouverneur et le prévôt, hommes irascibles s'il en fut. Afin de pourvoir au poste vacant, il va désigner Jehan de la Barre.
D'Alègre n'en continuera pas moins à participer à la guerre d'Italie. Le 21 juin 1529, il sera fait prisonnier lors de la bataille de Landriano, dans le Milanais. Une fois libéré, il reviendra à Caen où il accueillera François Ier lors de la visite que le monarque y accomplira au mois d'avril 1532.

La date de sa mort n'est pas exactement connue ; on la situe généralement entre 1537 et 1539. Vers la fin de sa vie, il avait épousé la fille de Jacques d'Estouteville : Maria.

François Roger

Selon Le Féron, un certain François Roger (peut-être le fils de Guillaume Roger), seigneur de Lyon et de Beaune aurait été prévôt de Paris du 5 mai au 22 juin 1526. Il devait décéder le 2 mai 1533 et être inhumé aux Mathurins à Paris.

CHAPITRE II

POURSUITE DE L'EFFACEMENT PROGRESSIF DES PREVOTS DE PARIS

En sept années, de 1526 à 1533, le poste de prévôt de Paris sera successivement occupé par deux titulaires : le premier, Jehan de la Barre, le conservera pendant la presque totalité de cette période ; le second, Nicole Thibault, y restera pendant cinq jours.

Jehan de la Barre

Jehan de la Barre, tout au long de son existence, exercera des responsabilités du plus haut niveau avant d'accéder au poste de prévôt de Paris dont l'importance continue à s'effriter.
On ne possède guère de renseignements quant à sa jeunesse. Il semble qu'il ait acquis le titre de comte d'Etampes grâce à ses mérites et non du fait de son ascendance.
Son nom apparaît pour la première fois dans un écrit officiel en l'an 1523 avec la création du bailliage de Paris.

Un édit du roi de cette année-là vient enlever à la compétence de la juridiction du prévôt de Paris la connaissance des causes relatives aux privilèges de l'Université. Elles appartiendront désormais à un bailliage dont le siège sera établi en l'hôtel de Nesles. Celui-ci comprendra un bailli, un lieutenant, un avocat et procureur du roi, douze conseillers, un audiencier, un sous-audiencier et douze sergents.

Au XVIème siècle, en effet, l'absolutisme royal n'a pas encore atteint le degré qui sera le sien par la suite. Les cours souveraines, juridictions placées au sommet de la hiérarchie des tribunaux royaux - et, en particulier, les Parlements - participent à la fonction législative. Les actes les plus importants de l'autorité royale comme les ordonnances(1) sont soumis à la formalité de l'enregistrement auprès des cours souveraines.

Cela signifie qu'une délibération doit avoir lieu et que des lettres d'opposition peuvent être établies.

Une telle situation se rencontrera à propos précisément de cet édit de 1523. Dès le 9 mars, des écrits de ce genre, signés du lieutenant civil, du lieutenant criminel, des conseillers du Châtelet de même que des gens du roi, des sergents à la douzaine seront envoyés au Parlement. Ils comportent également les paraphes de "onze vingts" sergents à cheval et de "onze vingts" sergents à verge du Châtelet sans oublier des huissiers du Parlement. Jean de Cerisay, greffier et notaire des privilèges royaux de l'Université ainsi que les plus hautes instances de celle-ci, sont venus se joindre à eux.
Dès le lendemain, le roi enverra un gentilhomme de la chambre demander au Parlement que ces lettres soient enregistrées sans opposition. Le messager a nom Jehan de la Barre.

Le Parlement après avoir fait quelques difficultés finira par donner satisfaction au comte de Saint-Pol, envoyé du roi, et se résoudra à enregistrer l'édit. Dix jours de tergiversations auront été nécessaires pour parvenir à un tel résultat. Quinze jours plus tard, les oppositions seront levées.

Un mois après, Jehan de la Barre parait au Parlement avec le titre de bailli de Paris.

A ce titre, il va désormais connaître des litiges pouvant survenir dans le cadre des privilèges de l'Université. Il conservera cette fonction pendant quatre années et saura fort bien en tirer profit pour s'imposer de plus en plus en haut lieu.

En avril 1526, il est nommé prévôt de la capitale.

A de telles fonctions, viendront s'ajouter dès le 27 juin suivant la lieutenance de Paris et de l'Ile de France.

Toujours préoccupé de la question de la sécurité dans la capitale, François Ier ordonne à de La Barre "de commettre un lieutenant lay à robe courte, vertueus, expérimenté du fait des armes " lequel sera accompagné de vingt archers pour visiter chaque jour les lieux mal famés, en l'occurrence les cabarets, tavernes et maisons de débauche.

Le 11 décembre, suite à la mort du marquis de Salusse (ou de Saluces) (2), Jehan de la Barre reçoit ses lettres de provision comme gouverneur de Paris. Une telle tâche exige de son titulaire

de solides qualités de diplomatie et de persuasion ; il s'en rendra compte rapidement quand, un an plus tard, François Ier le chargera de faire connaître à l'assemblée de la ville qu'il serait reconnaissant envers ses sujets s'ils acceptaient de lui prêter toute leur vaisselle d'argent afin de réunir les fonds nécessaires pour payer la rançon de ses enfants. Nombre de ceux-ci y consentiront et les jeunes princes seront libérés le 1er Juillet 1530.
Deux ans plus tard, il apparaît que, compte-tenu de l'expansion du quartier des Halles, la petite chapelle d'abord dédiée à Sainte Agnès (3), puis à Saint-Eustache (4), est désormais de proportion trop exiguë pour lui permettre d'accueillir tous les fidèles du quartier. Le roi déboursera donc une somme de 10 000 livres pour la construction de l'église nouvelle et Jehan de la Barre fera de même. Pour ce motif, il aura l'honneur de poser la première pierre de ce nouveau lieu de culte dès le 15 août 1532 ; malheureusement, les travaux de construction s'éterniseront et l'église ne sera achevée que 150 ans plus tard.

En janvier 1535, Jehan de la Barre parviendra à obtenir du bureau de la ville qu'il mette la milice à sa disposition pour mieux lutter contre la délinquance.

Son décès surviendra à la fin du mois de mars 1533.

Ses obsèques se dérouleront avec une particulière solennité selon un ordre protocolaire établi le 5 mars suivant au Bureau de la Ville de Paris.
Le cortège passera par la rue Saint Honoré, puis par la rue Saint-Denis. Après avoir tourné par la rue des Lombards, il parviendra à la rue des Arcis (5) au pont Notre-Dame et à la rue Saint Jacques où se trouvait le couvent des Jacobins (emplacement de l'actuel numéro 156).

D'une longueur assez impressionnante, il était composé des représentants des quatre ordres mendiants (cordeliers, jacobins, augustins et carmes), des archers de la ville de Paris, des sergents du guet à cheval et à pied revêtus de robes de deuil, des arquebusiers, des jurés crieurs de corps, des vicaires et prieurs de la paroisse Saint-Eustache, des grands serviteurs du défunt, des arbalétriers, des archers, des divers gentilshommes, du prévôt des marchands et des échevins de Paris.

Nicole Thibault, le prévôt d'une semaine

Nicole Thibault, selon Jean Le Féron, sera nommé prévôt de Paris à compter du 2 mars 1533.

Seigneur de Montigny, de Courcelles, de Beaurain et de Saint-Felix (ou Saintes-Felizes), il était licencié es lois comme les nouvelles prescriptions l'imposaient.

Il avait été nommé premier procureur du roi François Ier au bailliage et siège du Présidial de Senlis le 1er Juin 1518. On le retrouve en date du 18 mars 1530 conseiller-clerc en la cour du Parlement.

Suite au décès d'un certain Jean de la Place, il est reçu conseiller-lay en date du 15 mai 1531.

Son passage à la prévôté de Paris sera bref et se limitera à 5 jours car dès le 7 mars il sera remplacé par un descendant de la célèbre famille d'Estouteville.
Sa carrière ne n'arrêtera pas là car dès le 14 mai 1533, il deviendra Conseiller d'Etat et procureur-général, suite à la mort de François Roger et sur la recommandation d'Anne de Montmorency (6).

Il sera l'un des réformateurs de la Coutume de Senlis, ville en laquelle il sera inhumé en l'église des Cordeliers (aujourd'hui disparue) suite à son décès survenu à Paris le 25 mai 1541.

CHAPITRE III

LE RETOUR D'UN MEMBRE DE LA FAMILLE D'ESTOUTEVILLE

Pendant quelques années, le siège de la prévôté de Paris va de nouveau être occupé par un membre de la famille d'Estouteville.

Le "Journal d'un bourgeois de Paris" relate ainsi cet évènement :

"La Barre étant mort le 2 mars 1533, le roy donna la prévôté à son gendre nommé De Touteville (cette charge est quasi-héréditaire depuis près d'un siècle). Villebon ne reçoit que l'ombre et le nom : la présidence du Châtelet est au Lieutenant Civil et François Ier a détaché de la prévôté le gouvernement de Paris réunis pour la dernière fois aux mains de De la Barre. Le prévôt ne garde donc, avec son prestige antique et la direction théorique de la police, que la conduite effective de l'arrière-ban comme chef de la noblesse de la première province du royaume et premier magistrat de la capitale."

Un prévôt fortuné

Jehan d'Estouteville était le fils de Charles d'Estouteville, échanson du roi, mort vers 1508. Seigneur de Villebon, de la Gastine, Boys-Landry, Frétigny et Vientes, il avait été conseiller de François Ier, puis gentilhomme ordinaire de sa chambre et capitaine d'armes ; de telles précisions nous sont parvenues grâce à Le Féron qui fixe au 7 mars et non au 2 mars la date de sa prise de fonctions.
Son âge exact lors de cet évènement n'est pas indiqué, par contre il est à peu près certain qu'il avait épousé en 1523 Denise de la Barre, fille du prévôt Jean de la Barre (3). L'auteur anonyme du "Journal d'un bourgeois de Paris" affirme qu'il devint rapidement "fort favori du roi à cause de sa vaillance et grande sagesse".
En 1528, il avait été bailli de Rouen et lieutenant général de Normandie. Ses émoluments étaient loin d'être négligeables : il recevait, en effet, 360 livres pour chacune de ces charges et 600 livres en tant que gentilhomme de la Chambre. Bientôt il devenait

capitaine d'une compagnie de 25 lances. Sa qualité de gendre du prévôt avait rapidement fait de lui un homme très en vue.

L'affaire des placards

En 1534 va éclater l'affaire des placards.

Au cours de la nuit du 17 au 18 octobre, tandis que la Cour séjourne au château d'Amboise, diverses affiches injurieuses, dites placards, sont collées à Paris, Orléans, Blois et à Amboise même jusque sur la porte de la chambre du monarque.
Leur contenu réparti en quatre articles peut ainsi se résumer : le premier d'entre eux affirme que le sacrifice de Jésus a été parfait et qu'aucun sacrifice ne doit le réitérer, en conséquence :"le pape et toute sa vermine de cardinaux, d'évêques et de prêtres, de moines et autres cafards, diseurs de messes et tous ceux qui y consentent" sont menteurs et blasphématoires.
Il en découle (article second) que "c'est une idolâtrie de croire à la présence corporelle de Jésus-Christ sous les espèces du vin et du pain... Il ne peut se faire qu'un homme de 20 à 30 ans soit caché dans un morceau de pâte tel que leur oublie". "La transsubtantialisation" (art 3) constitue une erreur et enfin (art 4) la messe "avec ses sonneries, luminaires, encensements, déguisements et telles manières de sorcelleries" a été détournée de son vrai sens qui est de nous faire souvenir du sacrifice et de la passion du Christ.
Un véritable scandale va en découler et des réactions fanatiques vont s'ensuivre. Le roi, en particulier, entre en fureur et demande qu'une enquête soit effectuée. L'auteur est rapidement identifié : il s'agit d'un pasteur protestant du nom de Marcourt, réfugié à Neufchâtel, qui espère ainsi faire échouer les pourparlers de paix engagés entre Charles Quint et la France.
D'immenses processions vont d'abord être organisées. On y brandira les reliques, les vases sacrés et autres objets du culte qui font l'objet de l'anathème des protestants. Le roi y participera "tenant une torche de cire vierge en sa main, tête nue" et déclarera que si son bras était infesté de telle pourriture, il voudrait le séparer du reste de son corps" voulant signifier par là que si un de ses enfants adhérait à de telles hérésies, il n'hésiterait pas à l'abattre de

sa propre main". Les interpellations, arrestations et exécutions vont naturellement se succéder. Une maîtresse d'école sera brûlée vive pour ne pas avoir obligé les enfants à réciter l'Ave Maria. Pour le seul mois de janvier 1535, 35 luthériens seront livrés aux flammes, d'autres seront condamnés à la pendaison : "Dedans Paris, affirme un chroniqueur anonyme, on ne voit que potences dressées en divers lieux." La délation est encouragée, des listes sont dressées. Le poète Clément Marot figure en 7ème position sur l'une d'entre elles qui comporte 73 noms parmi lesquels celui de Lyon Jamet auquel il a en d'autres temps adressé sa célèbre épître retraçant les services réciproques du lion et du rat (1). Il n'obtiendra son salut qu'en se réfugiant à Ferrare où il restera trois ans bien que l'amnistie ait été votée le 16 juillet 1535.
Il ne semble pas que Jehan d'Estouteville ait joué un rôle important dans cette affaire.
À cette même époque son nom apparaît seulement dans un acte de mariage entre François, comte de Saint-Pol, et dame Adrienne d'Estouteville, une sienne parente, en date du 7 février 1535.

La poursuite d'une carrière mouvementée

Le 15 janvier 1537, il participera au lit de justice tenu par François Ier au cours duquel Charles d'Autriche, considéré comme vassal félon, sera dépossédé des comtés de Flandre-Artois et du Charolais.
Au mois de mai de la même année, il sera chargé, de même que son cousin le duc de Touteville de veiller à la sauvegarde de la ville de Saint Pol avec les 50 lances de sa compagnie : malheureusement pour lui, le 15 juin suivant, il sera fait prisonnier et envoyé aux Gravelines, Il devra payer rançon pour obtenir sa libération.
Au cours de l'année 1539, paraîtra la célèbre ordonnance de Villers-Cotterêt par laquelle François Ier impose l'emploi de la langue française dans les actes officiels :" Afin qu'il n'y ait aucun doute sur l'intelligence des arrêts, nous voulons et ordonnons qu'ils soient faits si clairement qu'il ne puisse y avoir aucune ambiguïté et incertitude.., Nous voulons et ordonnons... que tous nos arrêts... soient prononcés, enregistrés et délivrés en langage maternel français."

Jehan d'Estouteville une fois revenu en la capitale continuera à y assumer certaines fonctions. Bien qu'il soit généralement admis qu'il ait quitté son poste de prévôt à compter du 1er mars 1542, son nom apparaîtra encore à maintes reprises dans divers actes officiels, d'abord dans un écrit du Parlement de Paris daté du 14 août 1545 au cours duquel il émancipe un sien parent, François d'Estouteville, âgé de 10 ans, puis dans un lit de justice sous le règne d'Henri II et dans un autre daté de 1551. Le 15 Juin 1549, pour l'entrée d'Henri II à Paris, il marchera en tête de tous les gens de justice ; il sera également présent à l'entrée de la reine le 18 juin et aux fêtes du couronnement.

Il continuera à exercer ses fonctions de bailli de Rouen et lorsqu'à la Fête-Dieu de 1560 un groupe de huguenots jettera, au moment de la procession, des immondices sur le Saint-Sacrement, il fera procéder à leur interpellation et en fera exécuter cinq. Il parviendra à obtenir immédiatement un renfort de 500 lances et à ramener le calme grâce à son attitude énergique. Le Cardinal de Bourbon parviendra ainsi à terminer la cérémonie sans encombres.
Il poursuivra sa lutte contre les huguenots au cours des années qui suivront sans se soucier de son impopularité grandissante Il sera pourtant grièvement blessé le 24 janvier 1563.

Sa mort surviendra le 18 août 1565 ; les huguenots composeront à cette occasion cette ironique épitaphe :

"Villebon, qui du Ciel se voulut approcher,
Qui servit en vivant tout seulement la terre
Qui eut en sa poitrine un cœur fait de rocher
Est gisant enterré sous cette dure pierre."

Il avait eu un fils Jean, mort en bas-âge, et une fille Jeanne Diane, mariée avec Charles du Bec, baron de Viry, qui n'eut sans doute pas de descendance. Homme d'une grande piété, il avait fondé en 1530 un chapitre de 4 chanoines pour desservir l'église édifiée sur les terres du château de Villebon.

CHAPITRE IV

LES PREVOTS DE PARIS LORS DE LA SECONDE MOITIE DU XVIème SIECLE

Noël Brulart

Le Féron mentionne, sans donner de date précise, l'existence d'un prévôt de Paris, Noël Brulart, qui aurait été son propre cousin.
Il était le fils de Jean Brulart, conseiller au Parlement, et de Jeanne Jayer. Conseiller d'Etat, seigneur de Crosne, il fut également procureur général au Parlement, poste qu'il conserva jusqu'à son décès survenu en 1557.

Antoine III Duprat

Les avis divergent quant à la date exacte de sa prise de fonctions : selon Charles Desmazes, il aurait été nommé au cours de l'année 1540 tandis que Le Féron considère que cet événement intervint au cours de l'année 1547. D'autres ouvrages mentionnent l'année 1542.

Il était le fils du chevalier Duprat, seigneur de Viteaux, seigneur de Nantouillet et de Précy, conseiller d'Henri Ier et gentilhomme ordinaire de sa chambre.

Diverses mesures législatives et réglementaires marqueront cette période. Ainsi en 1547 un règlement du Parlement viendra interdire aux hauts justiciers de faire la moindre exécution de mort à Paris, le prévôt de la capitale étant seul investi d'un tel pouvoir. De même en 1551, Henri II, devenu roi de France depuis le décès de François Ier, viendra décider de la création de présidiaux dans chaque siège des grands bailliages royaux.

Une telle mesure aura pour avantage d'abréger la durée des procès en évitant les chicanes et les atermoiements, de ne plus obliger les particuliers, lorsque leur affaire est de peu d'importance, à quitter pendant de trop longs moments leurs demeures pour aller plaider devant les parlements. Le Châtelet sera concerné par une telle disposition.

Diverses autres mesures, celles-ci particulièrement impopulaires, seront prises telles l'obligation faite aux villes closes de la prévôté de Paris, par décision du 22 janvier 1548, de réunir la somme de 80 000 écus pour l'entretien des troupes.
Cette période sera également marquée par l'attribution au prévôt de Paris à compter du 21 mars 1555 de la connaissance des poids et mesures.

Les persécutions contre les protestants se poursuivront ;
nombre de ces malheureux seront condamnés à être brûlés vifs.

Antoine III Duprat cessera ses fonctions en 1553, selon les uns, en 1554, selon les autres. La postérité le désignera sous l'appellation d'Antoine III Duprat pour le distinguer de son fils également prénommé Antoine qui lui succédera dans ses fonctions.

Antoine IV Duprat

Antoine IV Duprat, fils d'Antoine III Duprat, exercera la garde de la prévôté de Paris pendant environ 35 ans sous le règne de quatre monarques successifs : Henri II, François II, Charles IX et Henri III, c'est à dire environ du 18 juillet 1553 (ou du 19 février 1554) aux années 1588 ou 1589.

Baron et seigneur de Thoiry, il avait d'illustres origines : outre son père, prévôt de Paris, il comptait parmi ses aïeux le chancelier Duprat, seigneur de Nantouillet et de Précy dont il était le petit-fils. Il fut aussi conseiller et gentilhomme du roi.
Sa fortune mobilière était considérable. On l'évaluait en 1557 à 29 000 livres tournois : c'était une des plus importantes de France (à titre de comparaison, il est bon de savoir qu'à cette même époque, celle d'un procureur au Châtelet se situait aux alentours de 12 000 livres tournois). Ses rentes annuelles étaient environ de 25 000 livres tournois (alors que les émoluments d'un procureur général du Châtelet étaient d'environ de 1 990 livres tournois).

Cette période sera marquée par les persécutions dont seront victimes les protestants : déjà en 1557, le 4 septembre, des

participants à une assemblée de la religion réformée se tenant rue Saint Jacques, seront arrêtés, conduits au Châtelet, torturés et parfois même brûlés vif, d'innombrables exactions du même genre se produiront au cours des années qui suivront.
Sur le plan de la sécurité intérieure, le guet des bourgeois qu'on a tenté un moment de renforcer sera supprimé le 7 novembre 1558 ; l'année suivante, le guet assis disparaîtra et les effectifs du guet royal seront portés à 240 archers dont 32 hommes à cheval et 208 à pied, le tout étant réparti en 4 compagnies. Faute de moyens financiers suffisants, un tel chiffre ne pourra être maintenu et sera bientôt réduit à 152.

Le 10 juillet 1559 surviendra le décès d'Henri II. Le jeune François II qui lui succède connaîtra un règne éphémère car il rendra le dernier soupir environ un an et demi plus tard, le 5 décembre 1560.

Une nouvelle atteinte aux prérogatives de la prévôté en matière de police interviendra le premier jour de ce même mois quant le Parlement décidera de confier à ses magistrats le soin de superviser les tâches relevant de ce domaine dans le quartier qui est le leur. Il sera fait désormais obligation aux responsables de ces services d'établir un rapport hebdomadaire. Les commissaires du Châtelet seront soumis à pareille obligation.
L'ordonnance édictera de nombreuses mesures répressives à, l'encontre de la mendicité.

Une distinction sera faite entre les "bons" et les "mauvais" pauvres. Les premiers, c'est à dire les personnes réellement nécessiteuses, seront secourus par les bureaux de la Charité établis dans le ressort de chaque paroisse à la condition toutefois d'être nés à Paris ou sur le territoire des paroisses y étant rattachées.

Les "mauvais pauvres", c'est à dire les personnes valides faisant le métier de mendiant et n'étant pas originaires de la capitale ou des environs, doivent quitter la ville dans les plus brefs délais sous peine d'être envoyés aux galères. Des arrêts de 1562 et 1565 viendront punir d'une amende quiconque fait publiquement l'aumône à ces hors-la-loi.
Après le décès de François II, la régence va être exercée par Catherine de Médicis qui continuera à persécuter les protestants. Lorsque son fils, Charles IX, sera proclamé majeur le 17 août

1563, elle continuera à exercer sur celui-ci une forte influence et à faire triompher ses idées. Le 14 août 1572, ce seront les tragiques épisodes de la Saint-Barthélemy.

Antoine Duprat, semble-t-il, n'interviendra guère dans ces épisodes tragiques des guerres de religion ; il se contentera de veiller à l'application stricte des mesures d'ordre intérieur précédemment édictées : ainsi, dès le 21 décembre 1561, il fera obligation aux habitants de la capitale de déposer à l'hôtel de Ville les armes se trouvant en leur possession. A compter de ce jour, toute personne désireuse d'en faire l'acquisition auprès d'un armurier sera tenue d'indiquer à ce dernier ses nom et adresse.

Le décès de Charles IX surviendra le 30 mai 1574 à Vincennes. Il faudra attendre le 13 février de l'année suivante pour que le nouveau monarque, Henri III, soit couronné par Mgr de Gutsé, évêque de Metz.

Antoine Duprat quittera ses fonctions au cours de l'année 1589. Le 1er août de cette année-là, Henri III sera assassiné par le moine fanatique Jacques Clément.

Jacques de la Guesle

Jacques de la Guesle sera nommé prévôt de Paris au cours du mois de novembre 1589. Il était fils de Jean de la Guesle, procureur général depuis 1570.

Il conservera ce poste pendant onze mois.

Homme à l'esprit particulièrement énergique et réputé pour son éloquence, il n'hésita pas à faire à Mantes, au cours de l'année 1594, une remontrance à la suite de la mort d'Henri III qu'il avait suivi après la fameuse journée des barricades du 12 mai 1588. Son décès surviendra au cours du mois de janvier 1612.

Edouard Mollé (ou Molé)

Le Féron, tout en affirmant que le siège de la prévôté semble avoir été vacant de novembre 1589 au 1er octobre 1594, cite néanmoins le nom d'Edouard Mollé, seigneur de Saint-Rémy et de

Montbéliard et laisse entendre qu'il aurait exercé les attributions relevant de la prévôté de Paris pendant quelque temps à compter du 13 octobre 1590 et les aurait conservées jusqu'en 1592.

L'année suivante, le 27 février 1593, Henri de Navarre sera sacré roi de France sous le nom d'Henri IV ; il fera son entrée à Paris le 22 mars 1594.

Jacques d'Aumont

Jacques d'Aumont, premier gentilhomme de la Chambre, deviendra prévôt de Paris à compter du 1er octobre 1594.

Chevalier, baron de Chappes, seigneur de Dun, gentilhomme de la Chambre, il était le fils de Jean d'Aumont, maréchal de France ; il avait épousé Charlotte de Villequier. Cinq enfants naquirent de cette union.

Deux ans après sa prise de fonctions, si l'en en croit Frégier dans son "Histoire de la police", il devait connaître les plus graves difficultés pour accomplir les missions qui étaient les siennes.

La capitale fut, en effet, victime d'une épidémie de peste si violente qu'il fallut procéder à l'établissement de trois prévôts de santé, chacun assisté d'un aide, pour veiller à l'exécution des réglements édictés et éviter que la contagion ne se propage encore davantage.

Ce n'était pas la première fois que de semblables mesures étaient prises : déjà en 1531, on avait dû adopter de telles dispositions à la suite d'une semblable catastrophe à ce point meurtrière qu'il avait fallu créer un nouveau cimetière dans la plaine de Grenelle.

Les prévôts de santé, revêtus d'une casaque noire marquée d'une croix blanche, assistés par des archers, avaient pour charge de dépister les malades et de marquer leurs maisons d'une croix avant de les faire transporter à l'Hôtel-Dieu. Les familles de ces malheureux étaient obligées de porter, lors de leurs déplacements, un bâton blanc qui les faisait immédiatement reconnaître des passants qui pouvaient de la sorte s'en éloigner rapidement.

Les rues avoisinantes devaient être immédiatement nettoyées et leur accès interdit aux vagabonds, mendiants ainsi qu'aux lépreux. Les animaux errants en étaient également écartés.

Les prévôts de santé devaient aussi veiller à ce que les bains publics maintiennent leurs portes fermées ; la tenue des marchés, enfin, était sévèrement prohibée.

De telles mesures de prophylaxie n'étaient pas toujours du goût du public qui ne tarda pas à considérer que les croix apposées sur la porte des personnes contaminées n'étaient autre chose que des marques d'infamie.

Ce qui devait arriver arriva : certains propriétaires prirent le parti d'effacer ce signe distinctif.

Jacques d'Aumont en fut tout naturellement informé et s'empressa de réagir.

Par son ordonnance du 30 juillet 1596, il décida que les marques effacées seraient tout aussitôt rétablies et que les contrevenante auraient le poing droit coupé.

A côté de ces mesures exagérément répressives, il sut faire preuve toutefois d'un comportement à caractère social et caritatif. Il décida ainsi qu'en cas d'incendie d'une maison, le prévôt et le Parlement se réuniraient immédiatement et se concerteraient quant aux moyens de venir en aide aux personnes sinistrées. Elles devraient être tout aussitôt hébergées et nourries dans les établissements hospitaliers tandis que des quêtes seraient organisées à leur profit dans les paroisses. Jacques d'Aumont alla plus loin encore en décidant que si les personnes sinistrées avaient des dettes, il serait sursis à leur paiement.

Au cours de cette même année 1596, en date du 19 février, des différends éclatèrent entre le prévôt des marchands Martin Langlois et Jacques d'Aumont au sujet des organisations caritatives comme "Les Assemblées pour les pauvres". Chacun d'eux revendiquait, en effet, sa compétence en un tel domaine.
L'affaire fut portée devant la justice après qu'à la demande des parties, et plus particulièrement de Jacques d'Aumont, il ait été procédé à la communication des pièces. Le magistrat trancha en

faveur du prévôt des marchands et Jacques d'Aumont fut débouté. C'était encore une nouvelle atteinte portée à la prévôté de Paris.

Le 21 mars suivant, il fut décidé que les commissaires du Châtelet assistés de dizainiers (1) seraient chargés d'exercer des poursuites contre les habitants de la capitale se refusant à acquitter la taxe levée en faveur des pauvres ; Jacques d'Aumont, toujours sensibilisé aux questions d'ordre social, s'efforça d'apporter une aide efficace pour l'exécution de telles mesures.

Il cessa ses fonctions en 1612 et mourut deux ans plus tard en 1614.

CHAPITRE V

LOUIS SEGUIER, PREVOT DE PARIS PENDANT 41 ANS

Quand Louis Séguier accède à la prévôté de Paris, le XVIIème siècle en est à sa douzième année d'existence. Le nouveau titulaire demeurera à ce poste jusqu'au 8 novembre 1653, date de son décès.

Une longévité de 41 ans

Le 14 mai 1610, le poignard de Ravaillac a mis fin à la destinée d'Henri IV qui avait jusqu'à présent réussi à échapper à 17 attentats. Son épouse Marie de Médicis est devenue régente du royaume, s'entourant des conseils de son compatriote Concini, dit le Maréchal d'Ancre, homme impopulaire s'il en fût.

Au cours des années qui ont précédé, Paris a connu de nombreuses transformations ; il était grand temps, d'ailleurs, car suite au siège dont la ville a été victime quand Henri IV, dit alors le Béarnais, s'est auto-proclamé gouverneur de la capitale, tout n'y était plus que haine et désolation : "Il n'y avait, déclare un chroniqueur du temps, guère de maisons entières et sans mines. Elles étaient pour la plupart inhabitées, le pavé des rues était à demi-couvert d'herbes. Quant au dehors, les maisons des faubourgs étaient toutes rasées. Il n'y avait quasi un seul village qui eut pierre sur pierre et les campagnes étaient toutes désertes et en friches".

Compte-tenu d'une telle situation, il n'est point étonnant que les individus les plus interlopes se soient multipliés au sein de la capitale. Sitôt le soleil couché, nul n'ose plus sortir de sa maison. Une telle insécurité se perpétuera pendant longtemps encore et Dom Juan de Molière pourra affecter avec le plus grand sérieux de donner l'ordre à ses laquais de prendre flambeaux et mousquetons pour escorter son créancier Monsieur Dimanche (1).

La violence n'est d'ailleurs pas le seul fait des gens sans aveu. Les nobles montrent en quelque sorte l'exemple et vont allégrement s'entretuer sur le Pré aux Clercs ou ailleurs. Naturellement des mesures ont été prises et les divers services chargés de lutter contre toute forme de délinquance ont été sensibilisés, mais, du fait de leur extrême éparpillement et en dépit des efforts consentis par les responsables et leurs collaborateurs, les résultats obtenus n'ont guère été probants.

Tout n'est pas négatif, cependant, et des progrès ont déjà été constatés : Henri IV a fait agrandir l'Ile de la Cité, construire la place Dauphine et aménager les quais. Des mesures ont été prises afin d'assurer un meilleur nettoyage des rues et, même si cela demeure encore insuffisant, nombre de parisiens, à l'instar du bon et naïf Géronte du "Menteur" de Corneille, s'extasient sur les réalisations qu'ils observent

"Paris voit tous les jours de ces métamorphoses
Dans tout le pré aux Clercs, tu verras mêmes choses
Et l'univers entier ne peut rien voir d'égal
Aux superbes dehors du palais Cardinal.
Toute une ville entière avec pompe bâtie.
Semble d'un vieux fossé par miracle sortie
Et nous fait présumer, à ses superbes toits,
Que tous ses habitants sont des dieux et des rois."

Diverses réformes sont intervenues dans le cadre de l'administration de la ville : déjà, en 1577, afin de mettre fin aux incessants différends ne cessant de se produire entre le lieutenant civil et le lieutenant criminel, il a été décidé de rétablir l'unité de police générale au Châtelet, siège du tribunal du prévôt de Paris.

En 1630 il sera décidé qu'en cas d'impossibilité exceptionnelle dudit tribunal dont les audiences se déroulent en principe trois fois par semaine, le lieutenant civil ou un lieutenant particulier auront compétence pour en connaître.

Une famille de grands serviteurs de la France

La famille Séguier était illustre à plus d'un titre. On rencontre ainsi au XVIème siècle un Pierre Séguier, seigneur de Sorel, président à mortier dont le fils, Louis, entrera dans les ordres et sera chanoine du chapitre de Notre Dame. Un Antoine Séguier a été avocat du roi

au Parlement ; Jean Séguier, maître des requêtes et lieutenant civil, fidèle compagnon d'Henri III puis d'Henri IV, aura une nombreuse descendance dont Dominique Séguier qui deviendra évêque de Meaux, aumônier du roi et, à ce titre, aura l'honneur de donner le baptême à celle qui deviendra la grande Mademoiselle et au futur Louis XIV. Antoine, par la suite, sera ambassadeur à Venise et se montrera à ce point épris de poésie que, sa vie durant, pour satisfaire à sa passion, il se lèvera à deux heures du matin et fera courir sa plume sur le papier. Pierre, enfin, sera chancelier de France ; son décès surviendra en 1672 et une rue de l'actuel sixième arrondissement de Paris perpétue son souvenir. Louis Séguier, en ce qui le concerne, était baron de Saint-Brisson, de Ruaux, de Saint Firmin, Burault, Montifaut, Saint Martin, Sernois, Poilly et autres lieux. Il avait la qualité de gentilhomme de la Chambre.
Alors que nous possédons de nombreux détails quant à l'existence des membres de sa famille précédemment mentionnés, la date de naissance de Louis Seguier n'est indiquée en aucun endroit.

La cérémonie d'installation du nouveau prévôt

Jean Le Féron a donné, par contre, le maximum de précisions quant à son installation dans son nouveau poste (2)
" L'an mil six cent douze fut reçu au Parlement Louis Séguier, sieur de Saint-Brisson pour prévôt de Paris.
Après que Mauguin eut fait harangue assez courte, on le fit seoir en la chaire du prévôt de Paris, il demeura jusques après l'audience où il fut amené au Châtelet ; allaient devant douze archers avec leurs hoquetons (3) et hallebardes puis le prévôt de l'Isle avec un bâton d'exempt au poing et le chevalier du guet, quatre huissiers au Parlement avec le greffier voisin puis le premier Président seul et après lui quatre conseillers : Courtin et Mère (laïcs), Pelletier et Ruelle (d'église).
Après suivait le dit prévôt avec un manteau de velours en dehors, cordons d'or et gants passements d'or, non botté, ni éperonné ; avec lui, les trois chevaliers de l'ordre, le marquis de Raigny, le marquis de Mirabeau et le sieur de Rodes, grand maître des cérémonies, et plusieurs autres gentilshommes, entre lesquels était le baron de Toult. Ils entrèrent ainsi dans le parc civil. Le lieutenant particulier

descendit à bas pour recevoir la Cour. Les conseillers, qui étaient du côté droit, passèrent au côté gauche pour se placer.
Le premier président se mit en la chaire, à son côté droit les deux conseillers laïcs et à gauche les clercs.
Le dit prévôt de Paris se tenait sur le marchepied du siège ; le premier dit à Voisin qui s'était mis en la place du greffier de l'audience : "Lisez".
Lors, il lut les lettres. Pendant laquelle lecture, ne semble que le dit prévôt était découvert, au moins l'était-il quelque peu de temps, puis parla Le Gueffier qui était avocat du roy au Châtelet car il n'y avait point de gens du Roy et de la Cour. Il loua fort cette charge, principalement à cause que les contrats étaient institués (intitulés) de son nom et autres actes de justice et qu'il y en avait eu un pareil à Athènes nommé à cause qu'il tenait la dénomination de luy, que les juifs firent à Simon Macchabée, voulant que l'année commença le pareil honneur jour de son gouvernement, puis loua les Séguier pour les charges qu'ils avaient eus. (Il) requit que sur les lettres fut mis "lues, publiées" et le Premier Président sans se lever de sa place d'aduis (opiner) du bonnet seulement, puis prononça : "Nous avons ordonné et ordonnons que sous le reply des lettres sera mis "lues" et seront registrées. "Puis (il ordonna) au dit prévôt : "Montez" qui monta et s'assit au dessus du lieutenant particulier. Lors le premier président lui dit : "Je vous installe à la place du prévôt de Paris pour l'exercer dignement", puis le louèrent et le premier président étant sorti, fit seoir le dit prévôt (dans son fauteuil) et lui dit encore :"Je vous installe".
Ce fait, furent à la Chambre Civile où le Premier Président entrant dit qu'il y avait douze ans qu'il n'était venu en notre Chambre et Thevenot, conseiller au Châtelet, lui dit qu'il fut le bienvenu.
Le lieutenant particulier lui fit prendre place en celle de lieutenant et aux conseillers tout d'un rang sur le même banc et le dit premier président demanda où était la place du prévôt ; le lieutenant particulier le fit mettre après les dits conseillers au coin devers les fenêtres, puis le président lui dit derechef :"Je vous installe".
De là furent en la Chambre Criminelle où ils prirent place : le président en la chaire, les conseillers laïcs du côté droit et les clercs à gauche du banc du lieutenant et après eux le prévôt devers les fenêtres où il lui dit encore :"Je vous installe en la Chambre en

laquelle vos ancêtres ont autrefois présidé, mais non en si grande qualité que vous".

Voisin était à la place de Flamand Amand comme il y avait été en chambre civile. Les chevaliers de l'ordre furent partout et étaient debout à l'audience derrière le prévôt lui-même debout.
Puis tous s'en allèrent par le Petit-Criminel (4). Le Breton roy d'armes dit qu'ils avaient été ainsi à pied par la ville".

La cérémonie d'installation d'un prévôt avait rarement été aussi imposante. La notabilité de la famille Séguier n'y était pas étrangère.

Une période riche en évènements sans intervention particulière du prévôt

Pendant les quarante et une années où Louis Séguier exercera ses fonctions, l'existence de la ville de Paris sera marquée par de nombreux évènements.
Ce sera d'abord l'assassinat de Concini, favori de la Reine ; son épouse Léonora Galigaî sera ensuite brûlée vive comme sorcière. Il y aura ensuite les différends entre Marie de Médicis et son fils Louis XIII, la fameuse journée des dupes, les troubles de la Fronde, l'accession au trône de Louis XIV.
Paris continuera à se transformer : ce sera d'abord la construction du Pont-Marie qui ne sera menée à bien que 21 ans plus tard. On assistera bientôt à l'édification de la statue d'Henri IV sur le Pont-Neuf.

De nombreuses églises nouvelles vont s'élever ; Notre Dame de Bonne Nouvelle (5), Saint Louis (aujourd'hui Saint Paul et Saint Louis).
En 1629 débuteront les travaux destinés à la construction du Palais-Cardinal dont Richelieu fera un jour présent au roi et qui deviendra de ce fait le Palais Royal.

L'année suivante, on verra apparaître les fondements de l'église un jour appelée Notre-Dame des Victoires où Jean-Baptiste Lully sera inhumé cinquante sept ans plus tard.

Le monde des Arts et des Lettres évoluera aussi : l'Académie Française fera son apparition en 1635. Dix ans plus tard, "l'illustre Théâtre" de Molière donnera des représentations au Jeu de Paume des Mestayers (6). En 1647, Paris découvrira l'opéra italien avec "L'Orfeo" de Luigi Rossi.

Théophraste Renaudot fera paraître pour le première fois sa "Gazette" le 30 mai 1631. Deux ans après, maints travailleurs déploieront leurs efforts pour aménager le jardin royal de plantes médicinales destiné à devenir un jour notre actuel Jardin des Plantes.

Les Mémoires du Temps n'évoquent jamais à pareille époque le souvenir de Louis Séguier si l'on en excepte les critiques proférées à son égard au moment du Traité de Rueil.

Le décès de Louis Séguier surviendra le 8 novembre 1653, l'année même qui verra s'élever les premières fondations de l'Eglise Saint Roch.

CHAPITRE VI

LE BREF INTERIM DE NICOLAS FOUQUET

Une famille enrichie dans le commerce du drap

Nicolas Fouquet (ou Foucquet) était né le 27 janvier 1615 dans une confortable maison sise rue de la Verrerie.
Il appartenait à une famille originaire d'Angers dont le plus lointain ancêtre connu, Jehan, s'était enrichi dans le commerce du drap et du calicot et dont le fils François avait su continuer à développer la fortune déja parvenue à un niveau enviable.
Celui-ci avait donné à son fils le même prénom que le sien, tradition qui devait se perpétuer pendant plusieurs générations. François le second fit un avantageux mariage avec une demoiselle Lézine Cupif, descendante d'une riche famille bourgeoise à laquelle appartenaient diverses notabilités ecclésiastiques et judiciaires. Il eut de la sorte toutes facilités pour acheter à son fils François une charge d'avocat au Parlement, à son fils Jean, celle de juge, à son fils Christophe celle de président à mortier au tribunal de Rennes.
Le quatrième, Isaac, entra dans les ordres et fut nommé chanoine trésorier de Saint-Martin de Tours.

François le troisième aurait pu, sans nul doute, accéder aux plus hautes fonctions au sein du Parlement mais, victime de la peste (1) il décéda à, l'âge de 39 ans laissant un fils unique qu'Isaac prit en charge et qui fut reçu très jeune au Parlement de Paris. Il se maria avec Marie de Maupeou, fille du célèbre contrôleur des Finances, ami de Sully. Le couple eut quinze enfants dont trois moururent en bas-âge ; le second des garçons, reçut le prénom de Nicolas et fut baptisé en l'église Saint Jean de Grève. (2)

Après de brillantes études au collège de Clermont de la rue Saint-Jacques (notre actuel lycée Louis le Grand), il décida son père (qui rêvait pourtant de faire de lui un ecclésiastique) à lui acheter une charge d'avocat à Metz.

Un éphémère bonheur conjugal

Fort bien fait de sa personne, le jeune homme alors âgé de 21 ans remporta de nombreux succès féminins, mais il avait de l'ambition et songeait à sa carrière. On le retrouve ainsi quatre ans plus tard, le 12 janvier 1636 comme maître de requêtes au Parlement de Paris. Il approche alors de ses 25 ans et considère qu'il est temps maintenant de songer à convoler en justes noces. Il fait bientôt la rencontre de Louise Fourché, jeune fille d'origine nantaise, dont la beauté est médiocre mais qui lui apporte 160 000 livres de dot et diverses propriétés d'une considérable étendue. Bientôt, le mariage est célébré et moins d'un an après, il devient père d'une petite fille prénommée Marie, mais hélas, le 23 août suivant survient le décès de son épouse, ce qui ne manque pas de l'affliger profondément.

La consolation par le travail

Le décès de Louis XIII surviendra le 14 mai 1643. Anne d'Autriche et Mazarin vont présider aux destinées du pays ; pour accélérer la rentrée des impots, ils vont envoyer en province des intendants de police, de justice et de finances. Au nombre de ceux-ci sera Fouquet.

Ses nouvelles fonctions ne seront pas une sinécure : il manquera d'être lynché à Valence par de véritables harpies en colère et ne devra son salut qu'à son sens de la diplomatie.

Deux de ses collaborateurs n'auront pas la même chance et seront lapidés par la foule déchaînée. Revenu a Paris, il sera nommé par la reine en mai 1648 intendant à la généralité (3) de Paris. Grâce à l'appui de la souveraine, il pourra acheter la charge de Procureur Général du Parlement pour la coquette somme de 450 000 francs.

Quelques nouvelles années de bonheur familial

Nicolas Fouquet a maintenant trente six ans ; ce n'est certes plus tout à fait un jouvenceau, mais sa forme n'en est pas moins excellente et il se sent toujours autant attiré par les jeunes et jolies femmes. Une charmante demoiselle de quinze ans, Marie-

Madeleine de Castille sait lui plaire. Elle est gracieuse, intelligente et le montant de sa dot s'élève à 100 000 livres. Que rêver de mieux ? Le 5 février 1651, ils s'uniront pour le meilleur (et hélas aussi pour le pire) en l'église Saint Nicolas des Champs. Le jeune couple ira habiter à l'hôtel de Montmorency (4) aujourd'hui disparu où il restera cinq ans ; Marie-Madeleine y ouvrira un salon que fréquenteront les plus grands esprits du temps comme les frères Corneille (Pierre et Thomas), La Fontaine, Tallemant de Réaux, Boisrobert, Gilles Ménage (qui inspirera à Molière le personnage de Vadius des "Femmes savantes"). Comme la plupart d'entre eux ne sont guère à leur aise sur le plan financier, Fouquet leur ouvrira généreusement sa bourse.
Le 7 février 1653, il va devenir surintendant des finances plus particulièrement chargé de la gestion des recettes tandis que son collègue Abel Servien (5) sera responsable des dépenses.

Un bref exercice des fonctions de prévôt de Paris

A la suite du décès de Louis Séguier survenu le 8 novembre 1653, Nicolas Fouquet exercera pendant exactement 24 jours les fonctions de prévôt de Paris. Aucun événement particulier ne marquera la vie de la capitale pendant ce court laps de temps.

Les funestes conséquences d'un goût trop prononcé pour les dépenses somptuaires

Le besoin de magnificence du surintendant causera sa perte.
Il va d'abord échanger son hôtel de Beauvais contre le vaste domaine de Saint-Mandé dont la superficie couvre près de quarante hectares. Il y fait entreprendre des travaux somptueux, n'hésitant pas à faire venir à grands frais des marbres de Carrare. Sa bibliothèque ne comporte pas moins de 28 000 volumes. Les tableaux des plus grands peintres ornent sa galerie.
Mais les plus grandes dépenses qu'il engagera auront trait à son domaine de Vaux le Vicomte (dans l'actuel département de Seine et Marne) dont il a déjà considérablement agrandi la superficie suite à la mort de son père survenue treize ans plus tôt. Il y fera aménager un superbe château qui se visite encore aujourd'hui. Pour réaliser un tel enchantement, il fera appel aux plus grands maîtres de son temps comme Le Vau, Le Notre et Le Brun. Il ne faudra pas moins de mille ouvriers pour en mener à bien la construction.
Le 17 août 1661, il commettra une imprudence qui lui sera fatale en organisant une fête somptueuse en son château de Vaux le Vicomte où Molière fera jouer sa comédie des "Fâcheux" écrite et répétée en quinze jours.

L'orgueil royal anéantit à jamais l'avenir du surintendant

Louis XIV verra d'un très mauvais oeil l'étalage de tant de magnificences et en prendra ombrage. Le 5 Septembre, le célèbre mousquetaire d'Artagnan mettra, sur son ordre, le surintendant en état d'arrestation ; il lui sera officiellement reproché son plan dit de Saint-Mandé où en prévision d'une éventuelle disgrâce, il a tenté d'organiser un repli en Bretagne entraînant à sa suite des gentilshommes ennemis de Louis XIV, des militaires et des marins en rébellion.

Colbert, qu'il a eu l'imprudence d'engager en d'autres temps comme secrétaire, mettra tout en oeuvre pour accélérer sa condamnation. Entre temps, Fouquet a été transféré à la Bastille, Son procès commencera le 15 novembre 1664 et se terminera le 22 décembre.

Le chancelier Séguier, en dépit de tous ses efforts, ne parviendra pas obtenir sa tête, mais Fouquet sera, dans un premier temps, condamné au bannissement à vie et à la confiscation de ses biens. Louis XIV, craignant qu'il ne fomente quelque révolte en l'endroit où il se retirera, transformera le bannissement en prison à vie.

Dès le lendemain 23 décembre, Fouquet sera conduit à la prison de Pignerol (Italie) sous la surveillance de d'Artagnan.
Ses conditions de détention d'abord rigoureuses s'atténueront au fil des ans. Soumis d'abord à l'isolement le plus total, il sera autorisé à partir de 1672 à écrire une fois l'an à son épouse. Sept ans plus tard, elle pourra enfin le rejoindre après une séparation qui a duré dix huit ans.
Le couple sera reconstitué pour une durée d'environ huit années car le décès de l'ex-surintendant surviendra le 30 mars 1680 à Pignerol. Son cercueil fut transporté à Paris au printemps de l'année suivante. Il fut inhumé dans la crypte de l'église de la Visitation (6).

CHAPITRE VII

AU TEMPS DE PIERRE SEGUIER : L'APPARITION DE LA FONCTION DE LIEUTENANT DE POLICE.

Le 2 décembre 1653, Pierre Séguier, qui exerce déjà depuis le 4 novembre précédent les charges de Conseiller au Parlement et de Conseiller d'Etat, devient prévôt de Paris.

La date de sa naissance est ignorée ; il était le fils de Jérôme Séguier, maître des eaux et forêts de France, seigneur de Drancy, et de Marie Tennisson. Il était neveu du défunt prévôt de Paris Louis Séguier.

Il avait de nombreux titres : marquis de Saint-Brisson, sieur de Ruaux et de saint Firmin, des grand et petit Raincy, L'étang de la ville et autres lieux.

Il avait épousé sa cousine Charlotte Tennisson, dame de Saint Aventin.

Son existence est mal connue et il subsiste un doute quant à la date de sa mort. Le dictionnaire de la noblesse affirme qu'elle survint en août 1669 alors que la liste des prévôts de Paris le mentionne comme exerçant encore en 1670.

Lorsque le nouveau prévôt prend ses fonctions, Louis XIV est âgé de quinze ans. Il commencera à régner réellement à la mort de Mazarin qui surviendra en 1661, l'année même de la naissance du Grand Dauphin.

La capitale en proie à l'insécurité

L'insécurité régnant dans la capitale qui compte alors de 300 à 400 000 habitants préoccupe grandement le jeune monarque qui est conscient que, sitôt la nuit tombée, Paris devient un véritable coupe-gorge. Au cours de sa sixième satire, le spirituel Boileau affirmera un jour : "Le bois le plus funeste et le moins fréquenté est, auprès de Paris, un lieu de sûreté."

Ses efforts vont d'abord se porter sur les hommes chargés d'assurer la sécurité : au cours de l'année 1666, il sera, procédé à la création de 9 brigades de cavalerie pour patrouiller dans les rues. Les personnels en seront soigneusement sélectionnés et nul ne pourra y être admis s'il n'a servi en tant qu'officier ou cavalier dans les troupes royales et s'il ne peut présenter un certificat de bonne conduite.
Le 11 décembre de cette année-là, la dénomination de garde de Paris apparaît pour la première fois de façon officielle afin de désigner la compagnie des 120 cavaliers du guet royal dont les effectifs ont augmenté. 400 archers à pied viennent compléter ces forces.

Mais Louis XIV veut aller plus loin encore et il établit un conseil formé du chancelier Séguier, du Maréchal de Villeroy, de Colbert, d'Aligre, de Lezeau, de Marchault, de Sève, Menardeau, De Morangis, Poncet, Voisin, Hotman, De Marin (1).Toutes ces personnalités seront chargées de la réforme de la police.

La création de la lieutenance de police

Les travaux commenceront le 28 octobre 1666 en l'hôtel Séguier(2) et se poursuivront jusqu'au 10 février 1667. La lieutenance de police sera créée par l'édit du 15 mars 1667 :

"Louis, par la grâce de Dieu, Roy de France et de Navarre. A tous présents et à venir, salut. Notre bonne ville de Paris étant la capitale de nos états et le lieu de notre séjour ordinaire qui doit servir d'exemple à toutes les autres villes du royaume, nous avons estimé que rien n'était plus digne de nos soins que d'y bien régler la justice et la police et nous avons donné notre application à ces deux choses. Elle a été suivie de tant de succès et plusieurs défauts de la police ont déjà été si heureusement corrigés que chacun, excité par les commodités qu'il en reçoit, concourt et prête volontiers la main pour la perfection d'un si grand ouvrage.. Comme les fonctions de justice et de police sont souvent incompatibles et d'une trop grande étendue pour être exercées par un seul officier dans Paris, nous avons décidé de les partager... Nous avons éteint et supprimé l'office de lieutenant civil près de notre prévôt de Paris dont était pourvu le feu sieur d'Aubray (3)... Nous avons créé, érigé, établi

deux offices l'un de lieutenant civil du prévôt de Paris et l'autre de lieutenant du prévôt de Paris pour la police."
La complexité des réglementations nouvelles avait rendu, en effet, une telle réforme indispensable : le domaine de compétence de lieutenant civil était désormais solidement établi, il avait à connaître des questions relevant du droit civil proprement dit (contrats, testaments, tutelle, curatelle, émancipation) ainsi que de la procédure civile. Il était également chargé de la réception des officiers du Châtelet.

Les compétences du lieutenant de police s'étendaient à de nombreux domaines : "Il connaîtra :

- de la sûreté de la ville, prévôté et vicomté de Paris
- du port des armes prohibées par les ordonnances
- du nettoiement des rues et places publiques, circonstances et dépendances (4)
- des ordres nécessaires en cas d'incendie et d'inondation
- de toutes les provisions nécessaires pour la subsistance de la ville, amas (5) et magasins qui pourront en être faits, du taux et du prix de celles-ci
- de l'envoi des commissaires et autres personnes nécessaires sur les rivières pour le fait des amas de foins, bottelages, conduites et arrivées dans Paris comme faisait ci-devant le lieutenant civil exerçant la police
- du règlement des étaux de boucherie et leur adjudication
- de la visite des halles, foires et marchés, des hôtelleries, auberges, maisons garnies, brelans (6) et lieux mal famés,

"Il aura la connaissance :

- des assemblées illicites, tumultes, séditions et désordres qui en résulteraient
- des manufactures et de leurs dépendances
- des élections des maîtres et gardes des six corps de marchands."

Ses fonctions ne se bornaient pas là : il était chargé de la police des mœurs au sens le plus large du terme : contrôle de l'imprimerie et de la librairie, arrestation des libellistes, auteurs de placards, chansons séditieuses, surveillance des spectacles, répression des jeux interdits, des sacrilèges et des blasphémateurs, des devins, des sorciers et des alchimistes. Il devait aussi faire procéder à l'arrestation des avorteuses et de leurs complices. Il assumait également la police de la santé publique en cas de grandes épidémies (comme la peste qui sévissait encore), le contrôle des médecins et chirurgiens, l'organisation et la gestion des hôpitaux. Il assurait enfin la protection des enfants abandonnés, la recherche des femmes ayant déserté le foyer conjugal de même que l'inspection des prisons. Ces attributions relevaient jadis pour une large part du prévôt de Paris ; elles lui échappaient désormais.

Pour assumer une si écrasante charge, il fallait trouver un homme d'une envergure exceptionnelle et le ministre Colbert n'avait pas manqué d'attirer l'attention du roi à ce propos :"Sire, il faut que votre lieutenant de police soit un homme de simarre et d'épée et, si la savante hermine de docteur doit flotter sur ses épaules, il faut aussi qu'à son pied résonne le fort éperon de chevalier, qu'il soit impassible comme magistrat et, comme soldat, intrépide ; qu'il ne palisse pas devant les inondations du fleuve et la peste des hôpitaux non plus que devant les rumeurs populaires et les menaces de vos courtisans."
Peut-être n'est-il pas téméraire de considérer qu'en traçant un portrait aussi idyllique de l'homme qui serait chargé d'assumer de telles fonctions, Colbert songeait déjà à celui qui en serait le titulaire : Gabriel Nicolas de la Reynie.

Gabriel Nicolas de la Reynie

De son vrai nom Gabriel Nicolas - la Reynie n'étant qu'un nom de terre-(7) le futur lieutenant de la police parisienne était né le 26 mai 1625 à Limoges dans une maison sise au numéro 13 de l'actuelle rue du Consulat. Il appartenait à une famille de gens de robe.

Il ne devait pas faillir à la tradition ; ayant fait son droit, il débuta sa carrière comme Président du Tribunal de Bordeaux alors qu'il était à peine âgé de 21 ans.

Les évènements de la Fronde ("si bien nommée du nom d'un jeu d'enfants" écrira plus tard Michelet) lui permettront de faire montre de sa fidélité au roi, ce qui lui vaudra l'estime de l'intendant d'Argenson et celle du duc d'Epernon, mais aussi la mise à sac de son hôtel (8).

Une fois le calme revenu, d'Argenson recommandera La Reynie à Mazarin qui lui proposera la charte de maître des requêtes (9) au Parlement de Paris. Après avoir longtemps hésité, il finira par accepter et débutera dans ses nouvelles fonctions à compter du 6 septembre 1661.

Colbert sera rapidement informé de la valeur de ce collaborateur de grande classe et l'associera aux travaux de préparation de sa fameuse ordonnance sur la procédure civile de 1667.

Cette année-là, il sera pressenti pour exercer le contrôle de l'activité des ports du royaume, mais ce projet sera sans lendemain en raison de sa nomination comme lieutenant de police. Le civil est désormais séparé du pénal.

Le lieutenant civil conserve, certes, la préséance sur lui dans toutes les cérémonies, mais il ne lui est pas pour autant subordonné. Chacun exerce les fonctions qui sont les siennes de manière indépendante et distincte.

La tâche qui lui est dévolue est particulièrement difficile, l'insécurité est totale à Paris et il suffit pour s'en convaincre de lire le témoignage d'un hollandais du nom de Platter :"On dévalise les passants, quelquefois même, on les blesse, on les tue. Dans ce cas, on a beau crier, aucun bourgeois ne sort de sa maison pour venir en aide à celui qui est attaqué et il peut mourir si le guet qui traverse à cheval certaines parties de la ville ne se trouve pas là par hasard pour le délivrer. Il y a bien moins de risques à voyager dans une forêt vierge qu'à se trouver la nuit dans les rues de Paris surtout lorsque les bougies des lanternes sont éteintes".

Si contrairement à une idée assez répandue, Paris n'était donc pas complètement plongé dans l'obscurité pendant la nuit, l'éclairage n'en était pas moins insuffisant : conscient d'une telle carence, La Reynie fera installer 2736 lanternes à chandelles qui seront réparties entre 912 rues.

Afin de lutter contre la criminalité croissante dans la capitale, des mesures drastiques seront adoptées : les effectifs du guet seront quadruplés. Ils s'élèveront désormais à 400 archers assistés de brigades de cavalerie ce qui permettra d'augmenter les rondes de nuit qui opéreront jusqu'à deux heures du matin.

La plaie de la Cour des Miracles

Le nom de la Reynie demeurera surtout attaché à l'évacuation de la Cour des Miracles à laquelle il se consacrera l'année même de sa nomination en tant que lieutenant de police devenue effective le 15 mars 1667.

En dépit de l'importance d'un tel évènement, il est curieux qu'aucune étude publié par la suite n'ait pu avancer avec certitude la date exacte à laquelle une telle opération intervint. M. Eric Le Nabour, toutefois, dans son remarquable ouvrage intitulé :"La Reynie, le policier de Louis XIV" considère que l'intervention dut se produire dans le courant de l'été.

Cet endroit, selon le dictionnaire de Trevoux (10), était ainsi désigné parce que les gueux gui y étaient rassemblés :"après avoir contrefait les aveugles, les blessés, y quittaient les béquilles et toutes traces de leurs infirmités qui n'étaient qu'apparentes (11)".
À Paris et même ailleurs (12), il exista en réalité, plusieurs cours des miracles : la plus ancienne se trouvait rue des Sablons (aux environs de l'actuel parvis Notre Dame) ; une autre demeura quelque temps installée vers 1350 en la rue des Poulies (13). La Butte Saint Roch eut la sienne à l'emplacement du carrefour de l'actuelle avenue de l'Opéra et des rues Thérèse et des Pyramides de même qu'aux environs de la rue des Fossés Montmartre (actuelle rue d'Aboukir) et de la rue des Coquilles (sur la portion de la rue du Temple à peu près au niveau de la rue de la Verrerie).

Mais le plus célèbre de tous ces repaires de brigands reste sans contredit celui qui se trouvait à peu prés à l'emplacement de l'actuelle Place du Caire entre la rue Damiette, la rue des Forges et la rue Saint Sauveur (actuelle rue du Nil).

L'historien Henri Sauval (14) la décrit comme une vaste place irrégulière non pavée, au sol gras et boueux, à l'atmosphère malodorante, prolongée par un cul de sac pareillement conditionné."

En évoquant cette "vaste place", il semble que l'auteur de "La chronique scandaleuse de Paris" exagère quelque peu car, selon le plan conservé aujourd'hui encore aux archives nationales, il semble que la longueur du quadrilatère n'ait guère dépassé 46 mètres.

On y accédait par deux entrées, l'une ouverte sur la rue Neuve Notre-Dame, l'autre constituée par un chemin des deux communautés religieuses des Filles Dieu et Sainte Catherine. Singulier voisinage pour un tel repaire de truands.

Plus de 600 personnes ne vivant que de mendicité, de vol, de rapines, de prostitution, de meurtres et d'assassinats, y étaient entassées. Ce chiffre, au reste, représentait peu de choses, compte-tenu du fait qu'à pareille époque, plus de 40 000 mendiants arpentaient le pavé de la capitale.

Une telle question préoccupait, certes, grandement les autorités, mais les tentatives d'y remédier n'avaient guère jusqu'à présent été couronnées de succès. Une légère amélioration avait toutefois été constatée en 1630 lors de la démolition d'une partie de l'enceinte de Charles V mais il n'en demeure pas moins que les maçons et architectes chargés d'édifier en cet endroit une courtine flanquée de bastions avaient, à maintes reprises, été malmenés par les occupants de ces lieux sordides.

L'assassinat du lieutenant criminel Tardieu

Au cours de l'été 1665, un tragique fait divers vint quand même décider les autorités à frapper un grand coup.

Le vingt troisième jour du mois d'août, un crime odieux fut perpétré sur la personne du lieutenant-criminel Tardieu et de sa femme en leur demeure qui se trouvait à l'emplacement de l'actuel numéro 54 du quai des orfèvres où le couple demeurait depuis plus de 22 ans.

Les obsèques eurent lieu le lundi 24 août suivant en l'église Saint Barthélemy, leur paroisse (15) ; l'affaire fit naturellement grand bruit et la chansonnette populaire sut en tirer parti :

"Hier, près du cheval de bronze (16)
On assassina, (grâce à Dieu),
Feu Messire Jacques Tardieu
(Ce "grâce à Dieu", par parenthèse
Ne dit pas que j'en sois bien aise).

Hier, si j'ai bonne mémoire
On assassina, grâce à Dieu,
Feu Messire Jacques Tardieu
Puis Madame la lieutenante
Si bien née et si bienfaisante,"

Portrait flatteur s'il en fut, mais de toute évidence fort peu conforme à la vérité si l'on en croie Boileau qui, dans sa dixième satire, fera montre d'un avis tout différent. Selon lui, en, effet, le magistrat"qui avait pour l'argent un peu trop de faiblesse", se décida un jour, sans doute afin de ne point vieillir dans le célibat, à se mettre en quête d'une femme :

"Vers son triste penchant, son naturel guidé
Le fit, dans une avare et sordide famille,
Chercher un monstre affreux sous l'habit d'une fille.
Et, sans trop s'inquiéter d'où la laide venait,
Il sut, ce fut assez, l'argent qu'on lui donnait."

Et le couple, toujours selon l'auteur de "L'art poétique" réduisit ses dépenses en-deça même du strict nécessaire, accumulant des montagnes d'or jusqu'au moment où :

"les voleurs, qui chez eux plein d'espérance entrèrent.
De cette triste vie enfin les délivrèrent."

L'évacuation de la cour des miracles

Toujours est-il que l'assassinat du lieutenant criminel à quelques pas du palais de justice ne pouvait passer inaperçu et Colbert comprit qu'il était indispensable de porter un coup fatal à la cour des miracles dont il pensait - sans doute à juste titre - que les assassins des époux Tardieu étaient membres.

Il en fit part à la Reynie qui se hâta de prendre l'affaire en mains.

Il dépêcha d'abord un commissaire assisté d'une troupe d'archers du guet et d'un certain nombre d'exempts afin d'inviter les hors la loi à quitter les lieux.
Le résultat ne se fit pas attendre : une pluie d'objets les plus hétéroclites : pierres, tessons de bouteilles, détritus en tous genres vinrent accueillir les représentants de l'ordre qui n'eurent guère d'autre solution que de rebrousser chemin.

Informé de la situation, La Reynie entendit bien ne pas en rester là et résolut d'avoir le dernier mot.
Il se rendit en personne sur le terrain escorté d'un escadron à cheval et se mit à haranguer les truands.

L'accueil auparavant réservé au commissaire et à ses archers faillit être le sien, mais il s'agissait là d'une ruse de guerre : tandis qu'il poursuivait son discours et captait de la sorte l'attention des malandrins, les archers du guet parvenaient à se glisser à travers les brèches du rempart de Charles V ou tout au moins ce qu'il en restait. Lorsque les truands s'aperçurent qu'ils étaient encerclés, il était trop tard.

La Reynie parvint alors à rencontrer le Grand Coesre, c'est-à-dire : "le roi" de la cour des miracles élu par ses pairs.

D'un ton n'admettant pas la réplique, il avertit le sinistre personnage qu'il lui était accordé exactement une heure pour quitter les lieux accompagné de ses comparses ; passé ce délai, il serait procédé à la pendaison immédiate des six dernières personnes se trouvant en pareil endroit et à la condamnation aux galères de six autres pour une durée de vingt ans.

La Reynie n'eut point besoin de mettre ses menaces à éxécution. En moins de vingt minutes, le terrain fut déserté et il fut immédiatement procédé à la destruction par le feu des misérables cahutes qui l'encombraient. En peu de temps, l'ensemble fut assaini.

La cour des miracles avait vécu, mais cela ne signifiait évidement pas pour autant que les fuyards se décidèrent à rentrer dans le monde des honnêtes gens. Au cours des années qui suivirent, des tentatives de reconstitutions de nouvelles cours des miracles eurent lieu, mais elles furent sans lendemain.

La Reynie poursuivra son action dans bien d'autres domaines, en particulier lors de l'épidémie de peste de 1668 où il s'attachera à faire prendre les mesures prophylactiques nécessaires pour lutter contre le fléau : il faudra cependant attendre l'automne 1669 pour que l'épidémie commence enfin à reculer. Cette année-là, une médaille conservée aujourd'hui à la bibliothèque historique de la ville de Paris sera frappée, portant en exergue :" Urbis, Securitas et nitor" (sécurité et beauté de la ville).
L'importance accordée au lieutenant de police fera reculer encore celle du prévôt de Paris dont le rôle est désormais pratiquement honorifique. A cette fonction, sera bientôt nommé un nouveau titulaire : Armand de Camboust.

CHAPITRE VIII

PARIS AU TEMPS DES PREVOTS ARMAND DU CAMBOUST ET ACHILLE DE HARLAY

Le nom du nouveau prévôt, Armand du Camboust, retiendra encore moins l'attention de la postérité que celui de son prédécesseur Pierre Séguier. Il est vrai qu'à la différence de ce qui s'est passé pour ce dernier, aucun personnage illustre n'est mentionné parmi ses ancêtres dans les dictionnaires biographiques. Les écrits du temps ne s'y intéressent guère non plus car il est évident que la sécurité de la capitale repose toute entière désormais entre les mains du lieutenant de police qui a à connaître des affaires les plus délicates et les plus compliquées.
Louis XIV, en ce mois de juin 1670 où Armand du Camboust prend ses fonctions, ayant sans doute constaté combien la situation en la capitale est plus tranquille depuis trois ans, suite à la disparition de la cour des miracles de la rue Saint-Sauveur, prend la décision de faire démolir les enceintes de Charles V et de Louis XIII. L'accès à la capitale est désormais facilité. Lorsque l'hiver de cette année-là arrivera, le monarque décidera de passer l'hiver à Paris ; ce sera la dernière fois de son règne que les parisiens connaîtront pareil honneur.

Armand du Camboust restera prévôt de Paris pendant treize années ; ce laps de temps ne sera marqué par aucun événement diplomatique d'une importance particulière pour Paris. Il n'en ira pas de même en d'autres domaines : l'année 1673 verra survenir un évènement qui sera accueilli plus ou moins dans l'indifférence générale : la mort de Molière tandis que l'année précédente Lully a réussi a obtenir le privilège de l'académie Royale de Musique. Certaines affaires criminelles, enfin, à la limite du droit commun et de la politique seront retenues par la postérité.

Les ténébreuses affaires de la pseudo-princesse Jabirovska, de la Brinvilliers, de la Voisin et du Chevalier de Rohan

La Reynie, qui continue à exercer ses fonctions de lieutenant de police à la satisfaction de Colbert, mène une lutte énergique contre les tripots plus au moins clandestins, contre les jeux de dés pipés et le hocca (1). Malgré la sévérité des mesures répressives prises à l'encontre des joueurs, il est parfaitement conscient qu'il ne parviendra jamais à endiguer totalement un semblable fléau et cela ne laisse pas de vivement le contrarier.

Mais des affaires autrement plus graves viendront occuper une partie de son temps. Ce sera d'abord celle de la prétendue princesse Jabirovska.

Cette personne hors du commun, véritable émule de l'inquiétant Barbe-Bleue, depuis longtemps déjà se montre très accueillante envers des jeunes gens huppés qu'elle fait venir en son domicile. Jusque-là, il n'y a là rien de bien répréhensible si l'on veut bien faire abstraction de ce qui regarde la morale pure, mais l'on va bientôt constater qu'une intervention de la justice pénale va s'avérer nécessaire quand on saura que l'aristocratique personne (ou se disant telle), après s'être livrée aux plaisirs de la chair avec son partenaire d'un moment, sonne quelques-uns de ses valets qui se jettent sur le malheureux, le dépouillent de son argent et de ses bijoux et, comble de l'horreur, le décapitent. Le drame n'est pas achevé pour autant car, si le corps étêté est vite enterré, la tête est conservée en un coin de la maison.

Avec l'assistance d'un certain Benoit Lecoq et du fils de ce dernier Eleuthère, La Reynie parviendra à confondre la coupable : condamnée à mort, elle parviendra à s'échapper de sa prison et l'on perdra sa trace. Ses crimes atroces ne recevront pas le châtiment qu'ils méritent

Les hommes de la Reynie seront amenés à intervenir également dans le cadre de la célèbre affaire des poisons à la suite de laquelle seront exécutées d'abord la marquise de Brinvilliers fille du lieutenant civil d'Aubray auquel elle a versé elle-même les doses mortelles, puis l'aventurière Catherine Deshayes, femme Monvoisin, dite La Voisin.

Le lieutenant de police interviendra en personne dans l'affaire du chevalier de Rohan, prince de Guéménée, grand veneur de France et colonel des Gardes dont il parviendra à démasquer les agissements : criblé de dettes et gardant rancune à la Couronne pour l'avoir privé de ses charges après l'enlèvement de la duchesse de Mazarin, ce dernier, avec l'aide d'un complice Georges de Tréaumont, a tenté de remettre aux espagnols et aux hollandais toute une série de documents leur permettant d'investir la Normandie, exhorter ses habitants à la révolte et renverser Louis XIV. Le complot échouera et Rohan sera décapité le 27 novembre 1674 à 3 heures de l'après-midi devant la Bastille.

La réforme du Châtelet

L'année 1674 verra une réforme du Châtelet : la fonction du prévôt y sera désignée, mais il ne retrouvera pas pour autant les prérogatives qui furent les siennes dans le passé.
Par un édit du mois de février de cette année-là, enregistré au Parlement en date du 12 Mars suivant, Louis XIV va, en effet, réunir toutes les justices subalternes et celles du bailliage de Paris au siège du Présidial et de la Prévôté de Paris qui se tient au Châtelet ; il fera indemniser les titulaires de ces charges vénales.

Selon Dom Félibien, la composition du nouveau Châtelet fut désormais la suivante :

-Un prévôt
-Un lieutenant général civil
- Un lieutenant général de police (à compter de cette date, on ne parle plus du lieutenant de police, mais du lieutenant général de police)
- Un lieutenant général criminel
- Un lieutenant particulier civil
- Un lieutenant particulier criminel
- Un conseiller honoraire
- 34 conseillers
- 3 clercs
- 32 laïques
- Deux avocats
- Un procureur
- 5 substituts du procureur
- Un juge auditeur
- 19 commissaires
- 100 procureurs postulants

- 1 commissaire des saisies réelles et son commis
- 1 premier huissier audiencier
- 10 autres huissiers audienciers
- 1 médecin
- 1 chirurgien
- 60 huissiers à cheval
- 60 sergents à verge
- 12 autres sergents à la disposition du dit prévôt de Paris
- 1 concierge et garde des clés du logement
- 1 concierge et garde des prisons crées au à créer
- 1 lieutenant général
- 1 greffier
- 1 receveur payeur des gages
- 1 receveur payeur des épices
- Divers greffiers, clercs et commis

Comme il est aisé de le constater, bien que son rôle soit purement honorifique, le prévôt n'en conserve pas moins tout son prestige tout au moins sur le plan théorique et il est le premier désigné sur la liste.

Colbert et La Reynie continuent à pallier le désintérêt de Louis XIV pour Paris.

Les événements de la Fronde qu'il a connus dans son enfance ont profondément marqué le jeune Louis XIV qui se sent fort peu attiré vers Paris et passe désormais le plus clair de son temps à Versailles : à partir de 1671, et jusqu'à sa mort qui surviendra en 1715, il effectuera à peine 25 déplacements en la capitale.

Non content de fuir Paris, il entreprend de dissuader les personnes de son entourage de s'y rendre ; en ce qui concerne son fils, il ira plus loin encore : il ne s'agira pas d'une dissuasion, mais d'une interdiction pure et simple.

Heureusement, Colbert assisté de la Reynie, saura utilement lui rappeler de temps à autre que "Paris donne le mouvement à tout le reste du royaume et que toutes les affaires du dedans commencent par la capitale."

Deux réalités cependant demeurent : la France est gouvernée depuis Versailles et, pour Paris, les pouvoirs de police sont concentrés entre les mains de la Reynie.
Dans ses lettres patentes de 1676, Louis XIV (sans doute sur les instances de Colbert) va se déclarer soucieux d'améliorer le sort des parisiens. Il prie ainsi "ses très chers et bien aimés prévôts des marchands et échevins (2) de prendre toutes les mesures nécessaires et de faire lever exactement le plan de la dite ville, l'état (des) ouvrages qui ont été faits suivant nos ordres... et ceux que nous entendons y être continués et achevés pour la plus grande décoration."

Comme il est aisé de constater, seuls le prévôt des marchands et les échevins sont mentionnés, aucune allusion n'est faite au prévôt de Paris. Il est vrai qu'il n'est pas davantage question de lieutenant de police dont le rôle pourtant est désormais essentiel en matière de sécurité et de salubrité de la capitale.
Sous son impulsion, en effet, Paris va devenir une "ville propre". Les mesures les plus draconiennes (tout au moins pour l'époque) vont être prises pour obliger les parisiens à nettoyer le devant de leurs maisons, aménager des latrines et se conduire comme gens civilisés. De très fortes amendes viendront frapper quiconque jettera par les fenêtres ses eaux usées ou le contenu de ses vases de nécessité : les marchands de balais vont trouver là une excellente occasion de mieux écouler leur marchandise et pour mieux attirer l'attention de leurs clients potentiels, ils leur chanteront le refrain suivant :

"Quiconque veut se garantir
De l'amende du commissaire
De mes balais doit se garnir,
On ne saurait mieux faire !"

Une autre plaie de la capitale, c'est aussi l'encombrement de ses rues ; en 1660, Boileau y trouvera l'occasion d'exercer sa verve spirituelle :

"Là, sur une charrette, une poutre branlante
Vient, menaçant de loin la foule qu'elle augmente.
Six chevaux attelés à ce fardeau pesant
Ont peine à l'émouvoir sur le pavé glissant.

D'un carrosse, en tournant, il accroche une roue
Et du choc le renverse en un grand tas de boue,
Quand un autre, à l'instant, s'efforçant de passer
Dans le même embarras se vient embarrasser
Vingt carrosses bientôt arrivant à la file
Y sont en moins de rien suivis de plus de mille."

De nouvelles réglementations vont intervenir, Elles seront plus ou moins bien accueillies, mais elles auront le mérite d'être efficaces… au moins pour quelque temps.

Le 8 décembre 1675, des dispositions nouvelles viendront interdire aux véhicules de louage de stationner dans les rues les plus fréquentées. La notion de stationnement payant n'apparaîtra que de nombreuses années plus tard.

Le 18 août 1680 marquera la date la plus importante de l'histoire du théâtre français et peut-être aussi du théâtre universel car une nouvelle institution unique au monde va naître : afin de mettre fin aux rivalités incessantes existant entre les comédiens de l'hôtel de Bourgogne et ceux de la troupe d'Armande Béjart qui ont eu le courage de poursuivre leurs activités après la mort de Molière en s'adjoignant les services de la troupe du théâtre du Marais, Louis XIV ordonne qu'ils fusionnent en une institution unique qui aura nom : la Comédie Française dont les activités se poursuivent aujourd'hui encore.

Le 6 mai de l'année 1682, Louis XIV décidera officiellement de fixer à Versailles le siège de la monarchie.

Le 6 septembre 1683, surviendra le décès de Colbert, Au cours de cette même année, Achille de Harlay deviendra prévôt de Paris.

Achille de Harlay

Il appartenait à une famille de Franche-Comté illustre à plus d'un titre. On rencontre ainsi vers 1380 un Nicolas de Harlay, maître d'hôtel de Charles V, dont le fils deviendra chevalier du guet de la ville de Paris et sera armé chevalier sous les murs de Vire en récompense de son courage. Il sera nommé par la suite panetier du roi Louis XI.

D'autres membres de la famille de Harlay seront également panetiers et maîtres d'hôtel de la Maison de France, Robert de Harlay sera louvetier en 1612.

Cette maison pourra aussi s'enorgueillir de voir un grand nombre de ses descendants accéder aux plus hautes dignités : un de Harlay sera archevêque de Paris (3), d'autres ambassadeurs, chevaliers de Malte. Il y aura même un surintendant des Finances. D'aucuns opteront pour la carrière des armes, obtiendront les grades les plus élevés et donneront leur vie pour la défense du royaume.

La famille de Harlay comptera également dans ses rangs un poète prénommé lui aussi Achille (4).

Ce patronyme reste avant tout attaché au monde de la justice avec d'abord Christophe de Harlay, conseiller en 1531, puis président à mortier en 1533. Achille de Harlay (Paris 1536 - Paris 1619), président au Parlement de Paris, laissera le souvenir d'un homme parfaitement intègre et dévoué à la royauté. Il n'hésitera pas ainsi, après la journée des Barricades du 15 Mai 1588, à déclarer à Henri Ier de Lorraine, duc de Guise, qui a remporté la victoire sur Henri III et a contraint ce dernier à s'enfuir de la capitale : "C'est grand pitié quand le valet chasse le maître".

Henri IV lui conférera par la suite la dignité de comte de Beaumont en récompense de ses services.
Il sera l'arrière grand père du nouveau prévôt de Paris, également prénommé Achille, comte de Beaumont et seigneur de Grosbois, lequel verra le jour en la capitale le 1er août 1639.

La reprise de la persécution contre les protestants

Les deux années au cours desquelles Achille de Harlay exercera ses fonctions de prévôt de Paris seront marquées par une reprise des persécutions à l'encontre des protestants. Peut-être y demeurera-t-il parfaitement étranger, mais en tout cas il n'en ira pas de même en ce qui concerne son parent François de Harlay.

Ce dernier, en effet, mettra à profit les fonctions d'archevêque de Paris qui sont les siennes pour inciter le roi à prendre des mesures discriminatoires à l'égard des pratiquants de la religion réformée. Le monarque, écoutant les conseils du prélat et de son entourage, viendra d'abord par un édit du mois de décembre 1684 faire interdiction aux particuliers d'abriter les malades protestants puis, l'année suivante, le 22 octobre, le Parlement enregistrera l'édit de Fontainebleau du 18 octobre précédent révoquant l'édit de Nantes.

Déférant aux ordres qui lui sont donnés, La Reynie enverra de La Marre, commissaire au Châtelet, (celui-là même qui écrivit le Traité de la Police) intimer l'ordre aux membres du clergé réformé de quitter la France dans les vingt quatre heures. Dans le même temps, il sera procédé à la démolition du temple de Charenton tandis que les mesures les plus coercitives seront adoptées pour obliger ceux qui sont restés à Paris à abjurer leur religion et se convertir au catholicisme.

Achille de Harlay quittera ses fonctions de prévôt de Paris en 1685. Il deviendra Président du Parlement en 1689 et, selon Don Félibien, le restera jusqu'en 1707.

Sa mort surviendra à Paris le 23 juillet 1712.

NOTES DU TITRE V

CHAPITRE PRELIMINAIRE : Le déclin amorcé à la fin du XVème siècle et son accélération

(1) Grand coutumier de France : compilation de Jacques d'Albeiges, bailli d'Evreux entre 1385 et 1389 renfermant des ordonnances, des règles de la coutume de Paris et des styles de procédure.

CHAPITRE PREMIER: Un prévôt auto-proclamé et deux prévôts homme de guerre

(1) Jacques de Coligny eut un frère cadet Gaspard de Coligny (1470-1522) dit le Maréchal de Châtillon, héros des guerres d'Italie, dont le second fils également prénommé Gaspard, rallié au parti protestant, fût assassiné le 24 août 1572 lors de la Saint-Barthélemy.

(2) Ludovic Sforza, dit le Maure, duc de Milan, était né en 1452 était le fils de François de Sforza et de Marie Galéas. Après l'assassinat de son frère survenu le 26 décembre 1476, il s'associa avec sa belle sœur Bonne de Savoie qui exerça la régence pour son fils Jean Galéas. Créé duc de Bari en 1479, il écarta la régente et gouverna au nom de son neveu.
Au mois de mai 1492, il signera une alliance avec Charles VIII contre le roi de Naples. Par la suite, il se servira. de l'alliance française pour se faire attribuer la couronne du Milanais, suite à la mort de Jean Galéas (empoisonné peut-être sur son ordre) et il entrera dans la lutte contre Charles VIII qui a pris Rome le 31 décembre 1494 puis Naples le 22 février de l'année suivante, mais a été contraint d'employer la force pour rentrer en France. Ce sera la bataille de Fornoue le 6 juillet 1495. Le traité de Verceil sera signé au mois d'octobre suivant.
Louis XII devenu roi de France occupera Milan en 1498. Ludovic le Maure le lui reprendra l'année suivante, mais il sera capturé à Novare au mois d'avril de l'année d'après et sera interné en France. Sa mort surviendra en 1508.

(3) Cette précision est donnée par Lannelongue de la Morandiere dans "Histoire de la Maison d'Estouteville en Normandie."

CHAPITRE II : Poursuite de l'effacement progressif des prévôts de Paris

(1) Les ordonnances : étymologiquement "ordonner" ; les ordonnances expriment la volonté du roi et sont de portée générale. Les édits sont d'importance moindre car ils ne concernent qu'une seule matière ou ne sont applicables que dans une partie du royaume.

(2) Michel Antoine, douzième marquis de Saluces (ou de Salusses), né vers 1485, mort en 1529. Il combattit lors des guerres d'Italie et servit successivement Louis XII et François Ier. Il mourut à la suite d'une blessure reçue à Aversa (Italie). Il avait, été nommé gouverneur de Paris en mars 1526.

(3) Agnès, vierge et martyre persécutée vers 350 sous l'empereur Constance ; patronne de la chasteté. La réalité de son existence a été parfois contestée, d'autres considèrent qu'elle aurait vécu un siècle plus tôt et aurait été martyrisée vers 262.

(4) Eustache martyrisé vers 118 ou 130 sous Hadrien aurait été membre d'une très grande famille romaine.
Son existence est également mise en doute aujourd'hui.

(5) La rue des Arcis se trouvait aux environs de la rue de la Verrerie. Elle a été englobée en 1851 dans la rue Saint Martin

(6) Anne de Montmorency (1493-1567), connétable de France participa à la plupart des campagnes de François Ier qui le disgracia par la suite. Rappelé par Henri II, il encouragea le roi à la persécution des protestants. sous François II, il fut supplanté par la famille de Guise, mais réussit bientôt à se faire admettre à la Cour de Catherine de Médicis. Il fut mortellement blessé à la bataille de Saint-Denis en 1567. Il fut propriétaire des châteaux d'Ecouen et de Chantilly.

CHAPITRE III : Le retour d'un membre de la famille d'Estouteville

(1) Léon Jamet (dit Lyon), seigneur de Chambrun, né à Sanzay (Vienne) au début du XVIème siècle, mort en Normandie vers 1561. Il réussit à s'introduire à la Cour sous le règne de François Ier et y fit la connaissance de Clément Marot auquel il apporta son appui lorsque ce dernier fut incarcéré au Châtelet en 1525 "pour avoir fait gras un vendredi". Suspect de protestantisme, il quitta la France en 1535 et s'installa à Ferrare où il devint secrétaire de la duchesse de cette ville qui le prit pour secrétaire ; revenu en France, il mourut en Normandie vers 1561.

CHAPITRE IV : Les prévôts de Paris lors de la seconde moitié du XVIème siècle

(1) Dizainiers ou dizeniers : officiers de la ville chargés du commandement de 10 hommes du guet. Les quaranteniers étaient à la tête de quarante hommes et les cinquanteniers de cinquante. Selon Frégier, dans son Histoire de la Police, ils étaient nommés par le prévôt des marchands et relevaient de lui.
Les dizeniers devaient recenser régulièrement les habitants des maisons sous l'autorité des quaranteniers et des cinquanteniers. Ils déposaient ensuite leurs listes chez les commissaires de police de leurs quartiers ou au greffe du Châtelet.

CHAPITRE V : Louis Séguier, prévôt de Paris pendant 41 ans

(1) Les rues de Paris ne seront éclairées qu'à partir de 1667.

(2) L'orthographe du document a été respectée dans son ensemble, mais pour faciliter la compréhension du texte, divers paragraphes ont été aménagés.

(3) Ici le terme de hoqueton (ou hocqueton) désigne la casaque brodée que portaient les archers du prévôt, mais dans son premier sens, ce substantif désigne une veste en grosse toile que les hommes d'armes portaient sous le haubert.

(4) Le Petit Criminel : section de la chambre criminelle du Châtelet de Paris qui jugeait toute l'année les matières comme injures, rixes et autres infractions de peu d'importance.

(5) Il ne s'agit pas de l'actuelle église de la rue de la Lune construite seulement à partir de 1823, mais de celle élevée à peu près à cet emplacement dont Anne d'Autriche posa la première pierre en 1628 et qui fut démolie au début du XIXème siècle vu son état de délabrement.

CHAPITRE VI : Le bref intérim de Nicolas Fouquet

(1) Le fléau de la peste frappa pendant bien longtemps la terre de France ; au XVème siècle, celle de 1411 fit 400 000 victimes à Paris et 12 000 à Bordeaux. Au XVIème siècle celle de Limoges de 1563 tua six mille habitants ; celle de 1580 causa de 30 à 40 000 décès à Paris. A l'étranger, celle de Pignerol entraîna, la disparition du neuf dixième de ses habitants. On rencontra encore en 1920 des épidémies de ce genre à Paris et à Marseille.

(2) Saint Jean en Grève se trouvait à l'emplacement actuel de l'hôtel de Ville (côté rue Lobau). Ce fut d'abord une chapelle baptistère avant de devenir église paroissiale en 1212. Reconstruite en 1326, restaurée en 1724 et agrandie en 1735. Elle fut supprimée en 1790 et démolie en 1800.

(3) Les intendants à la généralité seront établis à partir du XVIIème siècle pour contrôler et inspecter les agents locaux et faire exécuter les ordres du roi. Ils sont juges de droit commun, doivent faire régner l'ordre et surveiller la gestion du domaine en matière administrative et contentieuse.

4) L'hôtel de Montmorency se trouvait à l'emplacement de l'actuel N° 5 de la rue du même nom. Bâti à la fin du XIIIème siècle, il avait appartenu jusqu'en 1627 à la famille de Montmorency. François de Castillo, beau-père de Fouquet, s'en était rendu acquéreur et l'avait consenti en dot pour sa fille Marie Madeleine. Le ménage Fouquet le quitta en 1658 pour aller habiter rue des Petits Champs. Il en subsiste encore quelques vestiges.
Il ne doit pas être confondu avec l'hôtel Neuf de Montmorency qui se trouvait à l'emplacement des rues Rambuteau et du passage Sainte-Anne et a entièrement disparu.

(5) Abel Servien, marquis de Sablé, Grenoble 1593 - Meudon 1659. Il fut président du Parlement de Bordeaux et secrétaire d'Etat à la guerre.

(6) L'église de la Visitation est devenue aujourd'hui le temple protestant : Sainte Marie de l'église. Le corps de Fouquet fut inhumé dans la crypte où reposaient déjà Madame de Coulanges, mère de Madame de Sévigné, de même que l'époux de la célèbre épistolière tué en duel en 1651.

CHAPITRE VII : A temps de Pierre Seguier : L'apparition de la fonction de Lieutenant de police

(1) Les membres du Conseil pour la réforme de la police étaient pour la plupart des juristes et des magistrats dont certains connaissaient une certaine célébrité :
- le chancelier Séguier (Pierre) (1588-1672) chancelier de France, un des fondateurs de l'Académie Française.
- Etienne (III) d'Aligre était né en 1592. Cousin de Michel le Tellier, il fut conseiller au Grand Conseil dès 1615. il occupa ensuite les fonctions de Conseiller d'Etat (1635), Directeur des Finances (avril 1649), Directeur du Parlement de Paris (1652), chef du commerce maritime (1654), garde des sceaux (1672), chancelier (1674). Il mourut à Versailles le 25 décembre 1677.
- Nicolas de Neuville, marquis, puis duc de Villeroi (1593-1685). Il prit part à la plupart des expéditions sous le règne de Louis XIII et fut gouverneur de Louis XIV. Chef du Conseil en 1661.
- Poncet : Il s'agit peut-être de Vincent Mathias de Poncet de la Rivière, conseiller au Parlement, maître des requêtes (1665), intendant des généralités d'Alsace (1671), puis de Metz (1673) et de Bourges (1676). Il fut nommé président du Grand Conseil cette année-là.
- Hotman : famille originaire de Silésie et ayant eu plusieurs membres chargés de fonctions officielles dont Antoine (1525-1596) conseiller au Parlement, François (mort en 1595) conseiller du roi, Jean (1585-1636) conseiller d'Henri IV.

(2) Plusieurs hôtels ont porté ce nom. Il s'agit ici de celui qui se trouvait dans l'espace actuellement compris entre les numéros 35 à 55 de la rue Jean-Jacques Rousseau.

(3) Né en 1600, Antoine de Dreux d'Aubray fut commissaire de guerre en Artois vers 1641 et perdit sa femme cette année-là. De son nom de jeune fille Marie Olier, elle lui avait donné 5 enfants dont l'aînée

Marie-Madeleine née en 1630 épousa en 1651 Antoine Gobelin qui acheta le titre de marquis de Brinvilliers.
Madame de Brinvilliers était devenue la maîtresse du capitaine de Sainte-Croix, ami intime de son mari qui, coureur de jupons invétéré, savait aussi se montrer mari complaisant, mais d'Aubray ne l'entendait pas de cette oreille et il le fit incarcérer Sainte-Croix à la Bastille pendant deux mois. Dès qu'il fut sorti de prison, les deux amants jurèrent de se venger.
Marie-Madeleine empoisonna peu à peu son père à l'arsenic, s'y reprenant en vingt huit ou trente fois. Il rendit le dernier soupir le 10 septembre 1666.
Il avait exercé les fonctions de lieutenant civil et avait peut-être participé à l'expulsion des religieuses de Port Royal en 1664.

(4) Il s'agit là d'un terme de droit notarial signifiant accessoires de biens mobiliers.

(5) Amas est entendu ici dans le sens de collectes

(6) C'est à dire des tripots

(7) Au cours de la première scène de l'acte I de l'école des femmes", Molière ironise sur cette manie alors fort en vogue :

"Je sais un paysan qu'on appelait "Gros Pierre"
Qui n'ayant pour tout bien qu'un seul quartier de terre
Y fit tout alentour faire un fossé bourbeux
Et de Monsieur de l'Isle prit le nom pompeux,"

(8) D'origine tourangelle, René de Voyer d'Argenson naquit en 1596. D'abord destiné à la carrière des armes, il combattit en Hollande, puis devint avocat et Conseiller au Parlement de Paris avant de revenir comme intendant et conseiller général des vivres. Il fut envoyé à Pignerol d'où il fut enlevé par des cavaliers espagnols qui le retinrent six mois en captivité. Il accomplit ensuite diverses missions diplomatiques. A l'époque de la Fronde, il s'efforça de ne prendre parti pour personne mais dut finalement intervenir comme médiateur entre d'Epernon Gouverneur de Guyenne et le Parlement de Bordeaux. Il réussit partiellement sa mission. Devenu veuf, il entra dans les ordres en février 1651, mais son fils ayant été désigné pour être ambassadeur à Venise, il voulut l'accompagner. Il ne put résister à l'insalubrité du climat et mourut cette année-là tandis qu'il célébrait sa messe. Un de ses descendants fut successeur de La Reynie.

(9) À l'origine, les maîtres des requêtes au Parlement de Paris étaient des familiers du roi chargée de statuer sur des affaires de peu d'importance, puis ils devinrent à partir du XVème siècle chargés de missions extraordinaires et à ce titre envoyés en province en tant que commissaires réformateurs. Ils intervenaient également pour seconder le roi en son conseil, préparer et rapporter les affaires.

(10) Le dictionnaire de Trévoux fut publié en 1704 en la ville du même nom après son journal. Son académie fut également célèbre.

(11) Dans "Notre-Dame de Paris", Victor Hugo fait lancer par l'écolier Joanes à l'adresse du truand Clopin Trouillefou :"Hola, hé, l'ami ! ta plaie te gênait donc à la jambe que tu l'as mise au bras ?

(12) La ville de Lyon posséda son "Cabaret des Miracles" aux alentours de l'ancienne Place des Carmes. A La Réole, il existe un "Hôtel des Miracles".

(13) Il s'agit de l'artère devenue depuis la rue des Francs Bourgeois pour la partie située entre la rue Payenne et la rue Vieille du Temple. Cette"maison d'aumône" avait été construite au milieu du XIVème siècle et démolie à la fin du XVème siècle. Elle abritait la lie de la population du quartier, exempte de toute taxe et imposition, d'où le nom de "Francs-Bourgeois" qui par la suite lui fut donnée.
Deux autres artères parisiennes ont porté ce nom : la première se trouvait dans une partie de l'actuelle rue du Louvre pour la partie comprise entre la rue Saint Honoré et la rue des Fossés Saint Germain (actuelle rue Perrault) ; la seconde d'abord nommée rue Richard des Poulies (en souvenir d'un tisserand nommé Richard) devint la rue Jean Portefoin transformée au XVIIème siècle en rue Portefoin.

(14) Henri Sauval (Paris 1620 ? - Paris 1660 ou 1670 ?). Avocat au Parlement de Paris dont il étudia les archives, il écrivit :"Paris ancien et moderne" contenant une description exacte et particulière de la ville de Paris qu'il ne put malheureusement mener à terme. Un de ses amis Rousseau, auditeur des comptes, s'efforça de la compléter, mais décéda avant d'arriver à complet achèvement. L'ouvrage n'en fut pas moins publié en 1724 sous le titre : "Histoire et recherches des antiquités de la ville de Paris".

(15) L'Eglise Saint Barthélemy, construite vers 890 fut d'abord la chapelle de la Cité. De 980 à 1138, elle devint l'église de l'abbaye Saint

Barthélemy Saint Magloire et fut ensuite transformée en église paroissiale. C'est, dit-on, devant son portail que Robert le Pieux, excommunié par le Pape à la suite de son remariage avec sa cousine venait battre sa coulpe et entendre la messe.
Maintes fois modifiée au cours des siècles, elle fut refaite une dernière fois sous Louis XVI. Lorsque la révolution éclata, la façade était achevée, mais la nef ne l'était pas tout à fait et les travaux ne furent jamais terminés. Elle fut démolie vers 1792 et l'architecte Lenoir (celui-là même qui construisit l'opéra de la Porte Saint-Martin) édifia à son emplacement un théâtre qui connut diverses appellations : Théâtre de la Cité, Théâtre Mozart, Salle des Veillées avant de devenir le Bal Prado. Endommagé en 1835, l'ensemble fut plus ou moins laissé à l'abandon. En 1865, l'architecte Bailly édifia à son emplacement l'actuel tribunal du Commerce qui s'y trouve encore aujourd'hui.

(16) L'érection de la statue équestre d'Henri IV sur le Pont Neuf avait été décidée en 1604. Elle fût coulée à Livourne, mais le bateau qui la transportait fit naufrage sur les côtes de Sardaigne en 1613 et elle ne put être repêchée que l'année suivante. De ce fait, le cheval de bronze qui devait porter la statue du roi fut longtemps privé de monture ce qui déclencha maints sarcasmes de la malice gauloise. L'ensemble fut mis en pièces en 1792 et reconstruit en 1818.

CHAPITRE VIII : Paris au temps des prévôts Armand de Camboust et Achille de Harlay

(1) La hocca : Il s'agissait d'une sorte de loto introduit en France à l'époque de Mazarin et dont la vogue se poursuivit jusqu'au XVIIIème siècle.

(2) Les échevins au nombre de 4 pour la capitale étaient nommés par un corps électoral composé du bureau de la ville, de 26 conseillers formant le Conseil Ordinaire, de seize quarteniers et de 32 notables désignés par ceux-ci.
Le premier échevin était choisi par les conseillers de la ville, le second par les quarteniers et les deux derniers parmi les notables bourgeois.
La fonction d'échevin durait deux ans.

(3) François Harlay de Champvallon archevêque de Paris (Paris 1625 - Conflans 1695) eut un rôle important dans la révocation de l'Edit de Nantes et les persécutions contre Port-Royal. Un autre prélat Achille

de Harlay de Sarçay (1581-1646) appartint également à cette famille et mena aussi une carrière de diplomate.

(4) Achille de Harlay (1584-1657) marquis de Breval et seigneur de Champvallon fut guidon de la compagnie de 100 hommes d'armes des ordonnances sous la charge du duc de Lorraine, puis gentilhomme de la chambre du roi. Poète, il écrivit également "Paraphrase sur le cantique des cantiques de Salomon" (1601), "Vers en la louange du roi" (1607), "Vers au roi sur la prise de la Rochelle" (1628), "Panégyrique pour le roi" (1630), "Traduction des oeuvres de Tacite" (1644).

TITRE VI

LA TENTATIVE DE RETABLISSEMENT DE L'AUTORITE DU PREVOT DE PARIS ET SA DISPARITION DEFINITIVE

CHAPITRE PREMIER

LES DEMELES DES SEIGNEURS DE BULLION ET DES LIEUTENANTS CIVILS

Pendant une période s'étalant sur plus de soixante sept ans, de 1685 à 1752, deux hommes vont se succéder à la prévôté de Paris et tenter de rendre à cette fonction l'autorité qui jadis était la sienne : Charles Denis de Bullion et son fils Gabriel Jérôme.

Charles Denis de Bullion, marquis de Gallardon, de Fervacques et de Montlouet

Charles Denis de Bullion était né le 17 avril 1651.

Après avoir servi pendant quelque temps à l'armée, il cessa bientôt d'envisager un semblable avenir car, comme il avait l'honnêteté de le reconnaître lui même, la bravoure n'était pas sa qualité première. Il opta donc pour une carrière administrative et fut d'abord conseiller à Metz.
Ses origines, d'ailleurs, le prédisposaient à une telle fonction : son père, Noël de Bullion, avait été surintendant des finances et président à mortier. Saint-Simon, qui ne l'aimait guère, affirmait qu'il recherchait davantage les honneurs que les responsabilités et qu'il n'eut rien de plus pressé que de démissionner rapidement de ces postes afin d'assumer ceux beaucoup plus tranquilles de conseiller d'honneur et de greffier de l'ordre.

Il avait épousé en 1677 Marie Anne de Rouillé de Meslay dont le décès surviendra en 1714. Elle était la sœur de la marquise de Noailles dont les défauts (toujours selon Saint-Simon) étaient innombrables : altière, glorieuse, impérieuse et surtout d'une avarice extrême.
Charles Denis de Bullion prendra ses fonctions de prévôt de Paris au cours de l'année 1685.

Le Parlement, afin d'assurer la sécurité et la salubrité de la capitale, avait publié le 29 mai de cette année-là un arrêt aux termes duquel tout homme valide faisant le métier de mendiant et implorant la

charité des passants serait immédiatement mis à travailler dans un atelier. S'il tentait de s'en échapper, il était tout aussitôt soumis à quelque châtiment corporel et était ensuite enfermé à Bicêtre ou La Salpetrière pour une durée de quinze jours. Si cela ne lui avait pas suffi et s'il était surpris à récidiver, il était condamné à cinq ans de galères.
La sévérité de ces dispositions peut surprendre et pourtant des châtiments de ce genre étaient fréquents à pareille époque. On raconte ainsi qu'en Hollande tout individu se livrant à la mendicité, alors qu'il semblait apte au travail, était immédiatement appréhendé et descendu dans une cuve où se trouvait une pompe. Tout le monde sortait alors et on ouvrait les vannes. Si le malheureux n'avait pas actionné l'appareil sans relâche, il aurait été immanquablement noyé dans les minutes qui suivaient. Après un temps plus ou moins long il était quand même mis fin à son supplice. Une soupe chaude lui était servie et on le laissait repartir. Rares, sans doute, devaient être les récidivistes.

De 1688 à 1694, un conflit opposera Charles Denis de Bullion au lieutenant civil Jean le Camus, lequel tout en étant disposé à admettre l'ancienneté de la charge de prévôt de Paris, refuse de lui reconnaître la préséance lors des cérémonies.

Il faut ajouter que le lieutenant général de police est désormais la clef de voûte en matière de sécurité : en l'année 1688, en effet, le 6 janvier, le guet de Paris est entièrement réorganisé. Le nombre des archers et des soldats est porté à 200 hommes répartis en 24 escouades.

Les dispositions les plus strictes sont prises pour permettre l'organisation des repas et des temps de repos : l'infanterie déjeune à 9 heures du matin et la cavalerie à 10 heures (pour cette dernière, cette habitude se poursuivra encore au XIXème siècle) ; afin de permettre aux hommes de prendre les temps de repos nécessaires, seize escouades seront de service tandis que huit autres seront de repos.

Afin de rétablir la discipline qui s'est quelque peu relâchée, il est fait obligation aux sergents de renvoyer tout homme se présentant au service en état d'ébriété et de le marquer comme défaillant.

Le 26 avril de l'année suivante, Marc-Pierre de Voyer d'Argenson aura retrouvé son poste de lieutenant général de police qu'il a du quitter quatre ans plus tôt ; au cours de cette période, Louis Charles de Machaut d'Arnouville a occupé cette fonction avant de la céder le 1er juillet 1720 à Gabriel Taschereau.

Gabriel-Jérôme de Bullion, dit Bullion d'Esclimont

Le poste de prévôt de Paris va sans doute rester vacant pendant quelques mois car Gabriel-Jérôme de Bullion ne sera pas installé avant la fin du mois de janvier 1723.
Si l'on en croie le journal de Barbier (1), ce poste avait d'abord été proposé au fils aîné du défunt prévôt, lieutenant général des armées du roi, qui l'avait refusé. Son frère cadet, le marquis de Fervagues, officier général et gouverneur du pays de Maine, avait fait de même.

Le troisième fils de M. de Bullion, pressenti pour une telle fonction, accepta.

Gabriel-Jérome de Bullion était né vers 1695. Il avait d'abord servi aux mousquetaires avant d'obtenir vers 1714 une compagnie de dragons dans le régiment de Bonnelle (ou de Bonduelle) appartenant à la famille de son ancêtre Noël de Bullion (2). Bientôt, il devenait colonel du régiment d'infanterie de Provence qui prit le nom d'Esclimont, terre voisine de Gallardon.

Il fut installé dans ses fonctions par le président de Lamoignon assisté de quatre conseillers de grande chambre.

Le cortège se rendit à pied du palais de justice jusqu'au Châtelet ; le chevalier du Guet marchait à la tête de ses troupes, suivi du lieutenant de robe courte précédant sa compagnie. Le suisse du prévôt venait ensuite accompagné de douze laquais en livrée et douze hoquetons leur succédaient. On voyait ensuite apparaître M. Lebrun, prévôt général de l'île de France, à cheval, à la tête de la maréchaussée : "comme gens qui dépendent tous du prévôt de Paris".

Le prévôt de l'Ile de France, prévôt des maréchaux, était en effet, également officier du Châtelet. Il était, de ce fait, subordonné au prévôt de Paris pour le service de sa compagnie.
L'assistance comprenait également un lieutenant particulier et les quatre doyens des quatre colonnes de conseillers (3) qui vinrent recevoir le cortège au bas de l'escalier. Diverses personnalités de haut rang avaient également été conviées.

La cérémonie une fois terminée, le prévôt donna chez lui en son hôtel particulier (4) un dîner de 100 couverts auquel furent invités les premiers présidents et presque toute la chambre du Châtelet ainsi que des gens du roi et quatre conseillers doyens.

Les démêlés de Gabriel-Jérôme de Bullion avec le lieutenant-civil

Si l'on en croie le dictionnaire de Claude Joseph de Ferrière paru en 1771, le prévôt de Paris était encore, dans les textes officiels, sinon dans les faits, un personnage considérable : "C'est le premier bailli de France qui précède tous les autres... Il a le pas sur tous les nobles et baillis de la sénéchaussée."
Ferrière, cependant, au cours des lignes qui suivent, s'empresse d'apporter un correctif à une telle affirmation : "Le prévôt de Paris a la première séance au Châtelet. Il a même une voix délibérante, mais ce sont les lieutenants qui recueillent les voix et qui prononcent."
Cela signifie en termes clairs, que même si la justice était rendue au nom du Prévôt de Paris, les décisions étaient le fait de ses lieutenants.

Gabriel-Jérôme de Bullion n'appréciera guère une telle situation et se décidera à réagir ; à l'instar de son père, il ne tardera pas à avoir maille à partir avec le lieutenant civil. Après avoir d'abord affirmé que "la qualité de juge et celle d'homme d'épée n'avaient rien d'incompatible, surtout en France où l'épée toute seule était autrefois en possession de la judicature", il accablera, dès sa prise de fonctions, le Conseil des Ministres de mémoires imprimés et de manuscrits pour protester contre la situation actuelle. Le comte de Maurepas, par sa lettre du 2 février 1723, rétorquera en invoquant l'ordonnance de Blois qui réserve aux baillis et sénéchaux le droit de présider aux jugements.

Gabriel-Jérôme de Bullion fera alors grief au fait que son avis ne soit jamais sollicité en dépit de la formule consacrée par laquelle débutent les sentences et ordonnances : "le prévôt de la ville, vicomté et prévôté de Paris".

En réponse aux allégations du comte de Maurepas, il rétorquera d'abord que la première institution étant de rendre la justice, l'ordonnance de Blois ne le concerne pas car elle ne s'applique qu'aux baillis et sénéchaux. La fonction de prévôt de Paris, au reste, poursuit-il, est d'ailleurs complètement distincte de celle de ces administrateurs : "par une infinité de caractères honorables et très différents". Il conclut en affirmant qu'en tant que prévôt, il est parfaitement légitime "qu'il préside et opine lors des audiences."

Il lui sera ironiquement répondu qu'il est mal venu de se mêler de justice alors qu'il n'est jamais parvenu à se faire reconnaître dans l'ordre des avocats. Il ne se laissera pas abattre par de tels arguments, s'empressant de prendre des degrés et de se faire recevoir en ce corps. Cela lui vaudra maints sarcasmes de la part de ses contemporains.

Le lieutenant-civil non seulement passa outre, mais tenta de circonvenir les autres officiers du Châtelet d'autant plus qu'il était persuadé que le lieutenant général de police d'Ombreval (5) partagerait son point de vue. En cela, il se trompait lourdement car ce dernier s'était fixé pour règle de demeurer fidèle à la promesse de son prédécesseur La Reynie "de ne jamais contester en rien la personne du prévôt de Paris".
Le Conseil des Dépêches n'en refusa pas moins par sa décision du 10 novembre 1725 de se rendre aux arguments de Bullion d'Esclimont.

De la sorte déçu dans ses aspirations, il semble que ce dernier se soit essentiellement intéressé désormais à sa carrière militaire. On le retrouve déjà, en effet, à la tête de son régiment lors de la prise de Nancy en 1735. Peut-être n'est-il pas impossible qu'il ait servi dans l'armée du Rhin en 1734 et 1735.

Il aurait sans doute quitté l'Armée peu de temps après.

Bien que, selon la liste des prévôts de Paris, il semble que son remplacement en tant que prévôt de Paris soit intervenu le 7 février 1755, il apparaît plus vraisemblable que son décès soit survenu le 21 décembre 1752 ; en conséquence, la ville de Paris n'aurait pas été pourvue de ce représentant de l'autorité royale pendant ce laps de temps.

CHAPITRE II

ALEXANDRE DE SEGUR

Selon le "Journal" de Barbier, le poste de prévôt de Paris va donc ne pas être pourvu à compter du 31 janvier 1753 jusqu'à novembre 1754.

Ce n'était pas la première fois qu'une telle situation se produisait : en de telles occurrences, la fonction avait été exercée par les procureurs généraux qui étaient alors investis du droit de nommer et de pourvoir aux offices de police dépendant du Châtelet, d'être institués dans tous les contrats et sentences de ce tribunal et d'occuper le siège vacant du prévôt ; tel avait été le cas d'Edouard Molé, procureur général, qui devait par la suite être officiellement nommé à ce poste et il en avait été de même en 1653 pour Nicolas Fouquet lors du décès de Louis Séguier.

Toujours selon les mêmes sources, un président à mortier du Parlement de Dijon, M. de Montplaisant, fut un instant pressenti, mais il ne fut pas trouvé "d'assez bonne condition".

En dépit du caractère purement honorifique de la fonction, il fallait cependant y pourvoir : on songea à Alexandre de Ségur.

Le descendant d'une illustre famille

Nicolas Alexandre de Galon, dit marquis de Ségur, était né vers 1718 de Pierre de Ségur des Francs, marquis de Calon, seigneur de la Taste de Corbeillan, chevalier de l'Ordre de Malte, conseiller du Parlement de Bordeaux dont le décès survint en 1743 et de Marie Rocaute, fille d'un riche négociant du nom de Pierre Rocaute. Il eut deux sœurs cadettes Marie Suzanne de Ségur, née vers 1722 et décédée célibataire en 1752, et Marie Anne qui entra au Carmel de Bordeaux le 24 juillet 1762.

La branche de Ségur des Francs n'était pas directement rattachée à la famille de Ségur, mais il existait vraisemblablement entre eux une parenté proche car il est peu vraisemblable qu'au XIIIème siècle, époque où on la rencontre pour la première fois en la personne de

Bernard de Ségur, féal du roi d'Angleterre, il ait existé plusieurs familles ayant porté ce même nom.

Il avait épousé religieusement à Bordeaux, le 10 novembre 1742, Marie-Thérèse Elisabeth Eugénie des Francs, fille de Nicolas-Alexandre de Ségur des Prince et de Charlotte-Emilie Le Febvre de Caumartin. Grâce à cet avantageux mariage, il était devenu seigneur des Francs, de Bègles, de Pauillac, de Laffitte, de Mouton, de La Cadoune, de l'Horte et de bien d'autres lieux encore. Son épouse, qui était cousine de M. D'Argenson, devait décéder à Bordeaux le 28 octobre 1759.

De cette union naquirent deux enfants : Nicolas Alexandre de Ségur, mousquetaire à la deuxième compagnie avec rang de capitaine de dragons, devenu par la suite capitaine aux chasseurs du Hainaut, chef d'escadron, chevalier de l'Ordre de Saint-Louis, qui mourut en 1790 en émigration, et une fille, Louise de Ségur des Francs, qui devait décéder à Bordeaux à l'âge de 18 ans.

Le 19 juillet 1737, il avait reçu ses lettres de Conseiller du Parlement de Bordeaux et, en 1743, il avait succédé à son père comme Président à mortier dudit Parlement.

Par la suite, il devait être fait conseiller du roi en ses Conseils d'Etat et privés.

En 1753, il était devenu membre de l'Académie de Bordeaux.
Alexandre de Ségur fut fait "par provisions" prévôt en la ville et vicomté de Paris au cours du mois de novembre 1754. La cérémonie d'intronisation eut lieu dans les premiers jours de février 1755. Il fut installé au Châtelet par le Président Molé et quatre conseillers de grande chambre, commissaires des Parlements.

Onze ans de prévôté

Il devait conserver cette fonction pendant environ onze ans, période pendant laquelle l'histoire de Paris fut marquée par de nombreux évènements.

Sur le plan de l'urbanisme, ce furent les projets d'édification de la future place Louis XV (place de la Concorde), de l'église Sainte-Geneviève (l'actuel Panthéon) et la ligne des remparts des

Boulevards d'Enfer (actuel boulevard Raspail), Saint-Jacques, de la Santé (prolongement du boulevard Saint Jacques), des Gobelins (actuel Boulevard Auguste Blanqui), de l'Hôpital.

La vie religieuse de cette période sera marquée par l'arrêt du Parlement du 6 août 1762 supprimant la compagnie de Jésus.

Divers lieux de spectacles de la capitale seront ravagés par des incendies : cela sera le cas de la Foire Saint Germain survenu le 7 mars 1762 ; le 6 avril de l'année suivante, ce sera le tour de l'Opéra du Palais Royal qui ne sera reconstruit que sept ans après.
La ville de Paris ne connaîtra cependant pas de bouleversement particulier sur le plan de l'ordre public et de la sécurité.

Alexandre de Ségur cessera d'exercer ses fonctions au mois de juillet 1766 pour devenir conservateur des privilèges royaux de l'Université de France.

Sa mort surviendra probablement au cours de l'année 1773.

CHAPITRE III

ANNE GABRIEL MARIE DE BOULAIN-VILLIERS, DERNIER PREVOT DE PARIS

Anne Gabriel Marie Bernard de Boulainvilliers était né le 10 décembre 1724 à Passy. Il était le second enfant de Gabriel Bernard de Rieux, seigneur de Passy, baron et seigneur de La Lavinière, conseiller au Parlement de Paris, qui avait épousé en secondes noces, le 29 juin 1719, Suzanne Marie Henriette de Boulainvilliers, fille du célèbre historien Henri de Boulainvilliers (1).

Anne Gabriel, au décès de son grand père maternel, prit le titre de marquis de Boulainvilliers. Ambitieux au dernier point, non seulement il ne s'en cachait pas, mais encore en tirait vanité : "Quand on prend du galon, on n'en saurait trop prendre " était sa maxime favorite.

A peine âgé de 20 ans, le 9 décembre 1744 il était nommé conseiller à la deuxième chambre des enquêtes.

A la fin de l'année suivante, il devenait seigneur de Passy à la suite du décès de Madame de Fontaine, ancienne maîtresse de son aïeul le riche banquier Samuel Bernard, survenu quatre ans plus tôt. Il cédera ce poste deux années plus tard au fermier général Le Riche de la Poupelinière (tout en y conservant une partie de ses droits).

Le 25 avril 1746, il est nommé président de la 2ème chambre des requêtes où il était jusqu'à présent conseiller. Il conservera cette fonction pendant 20 ans.

Deux mariages en deux ans

Dès le lendemain de sa nomination, il épouse Marie-Madeleine Grimoard de Beauvoir. L'année suivante, il lui naît un fils : Charles Armand Gabriel Bernard de Saint-Saire.
Malheureusement, la jeune femme décède le 17 avril 1748. Avec une hâte qui paraît quelque peu inconvenante aux yeux de son entourage, Anne Gabriel se remarie au cours de la même année avec la demoiselle Marie Adrienne d'Hallencourt dont il aura trois filles que par la suite il dotera richement.

La charité d'une épouse compatissante mal payée de retour

La nouvelle dame de Boulainvilliers se fit tout aussitôt remarquer par sa bienveillance et sa compassion envers les malheurs d'autrui ; elle n'en fut pas, hélas, récompensée pour autant. Au cours de l'année 1765, elle recueillit ainsi en son château seigneurial une petite mendiante âgée d'une dizaine d'années qui affirma se nommer Jeanne de Luz de Saint-Rémy de Valois. L'enfant ajouta qu'elle n'avait plus de mère et que son père était mort à l'Hôtel-Dieu.

Un peu étonnée malgré tout, Madame de Boulainvilliers se mit en devoir de recueillir quelques renseignements complémentaires et apprit à sa grande stupeur que l'enfant avait dit vrai. Elle était, en effet, de sang royal et avait pour père Henri de Saint-Rémy, bâtard d'Henri II, et pour mère Nicole de Savigny. De ce fait, elle pouvait revendiquer son appartenance de la maison de Valois.

Madame de Boulainvilliers la recueillit donc et, soucieuse de lui faire donner une bonne éducation, la fit accepter comme pensionnaire à l'abbaye de Longchamp.

Bon sang ne peut mentir, affirme un adage populaire, et cela se vérifia une fois encore. Henri de Saint-Rémy s'était, tout au long de sa vie, signalé par son inconduite notoire et ses prodigalités avaient ruiné sa famille. Le comportement de Jeanne, déjà comme adolescente, puis ensuite comme jeune fille, suscita les plus vives inquiétudes chez les religieuses. L'avenir ne manqua pas de leur donner raison. S'étant échappée du couvent, elle fit la connaissance d'un gentilhomme champenois Marc Antoine Nicolas, comte de Lamotte, connu pour ses débauches et ses fredaines en dépit de sa qualité de gendarme du roi. Voulant devenir comtesse de Lamotte, elle finit par lui faire consentir au mariage qui fût célébré en 1783. Tous deux allèrent s'établir à Paris pour y mener une vie d'aigrefins et berner les nombreux naïfs que leur faconde impressionnait. Parvenant à s'introduire dans les milieux les plus huppés, ils firent bientôt la connaissance du Cardinal de Rohan.

La suite de l'histoire est connue,

Impliquée dans la tristement célèbre affaire du collier, la jeune femme fut découverte, condamnée à être fustigée nue, à recevoir la marque d'infamie et à subir la détention perpétuelle. Enfermée à la Salpetrière, elle parvint à s'en échapper le 5 juin 1787 et à rejoindre à Londres son mari qui, de son côté, avait été condamné par contumace aux galères à perpétuité. Mettant à profit ses loisirs forcés, elle écrivit ses "Mémoires justificatifs" et une histoire de sa vie. Elle fut défénestrée le 23 août 1791 et on ne sut jamais s'il s'agissait d'un crime au d'un suicide.

La brillante carrière d'un homme avisé

Anne Gabriel Marie Bernard de Boulainvilliers poursuivait, quant à lui, une brillante carrière.
En 1756, il était fait officier grand-croix de l'ordre de Saint Louis, distinction qu'il conserva pendant vingt deux ans jusqu'à l'année 1777 où elle disparut.

Ses responsabilités administratives ne l'empêchaient pas de veiller scrupuleusement à la sauvegarde de ses droits patrimoniaux ; lorsque le 5 décembre 1762 survient le décès du fermier général Le Riche de la Popelinière, il reprend tout aussitôt possession de son château de Passy.

Le site était magnifique et le mobilier l'était tout autant, de nombreux tableaux de Noël Coypel ornaient son salon. La chapelle avait été décorée par Troy le fils. (2)

A partir de 1769, Boulainvilliers en concéda la jouissance au duc de Penthièvre, unique descendant du comte de Toulouse, fils légitimé de Louis XIV qui y demeura avec sa fille Louise Adélaïde de Bourbon qui devait épouser un jour Louis-Philippe Joseph d'Orléans, duc de Chartres, le futur Philippe-Egalité.

Le marquis de Boulainvilliers, quant à lui, demeurait à cette époque en son hôtel qui se trouvait à l'emplacement de l'actuel numéro 28 de la rue Notre Dame des Victoires qu'il avait également hérité de son aïeul Samuel Bernard. Il devait l'aliéner en 1785 au profit du roi pour la somme de 600 000 francs : depuis trois ans, en effet, il avait cessé de l'habiter, étant venu s'établir dans un autre hôtel sis à l'emplacement des actuels numéros 13 bis et 15 de la rue Bergère.

Le couronnement d'une carrière

Le 29 juillet 1766, il va atteindre les objectifs auxquels il aspirait sans doute depuis longtemps : il est nommé prévôt de la ville, vicomte de Paris, conservateur des privilèges royaux de l'Université et conseiller du roi en ses conseils.

La situation de la capitale est alors relativement calme : des mesures d'ordre public comme la création des dépôts de mendicité et l'obligation pour les logeurs de déclarer leur activité vont bientôt être prises. En 1769, un début de famine due à la crise du froment amènera ici et là quelques mouvements de protestations vite réprimés.

L'année suivante, un événement tragique viendra endeuiller les fêtes données à l'occasion du mariage du futur Louis XVI et de Marie-Antoinette : le 30 mai au soir, comme les parisiens se pressent sur la place Louis XV pour admirer le feu d'artifice tiré par Ruggieri, une bousculade fait 132 morts. La municipalité en sera tenue pour responsable pour avoir voulu, dit-on, empiéter sur les prérogatives du lieutenant de police.

Les démêlés du prévôt avec la paroisse de Passy

Les nouvelles fonctions qui sont les siennes n'empêchent pas Boulainvilliers de continuer à s'intéresser de très près à tout ce qui concerne Passy et même de s'immiscer dans les affaires religieuses, sujet délicat s'il en fut.

Un incident d'une particulière gravité va bientôt éclater.

Au début de l'année 1773, un nouveau curé, Jean Noguères, est nommé à la paroisse. Boulainvilliers, qui apprécie fort peu cet ecclésiastique, élève une protestation arguant du fait qu'en tant que seigneur de Passy, il est seul compétent pour désigner les ministres du Culte. Le pouvoir spirituel, selon lui, doit s'incliner devant ses décisions.

La hiérarchie de l'ordre des Barnabites auquel appartient Don Noguères réagit alors vivement : elle revendique comme étant le sien le droit de désigner le nouveau curé et de soumettre sa nomination â l'archevêque de Paris. Elle ne conteste pas l'usage consistant à présenter l'impétrant au seigneur de Passy, mais elle affirme qu'il s'agit là d'une simple question de déférence.

Le bien-fondé de tels arguments est reconnu et la nomination de Jean Noguères est entérinée.
La fureur de Boulainvilliers atteint alors son paroxysme et il multiplie les brimades contre l'infortuné curé. Le 25 janvier, jour prévu pour la cérémonie de prise de fonctions du nouveau prélat, il fait entraver la sonnerie des cloches de l'église et disperser brusquement les fidèles présents sur les lieux.

Il ne réussira finalement qu'à retarder la cérémonie de quatre jours. Ne se tenant pas pour battu, il décide de couper les subsides d'abord au pasteur, puis à ses deux vicaires. Voulant aller plus loin encore, il fait adresser à Dom Noguères une assignation à comparaître devant le parc civil du Châtelet. Mal lui en prendra, car par jugement rendu le 19 février, non seulement il sera débouté, mais en outre condamné aux dépens.

De tels exemples tendent à prouver qu'en dépit de la fameuse maxime de Jean de la Fontaine "Selon que vous serez puissant ou misérable, les jugements de Cour vous rendront blanc ou noir", il arrivait parfois qu'une justice équitable soit rendue sous l'Ancien Régime.

Dom Noguères conserva sa cure jusqu'à la date de son décès qui survint en 1791, en dépit des tracasseries dont Boulainvilliers continua sans doute à l'accabler.

Paris avant la tourmente révolutionnaire

Pendant les quelques années qui suivront, de nombreux événements vont marquer l'existence de la France et de Paris en attendant le bouleversement révolutionnaire.

Il y aura d'abord le décès de Louis XV et l'avènement de son petit fils Louis XVI, puis la naissance du dauphin Louis Joseph malheureusement suivie bientôt de son décès. Son frère cadet, le futur Louis XVII à la tragique destinée, vient au monde le 27 mars 1785 :
à cette occasion, Paris sera illuminé pendant trois jours, un feu d'artifice sera tiré sur la place Louis XV mais les parisiens réserveront à leur reine un accueil glacial qui la contrariera fort.

Sur le plan administratif, l'année 1774 verra le départ du lieutenant général de police Jean Gualbert de Sartine remplacé par Jean Le Noir qui, moins d'un an après, devra céder la place à Joseph Albert. Il reviendra à ce poste le 29 juin 1776.

De nouveaux incendies détruiront divers bâtiments publics comme le Palais de la Cité le 12 janvier 1776. L'opéra du Palais Royal, récemment reconstruit, brûlera de nouveau en 1781. La toiture du pavillon de Flore sera endommagée le 8 juin 1787

La misère des parisiens due particulièrement à la cherté du pain ne cesse de s'aggraver. Les échauffourées se multiplient.

La disparition de la fonction de prévôt de Paris

Les événements vont s'accélérer au début de l'année 1789. Tandis que se préparent les Etats Généraux, tout est prétexte à émeute. Le 14 juillet, ce sera la prise de la Bastille. Dès le lendemain, le député de Paris, Bailly, est élu maire. Au mois d'octobre suivant, Louis XVI est contraint de venir s'installer à Paris. Chaque jour qui

s'écoule porte une nouvelle atteinte au pouvoir royal qui sera aboli le 10 août de l'année 1792.
Les nouveaux maîtres du moment n'attendront pas longtemps pour s'attaquer aux institutions existantes ; le 15 août 1789, Bailly décidera de supprimer la prévôté de Paris, la juridiction du Châtelet et l'échevinage.

Un seul trait de plume anéantira ainsi des dispositions plusieurs fois centenaires.

Le sort de Bernard de Boulainvilliers

Les renseignements demeurent incertains quant aux dernières années de l'existence de celui qui devait être le dernier prévôt de Paris.

Certains ont prétendu qu'il mourut en prison en 1793 ou 1794. D'autres ont avancé que son décès serait survenu le 6 messidor an IV ou le 6 messidor an VI. Cette dernière hypothèse est la plus vraisemblable car il aurait alors atteint l'âge de 74 ans cité en d'autres endroits sans précision de dates.

D'autres enfin ont indiqué l'année 1804. Comme aucun de ces chiffres n'est étayé par des preuves solides, il semble préférable de ne rien affirmer à ce propos.

Une artère du XVIIème arrondissement de Paris porte le nom de rue de Boulainvilliers ; elle ne perpétue pas le souvenir de ce prévôt, mais celui du château également dit de Passy, auquel elle menait. Ce domaine devait être morcelé au cours des années qui suivirent.

NOTES DU TITRE VI

CHAPITRE 1 : Les démêlés des seigneurs de Bullion et des lieutenants civils

(1) Edmond Jean François Barbier, né à Paris le 16 janvier 1689 et baptisé le même jour à Saint-Séverin appartenait à une famille de robe. Son père, Jean-Antoine Barbier, et son grand-père Jean Barbier, avaient été avocats au Parlement de Paris. Edmond Jean-François, sujet particulièrement brillant, fut reçu à une telle charge le 30 juillet 1708 alors qu'il était à peine âgé de 19 ans. Sa mort survint le 29 janvier 1771 en la maison de la rue Galande qui avait appartenu à son père. Il fut inhumé à Saint Séverin.

(2) Noël de Bullion, marquis de Gallardon, seigneur de Bonnelles, né en 1615 ou 1616, marié en 1639 avec Charlotte de Prie, demoiselle de Fervagues, mort en 1670 à l'âge de 55 ans. Tallemant de Réaux l'appelle :"le dernier des hommes".

(3) Le service du Châtelet se divisait en 4 quartiers ou colonnes où étaient répartis les conseillers.

(4) L'hôtel de Bullion se trouvait à l'emplacement de l'actuel hôtel des postes (61 rue Jean Jacques Rousseau, anciennement rue Platrière). Il datait de 1630.

(5) Nicolas Jean-Baptiste Ravot d'Ombreval fut lieutenant général de police du 28 janvier 1724 au 28 août 1725.

CHAPITRE III : Anne Gabriel Marie Bernard de Boulainvilliers, dernier prévôt de Paris

(1) Henri, comte de Boulainvilliers (ou de Boulainviller) (1658 -1722) que Voltaire appelait "le gentilhomme le plus spirituel du royaume", ayant du renoncer à la carrière des armes, se consacra à l'étude et rédigea divers écrits qu'il ne songea même pas à faire éditer (la plupart d'entre eux ne furent publiés qu'après sa mort).
Il s'attacha, dans ses écrits à défendre les prérogatives de la noblesse.
Parmi ses principaux ouvrages, il convient de signaler : "Mémoire pour la noblesse de France contre les ducs et les pairs"(1717), "L'état

de la France", "Extraits des mémoires dressés par les intendants du royaume" (1727), "Histoire de l'ancien gouvernement de France" (1727), "Essai sur la noblesse de France" (1752).
On a raconté que, doué d'un certain talent de prémonition, il avait annoncé la mort tragique de Louis XVI.

(2) Noël Coypel (1628-1707), élève de Poussin : "Le meurtre d'Abel", "Alexandre Sévère", "Ptolémée", "Philadelphe".
Jean-François de Troy, né et mort à Paris (1679-1752) :"la mort de Lucrèce", "la naissance de Vénus" ; il fut directeur de l'Académie de France à Rome".

PROPOS EN GUISE DE CONCLUSION

Quels souvenirs Paris a-t-il conservé de ses prévôts ? Fort peu de choses et tout se concentre finalement autour d'un seul d'entre eux : Hugues Aubriot.

Une rue, en effet, perpétue son souvenir dans le IVème arrondissement de Paris où se trouve également une "rue du Prévôt" occupant une partie de l'emplacement de l'hôtel qu'il occupait.

Parmi les différentes statues ornant le bâtiment de l'hôtel de Ville, il faut toutefois signaler celle d'Etienne Boileau.

Les prévôts des Marchands sont, quant à eux, beaucoup mieux partagés : tout parisien a entendu parler des rues Etienne Marcel ou Caumartin comme de l'avenue Trudaine. D'autres artères, pour être moins connues, n'en existent pas moins : Budé, François Miron, Le Peletier ou Barbette.

Tout passant longeant l'hôtel de Ville a immanquablement son regard attiré par la statue d'Etienne Marcel même si sa présence en un tel endroit a toujours suscité maintes critiques alors qu'il faut se livrer à une recherche assez approfondie pour découvrir celle d'Etienne Boileau précédemment évoquée.

Paris a donc bien oublié ses prévôts, mais a-t-il agi autrement envers ceux qui furent ses préfets au cours de la période pourtant bien plus récente du XIXème siècle si l'on excepte le baron Haussmann, préfet de la Seine ou Louis Lépine, préfet de police.
Les hommes passent et disparaissent, les institutions font de même.

Mais Paris demeure.

Et c'est finalement là l'essentiel.

BIBLIOGRAPHIE

La plupart des ouvrages consultés ont été publiés au cours des siècles passés par des maisons d'éditions n'existant plus aujourd'hui et dont il a semblé par conséquent, inutile d'indiquer les références.

Il est, par contre, nécessaire de préciser qu'ils peuvent être étudiés dans les bibliothèques suivantes :

- Bibliothèque Nationale de France
- Bibliothèque Mazarine
- Bibliothèque Historique de la Ville de Paris
- Bibliothèque Administrative de la Ville de Paris
- Bibliothèque Sainte-Geneviève
- Bibliothèque de l'Arsenal
- Bibliothèque de l'Ecole des Chartes
- Bibliothèque de Sorbonne
- Bibliothèque de la Préfecture de Police

L'auteur profite de l'occasion qui lui est donnée peur remercier Mesdames et Messieurs les conservateurs de ces divers établissements ainsi que leurs collaborateurs à tous les niveaux pour les utiles conseils qu'ils ont bien voulu lui apporter tout au long de ses recherches.

Léon Ameline : La police et ses mystères
Barbier : Journal
Battiffol : Le Châtelet de Paris vers 1400
Nicolas de Baye : Journal
Adolphe Berry : Histoire générale de Paris
Alfred Bonnardot : Les demeures des Prévôts
Jean Bonneret : L'Université de Paris au Moyen-âge
Borrelli de Serres : Recherches sur divers services publics du XIIIème au XVIIème siècle
Marguerite Boulet-Sautel : Police et administration de Paris sous l'Ancien Régime
Louis Boutié : Paris au temps de Saint Louis
H.Bove : Un cas d'ascension sociale à la fin du XIVème siècle : Audoin Chauveron
Joseph Calmette : Le grand règne de Louis XI
F. Le Caron : Mémoires de l'Histoire de Paris
Mare Chassagne : Le lieutenant-général de police de Paris
Pierre Clément : La police nous Louis XIV
Pierre Davily-Ronchin-Recols : La prévôté de Paris et de l'Ile de France
Nicolas Delamarre : Traité de la Police

Charles Desmaze : Le Châtelet de Paris
Eugène Desprez : Prévoté de Paris
François Duchesne : Histoire des chanceliers et des gardes des sceaux
Chantal Dupille : Histoire de la cour des miracles
G.Dupont Ferrières : La vie quotidienne dans les collèges parisiens
Jean Favier : Paris, 2000 ans d'histoire
Dom Michel Félibien : Histoire de la ville de Paris
Jean Le Féron, et Denis Godefroy : Les prévôts de Paris
Claude Joseph de Ferrière : Dictionnaire de la police
Alfred Franklin : La vie de Paris sous Louis XV
Frégier : Histoire de l'administration de la police sous Philippe-Auguste
Gallia-Regia
Constantin Gérard : La juridiction du Châtelet
E.Glassen : Le Châtelet de Paris et les abus de la procédure
Ernest Goyecque : L'Hôtel-Dieu de Paris
Georges Grossi : Prévôts et sergents royaux
G.Guichard : La juridiction du prévôt
Louis Halphen : Prévôts et voyers
Louis Halphen : La société française sous Philippe-Auguste
René Héron de Villefosse : Histoire de Paris
Hoffbauer : Paris à travers les âges
G.Huisman: La juridiction parisienne de Saint Louis
Journal d'un bourgeois de Paris
Journal d'un bourgeois de Paris sous le règne de François premier
Kerviler : Pierre Séguier
Le Marignier : La France médiévale
O.Lannelongue et Gabriel de la Morandière : La maison d'Estouteville en Normandie
Achille Luchaire : La société Française sons Philippe-Auguste
Lereux de Lincy : Hugues Aubriot
François Lot : Hugues Capet
Olivier Martin : Histoire de la Coutume et de la Prévôté de Paris
Menorval : Paris depuis ses origines jusqu'à nos jours
Hippolye Monin: L'état de Paris en 1789
Enguerrand de Monstrelet : Chronique
Gabriel de la Morandière : Histoire de la famille d'Estouteville
Gabriel de la Morandière : Le dernier d'Estouteville de Villebon
Olivier Morin : Histoire de la prévôté de Paris
Le Nain de Tillemont : Vie et mort de Saint Louis, roi de France
Raoul de Paci : Etablissement de la prévôté royale
Arsène Périer : Hugues Aubriot
François Pfister : Robert le Pieux
Piganiol de la Force : Description de Paris

Suzanne Pillorget : Claude Henri de Marville, lieutenant de police
Religieux de Saint-Denis
Restif de la Bretonne : Les contemporaines
Jean-Marc Roger : Les prévôts de Paris sous Saint-Louis
Jean-Marc Roger : Les lieutenants de prévôts
Henri Sauval : Histoire et recherche des antiquités de Paris
Henri Sauval : La chronique scandaleuse de Paris
Charles Sellier : Anciens hôtels de Paris
Charles Sellier : L'hôtel du prévôt de Paris
Jacques Saint-Germain : La Reynie
P. Selmersheim : Souvenirs et vieilles demeures
Henry Stein : Répertoire numérique des archives du Châtelet de Paris
Gilbert Steater : Etienne Boileau
A. de Vallombrosa : Histoire de la prévôté et de l'hôtel du roi.
Maurice Vloberg : De la cour des miracles au gibet de Montfaucon

TABLE DES MATIÈRES

L'HARMATTAN, ITALIA
Via Degli Artisti 15 ; 10124 Torino

L'HARMATTAN HONGRIE
Könyvesbolt ; Kossuth L. u. 14-16
1053 Budapest

L'HARMATTAN BURKINA FASO
Rue 15.167 Route du Pô Patte d'oie
12 BP 226
Ouagadougou 12
(00226) 76 59 79 86

ESPACE L'HARMATTAN KINSHASA
Faculté des Sciences Sociales,
Politiques et Administratives
BP243, KIN XI ; Université de Kinshasa

L'HARMATTAN GUINEE
Almamya Rue KA 028
En face du restaurant le cèdre
OKB agency BP 3470 Conakry
(00224) 60 20 85 08
harmattanguinee@yahoo.fr

L'HARMATTAN COTE D'IVOIRE
M. Etien N'dah Ahmon
Résidence Karl / cité des arts
Abidjan-Cocody 03 BP 1588 Abidjan 03
(00225) 05 77 87 31

L'HARMATTAN MAURITANIE
Espace El Kettab du livre francophone
N° 472 avenue Palais des Congrès
BP 316 Nouakchott
(00222) 63 25 980

L'HARMATTAN CAMEROUN
BP 11486
(00237) 458 67 00
(00237) 976 61 66
harmattancam@yahoo.fr

www.ingramcontent.com/pod-product-compliance
Lightning Source LLC
LaVergne TN
LVHW011304061026
849535LV00005B/1394